文化政策

簡瑞榮◎著

五南圖書出版股份有限公司

序

筆者曾經考過藝術教育行政高考，在教育部服務過四年多，也曾外派教育部駐紐約文化組，並考過教育部碩士後公費留歐，至英國里茲（Leeds）大學研究美學與文化政策。從公費留學回國到現在已20多年，該是寫一本好書回饋社會的時候。提供一本好書，希望能提升國內文化政策的研究水準，並讓報考文化行政的莘莘學子獲得新而有用的知識，進而從事公職、報效國家。經過筆者多年文化行政高普考與地方文化行政特考的命題經驗，可以體會到學生並沒有很多文化政策的好書可讀，尤其是外文資料更少。有些考生受限於外文能力的不足，更難獲得國外最新的資訊。本書希望從美學的角度，將筆者博士學位所學的知識與國內外的研究，以及最新的外文資訊，整理成冊，希望對國內的文化政策研究能貢獻一己之力。

文化和藝術與美學的性質相近，意即沒有一個明確的定義、標準與答案，而且會隨著個人的立足點、科技、政治、環境、習俗與時間的推移等不斷地改變。因此，對於文化政策的研究，想要得出一個明確的答案與作法並不可能，只能更了解其特質，在政策制定、執行與評鑑的過程當中，尋求比較合理可行的方案。另外，在民主的社會中，由於文化政策這種開放性與模糊性的特質，所以標準不一、理論與意見眾多而爭議不斷，其實是一個可喜的現象，並不需要覺得害怕或困擾。

本書的出版要感謝五南出版社同仁的大力協助，使其能與社會大眾見面，造福對文化政策有興趣的讀者。期盼本書的出版能拋磚引玉，為國內文化政策的研究，略盡一分綿薄的心力。然而筆者漸漸年老力衰，從嚴格的學術角度來看，錯誤在所難免，尚請社會賢達多多指正。另外，感謝前台南美術館林保堯館長的提攜；內人林玉霞與兒子國昌、國盛的支持；嘉大視覺藝術系廖瑞章主任的協助與劉豐榮教授的鼓勵，以及研究生妍如與若瑜協助校對。

國立嘉義大學視覺藝術系

簡瑞榮 謹誌

2018. 12. 02

摘要

文化政策的研究在早期並不受到重視，因為補助的對象與受益的對象只限於少數專業藝術家與菁英分子，補助的金額也不到總預算的1%。但是隨著時代的變遷，大眾文化逐漸興起，受其影響的人數也與日俱增，因而此研究的重要性也漸漸得到政治人物的青睞。尤其是文化產業的經濟效益受到全世界重視之後，透過文化政策的提倡，來促進經濟產值、創造就業機會與解決社會問題，已成為當前的顯學，世界各國莫不競相研究，以提升國家整體的競爭力。

本書旨在提高國內文化政策的研究水準，探討文化政策的定義、目的、歷史、思潮、趨勢、爭議等議題。內容共分五章：第一章緒論，論述文化政策的定義，探討文化、政策、文化政策、文化行政、藝術、藝術管理的定義。文化政策的發展歷史，例如從早期的國家認同，1960年代的多元化到1990年代的文化產業，以及英國、美國與台灣文化政策的發展簡史。文化政策的目的，例如資產保存、水準提升、欣賞普及、公私合作、社會和諧、文化認同、經濟發展、國家榮耀、世界和平與永續發展等。文化部的職責與分權，例如中央訂定政策、地方負責執行、博物館負責管理、文化法規、文化預算和文化人力與統計等。

第二章論述文化政策制度比較，探討政府扮演之角色，例如資助者、促進者、建築師、工程師。文化財務收支理論，例如文化投資論、成本效益論、市場供需論與產業經營論。中央文化行政組織比較，例如設立文化部、文化相關部會合署、藝術委員會、同時設立文化部與藝術委員會。國際文化相關組織，例如聯合國教科文組織、世界貿易組織、世界遺產與國際藝術節。

第三章論述影響文化政策之世界趨勢，探討影響文化政策之思潮，例如後現代主義、新自由主義、全球化、社區總體營造、文化產業、數位化、多元化、行政法人化、文化外交、都市再生、閒置空間再利用與再東方化。文化政策之議題，例如政府補助與否、提升水準與普及欣賞、外顯與內隱的文化政策、臂距原則、商業贊助、文化認同、多元文化、文化公民權、公民美學、藝術、色情或淫穢。文化政策之研究，從美學、文化研究、文化人類學、公共政策、經濟學、社會學、地理學等角度來進行。

第四章論述藝術爭議，探討文化政策爭議之影響因素，例如美學、政治、經濟、道德、媒體等因素。文化政策爭議的起因，例如藝術與美學標準的模糊性，思想觀念的轉變慢於物質文明的進步，教育程度、宗教信仰、社會背景、經濟地位的不同，民主社會言論與創作的自由等。最後以倫敦泰特畫廊的磚頭與完美時刻爲個案研究，從美學、政治、經濟、道德、媒體等角度，描述、分析、解釋並評論本個案，作爲文化政策爭議分析的參考。

第五章綜合歸納相關文獻與筆者的研究心得，結論爲（一）藝術、美學與文化定義的模糊性；（二）世界思潮的全面影響；（三）從精緻藝術到社區藝術到文創產業；（四）他國經驗作爲借鏡；（五）科技創新爲文化發展的關鍵；（六）創意產業扮演經濟重要角色；（七）創造經濟富裕與政治自由的藝文成長環境；（八）文化政策研究水準急需提升；（九）世界多元與和平爲最高理想；（十）人類永續發展爲最終目標。

研究建議爲：（一）認清藝術、美學與文化定義的模糊性特質；（二）鼓勵與容忍多元化的當代社會；（三）提倡與堅持臂距原則；（四）鼓勵文化政策的研究統計與出版；（五）推動世界和平與永續發展。

關鍵字：文化、藝術、美學、文化政策、文化行政、政策

目錄

第一章　緒　論

文化政策（cultural policy）的研究在早期並不受到重視，因為補助的對象與受益的對象只限於少數（約3%）專業藝術家與菁英分子，補助的金額也不到總預算的1%。但是隨著時代的變遷，大衆文化逐漸興起，影響人數與日俱增，其重要性也漸漸得到政治人物的青睞。尤其是文化產業的經濟效益受到全世界重視之後，透過文化政策的提倡，來促進經濟產值、創造就業機會、解決社會問題，已成為當前的顯學，世界各國莫不競相研究，以提升國家整體的競爭力。另外，文化多樣性在世界和平與永續經營也扮演著重要角色，值得研究。

探討文化政策，應該先從其定義與目的開始說起，因此，下文擬先從文化政策的定義、歷史發展、目的與影響開始論述。

第一節　文化政策的定義

下文先論述文化、政策、文化政策、文化行政、藝術、藝術管理的定義如下：

一、文化

英國文化研究學者R. Williams認為「文化（culture）是英文當中兩三個意義最複雜的文字之一」。[1]因此，有關文化的解釋非常多。一般認為，廣義的文化為「生活方式的總稱」（the whole way of life）；所以，東方民族有東方的文化，西方民族有西方的文化。折衷的定義，文化為「精神」生活方面的活動，舉凡宗教、經濟、教育、藝術、哲學等精神方面的活動都是文化的範疇；有別於「物質」文明，例如交通工具的進步。狹義的文化即指藝術的活動與產品，文化與藝術同義。早期文化部的補助即是從藝術開始，逐步拓展至流行文化。

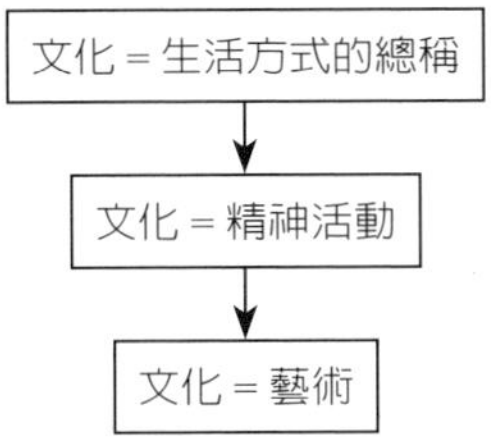

圖1-1　文化的範疇從廣義到狹義

[1] Williams, R., *Keywords, A Vocabulary of Culture and Society*, New York: Oxford University Press, 1976, pp. 87-92.

學者指出藝術與文化的不同在於「藝術是日常文化活動當中最精緻的部分」。因此，食衣住行育樂只是生活文化的一部分，只有最精緻的文化，才可以被稱爲藝術。至於藝術與娛樂的不同，在於藝術延續並形成國家的認同，而電視呈現今天的流行，但是明天就會被遺忘了。[2]因此，藝術的精緻性與深刻性常常令人感動，久久不能忘懷，例如Pavarotti的歌劇演出；但文化與資訊有如過眼雲煙，瞬間即逝。

在文化政策上，因爲文化定義的立足點不同，政策方向也隨之改變。例如，認爲文化是生活方式的總稱，其施政重點在於業餘藝術與社區藝術，而且因爲範圍廣泛，需要更多的經費推動；或認爲文化是狹義的藝術，其施政重點會擺在提升精緻藝術的水準，因爲範圍較小，經費需求比較沒那麼龐大，但是影響的層面只限於少數的菁英分子，在當代已漸漸不受政治人物與文化政策決策者的歡迎。

二、政策

政策（policy）是指國家影響人民的一切作爲，即政府爲了管理人民的事務，從內政、國防、外交、教育、交通、經濟、財政、農業、文化等等影響人民的作爲。[3]文化也是公共政策當中重要的一環，只是文化政策與經費有「最後才到、最早離開」的特質（last to come, first to go）。意即國家設立之初，先注重內政、國防、外交等安內攘外的工作，再注重教育、交通、經濟、財政等專業，到最後才會思考到文化建

[2] D. O'Brien & K. Oakley, *Cultural Policy I*, London: Routledge, 2017, p.155.

[3] https://en.wikipedia.org/wiki/Administration, 2018/08/08.

設、休閒娛樂、觀光旅遊的推動。但是當經濟不景氣，刪減經費的時候，文化預算常常成爲第一個被刪減的目標。

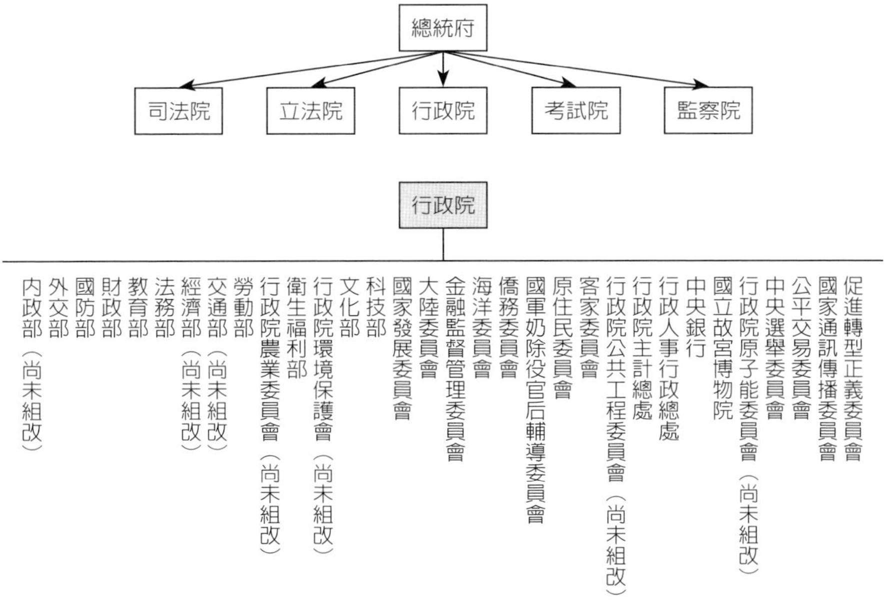

圖1-2　政府的組織架構

資料來源：https://www.ey.gov.tw/Page/62FF949B3DBDD531,2018/11/19.

三、文化政策

David Throsby認爲文化政策是指政府、公司、其他機關與個人，推動或抑制文化的實踐與價值。[4]維基百科則定義文化政策爲政府的作

[4] David Throsby, *The Economics of Cultural Policy,* Cambridge: Cambridge University Press, 2011, p.8.

爲、法令與策略，以規範、保護、鼓勵，以及在經費上補助相關藝術和創作領域的活動，例如繪畫、雕刻、音樂、舞蹈、文學、電影製作和文化，與語言、遺產、多元性。[5]政府透過法令和作爲，進行積極的「補助」與消極的「管控」是定義的重點。另外，強調文化例外（cultural exception），「保護」本國文化避免跨國大企業的侵略，以及電視電影節目分級，保護青少年與兒童身心健康，也是當前文化政策的重點。

文化行政注重執行層面，文化政策著重政策的規劃與法規的訂定層面，兩者的著重點不同，前者注重執行，後者重視規劃。國外常以文化政策（cultural policy）爲名論述，很少以文化行政（cultural administration）爲名。因此，本書將儘量以文化政策爲論述的重點。

四、文化行政

文化行政（cultural administration）是指國家影響人民文化藝術活動的一切行政作爲，意即左手持棍子管制，右手拿蘿蔔鼓勵。政府一方面可以運用經費補助藝術，提升藝術水準普及藝術的欣賞，另一方面可以透過法令規定，約束藝術文化活動，打擊違法的藝術展演。

藝術文化活動如能提升精神生活品質，促進經濟發展與增進社會和諧，則應該給予補助。另一方面，藝術文化活動不可以太過裸露，以免影響善良風俗和兒童身心發展，否則應給予適當的懲罰。文化行政比較強調地方文化機構執行文化藝術的補助、保護與管控等相關作爲。

[5] https://en.wikipedia.org/wiki/Cultural_policy, 2018/08/08.

五、藝術

藝術（arts）爲傳統文化政策的主要補助重點，與文化二字的定義相同，藝術也有多種不同的定義與解釋。廣義的藝術指「技術」，狹義的藝術是指任何人爲的活動或產品，或爲自然的模仿、或爲思想情感的表現、或爲抽象形式的構成、或爲觀念的傳達，能夠引發觀賞者思想與情感上的共鳴者。

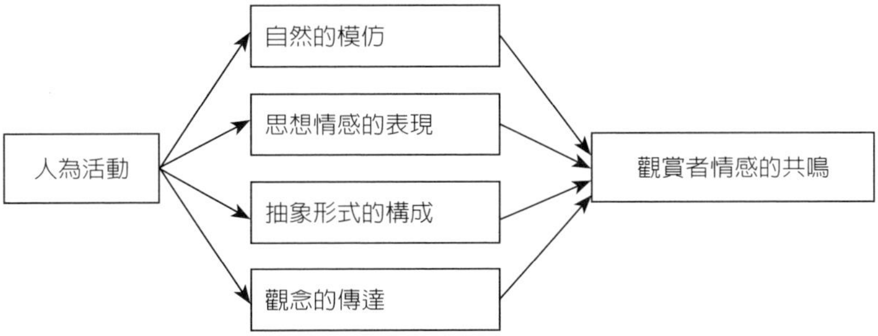

圖1-3　藝術的定義

希臘時代的藝術等同技術，藝術家等同工匠，美術等同創作美的作品或活動的技術。到了文藝復興時期，藝術因爲加入藝術家的思想與感情，才從技術提升到藝術的層級。之後隨著政治的民主與科技的發展，藝術從寫實走向思想情感的表現、抽象形式的構成、思想觀念的傳達，甚至藝術品與日常生活用品無法區分，形成任何東西都是藝術（anything goes）的多元化窘境，造成美學研究與文化政策執行的困擾。

從美學的角度來看，藝術的範圍可分爲精緻藝術、通俗藝術、傳統藝術、民間藝術、民俗藝術等等。從文化政策的角度來看，藝術可分爲精緻藝術、業餘藝術、社區藝術、商業藝術等等。精緻藝術常爲補助的對象，但是曲高和寡；業餘藝術流行廣泛、影響深遠，但精緻度不足；社區藝術則與人民生活結合，可普及社會大衆；商業藝術則由市場與民衆喜好決定去留。

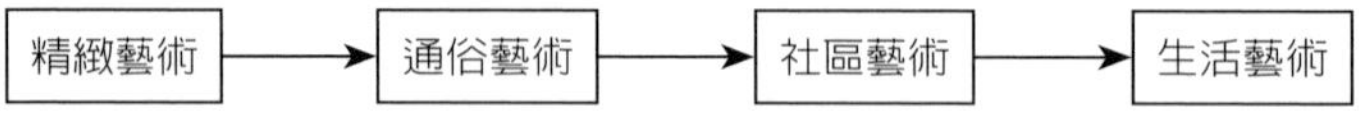

圖1-4　藝術的範疇由小到大

六、藝術管理

管順豐寫道：管理具有明確的目標，是一種有目的的活動，它引導集體活動指向預定目標。管理的對象是組織中的資源，包括人力資源、物力資源、財力資源、訊息和時間等。[6]管理（management）是指領導人民朝向完成一個目標的作爲。藝術管理（arts management）是指管理一個藝術機構的事務運作，職責在於促進藝術機構日常生活的運作，已達到它的目標。包括員工的管理、行銷、財務管理、公共關係、募款、專案執行評估，以及與委員會的關係等。[7]

藝術管理通常指博物館管理、劇場管理等實務性的工作，有別於文化政策的訂定與文化行政事務的執行，因此不在本書的論述範圍。

[6] https://books.google.com.tw/books?id=iOFBDwAAQBAJ&pg=PT359&lpg=PT359&dq=%E5%9C%8B%E9%9A%9B%E8%97%9D%E8%A1 %93%E7%AF%80&source=bl&ots=FjXaXPw1eO&sig=BHx8aj5Fyc4lNUugBDEdHl6dCoo&hl=zh-管順豐編著-電子書

[7] https://en.wikipedia.org/wiki/Arts_administration,2018/08/08.

第二節　文化政策的歷史發展

文化政策指國家對於文化藝術的規範、保護或鼓勵措施，在西方與東方都有長遠的歷史發展。以美術的補助來說，從希臘羅馬時期的王公貴族、中世紀的教會、國家主義時期的王公貴族、工業革命的資產階級、二戰後國家的介入、70年代末期的商業贊助，到各國文化部的成立等漫長的過程。其中文藝復興時期美第奇（Medici）家族的藝術贊助、法國路易十四時期的皇家藝術學院與中國宋代畫院的設立等，都是相當有名的例子。

本文擬先從現代的角度談論文化政策的歷史發展。再論述英國、美國與台灣文化政策的發展歷史。

世界上有很多的國家，例如加勒比海英語系國家與中華民國，其文化政策都經歷過國家認同、多元文化、文化產業等三個歷史發展階段[8]，茲說明如下：

一、國家認同

認同（identity）是指承認相同的特質。一個國家在成立之初，文化政策必須捨棄彼此的差異，例如語言、種族、宗教信仰、政治理念，並追求共同的特質，例如相同的語言、宗教、種族、文化、思想……等特質，共同團結成一個新的國家。例如中華民國在開國之初，強調漢、滿、蒙、回、藏五族一家，同為中華民族的炎黃子孫，以求同存異，團

[8] D. O'Brien & K. Oakley, *Cultural Policy VII*, London: Routledge, 2017, p18.

結全國人民，共同抵抗列強的侵略。

西方很多被殖民的國家，在1950、60年代國家成立之初，也是透過文化認同（cultural identity）的強調，以促進國家的團結與社會和諧。強調文化認同，使國家統一於共同的特質當中。因此，文化認同在於強調國家的同一性與社會的團結，捨棄國內文化原有的差異性與多元性；強調建立一個完整與統一的國家，共同面對殖民者或國外的敵人。

當代的歐盟（EU）也是以希臘羅馬傳統、猶太基督教傳統與啓蒙主義，作爲文化認同的基礎，形成歐洲共同體。

二、多元文化

一個國家在強調文化認同，並團結一致脫離殖民統治獨立之後，在1960年代，全球共同受到反越戰、人權運動、女性主義、學生運動、性解放等社會運動與多元文化主義（multiculturalism）思潮的影響，文化政策在國家團結的前提之下，逐漸尊重各族群、種族、語言、文化、宗教、思想等等的個別差異，強調多元、平等、包容、尊重的後現代文化特質。不同的種族、文化、宗教、語言、族群都能自由平等，尤其是對少數族裔、弱勢團體、女性、同性權益的尊重。

因此，1960年代之後，隨著全世界後現代主義運動的興起，逐漸注意到國家之內文化的多元性，從建國之初強調的「文化認同」轉向「文化多樣性」。尊重國家內各種不同族群、性別、年齡、語言等的文化特色，強調多元、包容、尊重。於是，文化多樣性爲當前世界各國所重視的普世價値，不再爲國家的統一與團結，而犧牲長久被忽略的多元性。

三、文化產業

1990年代自從英國提出創意產業（creative industries）之後，便受到世界各國的普遍重視，尤其是開發中國家普遍缺乏外匯來源。因此，文化產業（cultural industries），尤其是旅遊業（tourism）的經濟產值普遍受到世界各國的關注。由於文化產業可以提供就業機會與創造經濟產值，爲後工業時代重要的經濟收入來源，因而世界各國以及各級政府單位的文化政策，大都從提升藝術水準、普及藝術欣賞，轉而重視其在經濟上的重要性。

一般國家在文化認同、文化多樣性之後，對能夠加強經濟的競爭力與提升國民生活品質的文化產業都甚爲重視。其中旅遊業特別受到第三世界國家的重視，因爲它不需要投資太多成本，即可帶來相當程度的外匯收入與就業機會。依據聯合國教科文組織的調查，旅遊業的全球產值已達到GDP的10%，因此世界各國莫不卯足全力發展旅遊業，甚至很多城市，例如威尼斯與巴塞隆納都有遊客過於飽和（over tourism），造成城市居民困擾的問題。

另外，以加勒比海地區爲例，文化產業模式在近十年獲得相當熱烈的歡迎，主要在於區域傳統產業，例如農業與製造業已歷經嚴重的衰退。最近多數加勒比海地區的政府推廣文化活動，就是因爲它們有能力創造就業機會，以及賺取外匯。[9]

早期文化政策關注的只有精緻藝術，後來拓展到多元文化（生活的方式，a way of life），最後在全球化的潮流之下，快速地轉向經濟發展。

---

9 D. O'Brien & K. Oakley, *Cultural Policy VII*, London: Routledge, 2017, p23.

圖1-5　文化政策三個歷史發展階段

除了前述文化政策所經歷的國家認同、多元文化、文化產業等三個歷史發展階段，下文接著簡單介紹英國、美國與台灣的文化政策簡史及其制度之不同，作爲分析與判斷三者文化政策發展歷史關係的參考。

四、英國

傳統上，英國人不信任政府，除了懼怕德國納粹政府與蘇聯史達林政權藉著補助藝文活動，進而控制藝術文化的發展外，也因爲沒有強而有力的王權與教會支持藝術的展演，因此，藝術的補助與贊助很長一段時間都是民間的事務，順其自然地發展，藝術家與展演團體也令其自生自滅。甚至，皇室爲了怕戲劇表演會聚集群衆，形成暴動，還特別頒布禁令，未經申請許可，禁止戲劇的演出。[10]然而，在第二次世界大戰期間，因爲美國清教基金會（Pilgrim Trust）的基金，誘導英國政府的配合款，於是成立「藝術與音樂促進委員會」（The Council for the Encouragement of Music and the Arts，簡稱CEMA），以贊助戰時的藝文活動，並鼓舞士氣，最後獲得二戰勝利。由於藝文工作者在鼓舞全民士氣與提供戰時娛樂上有很大的貢獻，因此戰後在著名經濟學者凱因

[10] 參考 John Pick著，江靜玲編譯，《藝術與公共政策》，台北：桂冠，1995。

斯（M. Keynes）等少數決策人士的建議下，成立「英國藝術委員會」（The Arts Council of Great Britain），以延續戰時藝文方面的補助活動和成就。

自1946年前項半官方（quasi-government）性質的基金會成立以來，每年固定由政府依循「臂距原則」（The arm's length principle）撥款給藝術委員會，再由藝術委員會依循「臂距原則」補助藝術家，讓藝術家和團體得以不受政治干擾地從事藝術創作。[11]剛開始幾年補助金額維持小幅成長，一直到了1964年工黨執政，又因英國工業興盛、經濟繁榮，加上工黨重視普及藝文活動的推展，藝文補助款才大幅增加。藝術委員會的補助款從以往只注重「質的提升」擴展到「量的普及」（The best for the most），例如社區藝術（community arts），並且大量興建或整修展演場所（Housing the Arts），以期普及藝術的創作與欣賞至一般的社會大衆。英國的藝文發展在左派政權及少數政要，例如女藝術部長Jennie Lee的大力支持之下，邁入黃金時期，除了大量整修或興建藝術的展演場所，還設置藝術科系培育藝術人才，並補助巨額的展演經費。

然而好景不常，隨著1973年世界經濟危機，英國的經濟受到嚴重的打擊，政府凍結所有新增的藝術補助款，補助經費的成長比不上通貨膨脹的速度，藝術展演團體受到相當大的衝擊，尤其是60年代新建與整修完成的展演場所，正急需政府的補助款來營運。僧多粥少，情形日趨嚴重，因此政府大力提倡私人「企業贊助」作爲解決此一財務問題的重要選擇之一。1976年「企業贊助藝術協會」（The Association for the Business Sponsorship of the Arts）成立，開啓企業贊助藝術的先河，其總部剛開始時設於一家著名的菸草公司中。

[11] 此原則爲兩政黨的共識，不以政治力量干預任何藝術文化的補助或活動。

此協會剛設立時並未受到英國藝術委員會的重視，一直到1979年保守黨執政之後，「經濟自由化、私有化、鬆綁化」與「企業贊助藝術」的政策才被積極地提倡。當時英國在「國營事業民營化」的口號下，保守黨暗中刪減藝術活動的補助經費，逼迫藝術委員會與藝術展演團體採納私人企業經營的理念，自行尋找企業贊助的機會，以彌補政府刪減的預算。諷刺的是，雖然商業贊助在1983年之後被廣為提倡，但是展演團體的財務危機在1990年代仍一直存在。因此，在1992年英國大選時，工黨與社會民主黨紛紛提出成立文化部的訴求，以爭取選票。當時執政的保守黨為了爭取選票，也被迫提出同樣的政見，如果成為執政黨便將成立文化部。

1992年選舉之後，保守黨信守選前的承諾，成立國家遺產部（Department of National Heritage）以綜理全國的藝術、文化、媒體、體育、資產等事宜。之所以會成立國家遺產部的原因，Andrew Taylor認為「藝文機構與英國藝術委員會長期對於經費的需求；教育暨科學選任委員會早在1982年即建議在核心內閣增設部門，負責藝術、文化遺產與觀光等相關事宜；文化經濟價值的重視；其他國家文化投資獲利的鼓勵；改變柴契爾夫人主政時期庸俗的形象。」[12]國家遺產部成立之後，相關的批評依舊很多，尤其抱持國家遺產部成立之後，文化藝術經費將大幅增加的期望並沒有實現，使藝文界人士大失所望。

David Hesmondhalgh等人也寫道：從1940到1970年代，文化的創作與展覽接受最多補助。但是這個制度在1960、70年代開始崩潰，新一代的作家批評菁英主義、勢利與文化的階級性。這意味著當政府追隨新自由主義的教條，回應1970、80年代經濟長久不景氣，緊縮公共支出時，

[12] 摘自梁賢文，〈英國文化政策與行政作為我國學習對象之研究〉，台北：淡江大學碩士論文，2001，頁80-1。

藝術與文化組織發現，他們很難從傳統提升作品水準的理由要求政府的補助。在1980年代，可以看出政府採取經濟導向的思維，藝術與文化組織以及他們的同夥，只好逐漸轉向不同的經濟理由，要求政府補助。例如文化產品透過旅遊與其他方法，對於國家、區域、地方的經濟所產生的經濟貢獻。[13]

1980年代保守黨政府決定文化必須做爲經濟的女僕，公共的補助必須作爲經濟的基礎，注重效率與成效，文化組織必須展現增加旅遊、都市再生以及幫助企業成功，作爲其存在的理由。[14]

綜觀英國的文化政策發展，1979年柴契爾夫人主政時期極具美國特色，大力主張經濟「自由化、私有化、鬆綁化」與商業贊助。到了1992年梅傑政府時期依競選的承諾，成立文化遺產部，開始集中管理文化事務，到了1997年布萊爾（Blair）首相執政時，更進一步成立文化、媒體暨體育部（Department of Culture, Media, and Sport），2017年再次改名爲數位、文化、媒體暨體育部（Department of Digital, Culture, Media, and Sport），以反映當代注重「數位」科技的新趨勢。因此，英國的文化政策制度，再次走向集權式的文化政策，回到歐陸法國式的模式，僅仍保有半官方的藝術委員會。

圖1-6　英國中央文化組織的演變

[13] D. O'Brien & K. Oakley, *Cultural Policy VIII*, London: Routledge, 2017, p.41.

[14] Ibid, p.82.

五、美國

由於美國人的祖先大部分是從英國移民而來，因此對藝術文化並不友善，認爲藝術文化是腐化人心的道德敗壞者，也是有錢人的奢侈品，所以這是民間的事，與政府無關。他們認爲清教徒應刻苦耐勞、清心寡欲；加上從美國的歷史來看，多次藝術家與政府之間不愉快的補助經驗，使得行政人員不願也不敢再涉及文化政策的相關議題。例如，1817年美國政府爲了裝飾國會山莊，委託美國的藝術家John Trumbull，以32,000美金的鉅款，繪製四張革命戰爭的紀念畫作，但品質不佳，招致各界的嚴厲批評，使得國會及政府部門贊助藝術創作的意願大爲降低。

另一個著名的例子是1832年美國國會爲了紀念美國國父George Washington百年誕辰，特別委託年輕的美國古典雕刻家，也是哈佛大學的畢業生Horatio Greenough，耗資 20,000美金製作華盛頓的雕像。卻因Greenough 於1825年畢業後隨即移居義大利，而且美國政府也未設定製作的條件，因此Greenough把華盛頓雕成古代羅馬的神，下半身只圍著大浴巾，上半身則完全赤裸。當雕像完成，運抵美國後，立即引起很大的爭議，Trumbull的繪畫爭議與之相比，只是小巫見大巫。維吉尼亞的國會議員Henry Wise氣憤地說，這個雕像的頭可以保存起來，但是身體應被丟入波多馬克（Potomac）河中。[15]這些不愉快的補助經驗，嚴重打擊美國政府支持藝術的意願。

---

[15] 參考Milton C. Cummings, 'Government and the Arts: An Overview', in Stephen Bebedict (ed.) *Public Money and the Muse*, (New York: W.W. Norton Company, 1991), pp. 32-6.

圖1-7 Horatio Greenough 創作美國國父George Washington百年誕辰紀念雕像

資料來源：https://www.google.com.tw/search?q=horatio+greenough+washington+statue&source=lnms&tbm=isch&sa=X&ved=0ahUKEwjZrduv5b7eAhWNE4gKHUepCYYQ_AUIDigB&biw=1093&bih=500#imgrc=sU85sMNmBexPdM:, 2018/11/06.

後來由於美國藝術家逐漸在世界的藝壇嶄露頭角、英國人James Smithson的捐款（後來成立著名的華府Smithsonian博物館群）、私人收藏與捐贈日多，以及德裔、義裔等移民對古典藝術的贊助，整個大環境才漸漸改變。尤其是1929年華爾街股市崩盤，造成經濟大恐慌，勞工大量失業，羅斯福總統實施新政（New Deal）以挽救經濟危機。1933年美國聯邦政府開始進行有史以來最大規模的聯邦藝術補助計畫（WPA），「在1935到1938年之間，新政所進行的藝術計畫是有史以來最大的公共藝術計畫，超過四萬名的藝術家直接被政府僱用，總共有1,371個委託案，其中包括製作郵局與公共建築的壁畫，另外還有聯邦戲劇與寫作計畫、交響樂團等。」[16]聯邦藝術補助計畫執行期間，培養

[16] Ibid, pp. 41-2.

了無數重要的藝術家，對美國抽象表現主義（abstract expressionism）的興起，以及成爲領導世界的第一個美國畫派與美國紐約成爲世界藝術之都有很直接的貢獻。然而，美中不足的是該計畫後來因爲共產黨的滲透，使得政府與藝術家之間的衝突日益劇增，更由於二次世界大戰開打，大量人力投入戰場，失業問題瞬間消失，到了1948年這個計畫就終止了。

自1948年WPA結束之後，一直到1965年之間美國並沒有重要的文化政策與制度產生，有識之士擔心美國文化過於通俗與市場導向，因此學習「英國藝術委員會」的模式，策劃成立國家藝術與人文基金會，其重要的推動者是John F. Kennedy總統。爲了表彰他對藝術文化的支持，在其1964年遇刺身亡之後不久，Johnson總統即推動立法，通過將國家文化中心改名爲Kennedy表演藝術中心，並且繼續推動成立「國家藝術與人文基金會」（National Foundation for the Arts and Humanities），法案於1965年九月通過。美國公共工程編訂1%經費的公共藝術法案，也是在此時期通過的。

該基金會在1965年成立之後經歷不同的主席，經費互有消長。值得一提的是基金會主席Nancy Hanks運用其政治與外交手腕，拜會200位以上的國會議員，以支持基金會的計畫，「在Richard Nixon總統時代，使基金會的預算從1970年的830萬增加到1975年的8,000萬。」[17]在短短五年內經費增加了幾乎十倍，使得國家藝術基金會的工作在廣度與深度上很快就達到前所未有的效果。另外，曾爲演員的共和黨Reagan總統上台時，立即提議削減二個基金會的預算50%，引起藝術界的恐慌，經過多方的努力，才改爲減少10%。這種舉動與當時英國柴契爾夫人的文化政

[17] Milton C. Cummings, 'Government and the Arts: An Overview', in Stephen Bebedict (ed.) *Public Money and the Muse*, (New York: W.W. Norton Company, 1991), p. 55.

策非常類似，政府不願再負擔龐大的預算來支持文化藝術。

到了1989年左右，美國因爲Serrano的巡迴展與Mapplethorpe的攝影回顧展事件又引起了史無前例的衝突，造成藝術界與全國民衆相當大的震撼，不但引發了美國自由與保守兩大陣營長達兩年的對抗，甚至有保守黨國會議員主張廢除二大基金會。

綜觀美國的文化政策，至今仍未設立文化部，只有 1965年設立的藝術與人文基金會執行藝術與文化的補助事宜，配合美國商務部等相關部會，保護智慧財產權與美國文化全球市場的推展與談判。但美國文化藝術活動的展演並沒有受到像英國「臂距原則」的保護，以致政治人物直接介入藝術文化展演，造成極大的爭議。

六、台灣

台灣的文化內涵豐富而多樣，從南島語族先住民的海洋文化、荷蘭殖民統治下的國際競爭時期、明末鄭氏家族統治到清領時期的傳統中國文化、日本殖民時期下的皇民化與現代化文化工程、國民政府來台後的中華文化復興運動，以及美國文化娛樂產業的文化帝國主義和文化全球化的影響，造就了台灣多元不同的內在文化涵養。[18]

有關台灣的文化政策歷史資料相當的少，不過在日據時期日本人就有設立國家公園的規劃，而且對觀光事業的發展非常重視。以嘉義地區來說，相關景觀的介紹，阿里山一日、二日或多日遊的規劃，早在日據時期的相關文獻中就已出現。由於當時日本爲已開發與殖民國家，因

[18] 劉俊裕，《再東方化：文化政策與文化治理的東亞取徑》，台北：巨流，2018，頁21。

此，其文化政策觀念之發展幾與歐美先進國家同步。至於台灣的文化政策大都在民國三十四年台灣光復之後才開始，茲依其重要發展階段分述如下：

（一）中華文化復興運動推行委員會

民國三十四年台灣光復，三十八年國民政府撤退來台，因二次大戰與國共內戰，導致民生凋敝，百廢待舉，所以文化政策並未受到重視。對當時的政府來說，國防與經濟才是重心，文化只是爲政治服務的工具。一直到民國五十五年中共因奪權鬥爭，發生文化大革命，大量的傳統文化受到破壞，因此，民國五十六年七月廿八日先總統蔣公號召成立「中華文化復興運動推行委員會」，藉由傳統文化的復興與中共的破壞文化形成對比。但其政治統戰的意味大於實質的文化推展，例如蔣公在五十七年中華文化復興節致詞時說：「今日中華文化復興運動，乃是針對毛共『文化大革命』進行思想與文化戰的重要武器！……」[19]實質的文化建設成效十分有限。

（二）教育部文化局

除了「中華文化復興運動推行委員會」的成立之外，民國五十六年政府也在教育部之下設立「文化局」，負責推動文化藝術等相關事宜。但因爲「文化業務太廣、無前規可循、經費有限、職級太低、有責無權、權責不清與衝突」[20]等因素，該局成立僅六年，即於六十二年遭到

[19] 文建會，《文化白皮書》，台北：文建會，199，頁18。

[20] 摘自梁賢文，〈英國文化政策與行政作爲我國學習對象之研究〉，台北：淡江大學碩士論文，2001，頁135。

裁撤。一直等到民國七十年「行政院文化建設委員會」成立之後才有文化的專責單位。

前述文化局的制度與日本在1968年文部省之下設立文化廳非常類似，由於文化與教育性質較相似，因此常將文化，甚至體育、科學、觀光、媒體……等業務置於教育部之下。惟以專業分工來說，筆者雖曾在教育部主管文化藝術業務，仍建議二者分屬不同專業較易推動。否則，文化藝術專業的職缺常淪為升遷的酬庸，主事者缺乏文化藝術的專業與熱忱，不易推動工作。

（三）十二項建設

民國六十六年九月廿三日，當時行政院長蔣經國先生在立法院所提施政報告中宣布「為強化經濟社會發展，提高國民生活水準，政府繼十項建設之後，決定再進行十二項建設」，十二項建設中的最後一項即是「文化建設」。其主要內容就是比照法國的模式，為了文化發展的普及，在五年內於台灣各縣市設立一個「文化中心」，以促進地方文化活動的發展，平衡中央與地方的文化差距。其主要的重點在於設立硬體的文化展演設施，在每一個文化中心設立圖書館、展覽廳與演藝廳等文化硬體設施作為展演場地。如此一來，重要的巡迴展演或地方自辦活動將有較理想的場地，為一相當重要的文化硬體建設。

（四）加強文化及育樂活動方案

為了因應十二項建設之後，各地文化中心的成立、人才培育與專責單位的設立刻不容緩，以免形成有良好的硬體設施，卻沒有專責管理單位與人員的窘境。行政院於民國六十八年，頒布「加強文化及育樂活動方案」共計十二項措施：

1.設置文化建設專管機構，2.策動成立文化基金，3.舉辦文藝季活動，4.設置文化獎，5.修訂著作權法，6.修訂古物保存法與採掘古物規則，7.培育文藝人才，8.提高音樂水準，9.推廣與扶植國劇與話劇，10.設立文化活動中心，11.保存與改進傳統技藝，12.鼓勵民間設立文化機構。

其中第一項措施即為「設置文化建設與文化行政的專責機構」。[21]因此，政府於民國七十年十一月在半官方的「中華文化復興運動推行委員會」之外，成立官方的「行政院文化建設推行委員會」，作為規劃、協調、綜理、考核文化相關事務的專責單位，但是執行業務仍分散於各中央部會。例如民族藝術教育、古物、國際文化交流合作等為教育部主管；古蹟、遺址、宗教禮俗、著作權為內政部主管；出版、廣播、電視、電影為新聞局主管；觀光旅遊為交通部主管；自然景觀為農委會主管。

由此可知，當時的文建會只是行政院的幕僚單位而非業務單位，在文化業務的推動上並無實權。而且這種「多頭馬車式」的文化行政組織常形成業務的互相推諉或重疊，導致文化政策的行政成效不彰。例如，古蹟、遺址為內政部主管，但遺址中出土的古物卻歸教育部主管，因此，當十三行遺址因八里汙水處理廠施工被發現與破壞時，不知應是文建會、內政部或教育部誰的權責。依規定遺址應為內政部主管，但陪同行政院長前往會勘的卻是教育部長。

本方案除了成立文建會之外，也在民國七十年成立國立藝術學院（現國立台北藝術大學），台灣師範大學成立美術研究所，以培養藝術

[21] 文建會，《文化白皮書》，台北市：文建會，1998，頁19。

人才；另外，要求教育部每年辦理大專院校話劇比賽，以培養戲劇人才。此可說是政府遷台以來最重要的文化政策，但美中不足的是藝術行政專業人才的培養並未落實，導致後來文化行政人員嚴重缺乏或由社會教育人員充當的窘境；直到廿年後，相關系所才逐漸設立，甚爲可惜。

（五）解嚴

民國三十八年國民政府撤退來台，兩岸形成政治與軍事對立的僵局，加上雙方都怕被統戰，政治氣氛十分緊張，造成長久的冷戰。國民政府因國家安全的考量，頒布戒嚴令，整個社會籠罩在一股緊張與恐怖的氣氛之中。民衆避談政治，藝術家們不敢創作有關政治的議題，以免惹禍上身。言論與表現的自由根本不可能，所以在文化藝術的表現方面，除了爲政治服務的藝術之外，一般的藝術展演不但不易受到補助，甚至沒有充分的創作自由。

這種情況一直持續到民國七十六年政府宣布解嚴，開放黨禁、報禁、返鄉探親之後，才有相當大的改善。不但在政治上進入一個民主化的嶄新階段，在文化藝術上更完全拋開以前白色恐怖的政治禁忌，可以大膽地揮灑。[22]因此，解嚴對藝術文化蓬勃發展的貢獻可能比政府經濟上的補助還要來得重要。

（六）財團法人國家文化藝術基金會

國家文藝基金會於民國八十五年成立，「爲我國第一個由國家挹注基金，但是由民間經營，並以服務國內文化藝術工作者爲其主要業務對

[22] 蕭瓊瑞，《台灣美術史綱》，台北市：藝術家，2009，頁496。

象的公共團體。」[23]其成立的模式很類似美國的國家藝術基金會（The National Endowment for the Arts）或英國的藝術委員會，希望藝術補助方面的業務由半官方的組織來執行，以避免政治的干預。

其基金來源主要由當時的行政院文化建設委員會，依據「國家文化藝術基金會設置條例」捐助新台幣60億元做爲本金，另外還透過民間捐助，加強推動各項業務。

國藝會成立的主要目的在於積極輔導、協助與營造有利於文化藝術工作者的展演環境，獎勵文化藝術事業，以提升藝文水準。基金會設有董事會，負責督導基金會的業務方向與經費運用，監事會則是負責稽核財務執行狀況，確保所有基金與經費都能得到有效的管理和使用。董、監事人選由主管機關文化部就文化藝術界人士、學者、專家和政府機關代表和各界社會人士中遴選，提請行政院院長審核聘任。其基本的工作執掌有四：

1. 輔導辦理文化藝術活動
2. 贊助各項文化藝術事業
3. 獎助文化藝術工作者
4. 執行文化藝術獎助條例所定之任務[24]

國藝會最重要的業務，就是贊助、獎勵、培育、推動和輔導民間藝文工作者或團體，支持的藝文活動類型涵括文學、美術、音樂、戲劇、舞蹈、文化資產（包括民俗技藝）、視聽媒體藝術以及藝文環境與發展

[23] 夏學理等，《文化行政》，台北市：空中大學，2001，頁37。

[24] 同上。

等，並因應時代潮流，鼓勵創新的、具突破性、實驗性與新觀念的各種藝文形式。[25]

國家文藝基金會之成立對於藝術文化的推展有相當大的助益，可以避免國家直接控制藝術文化的發展與政治人物干預藝文補助的困擾。但其權責與職掌如何與文化部明確畫分，避免重疊，也是重要的議題。

（七）文化部

爲配合中央政府組織改造的啓動，文建會於101年5月20日改制爲文化部（Ministry of Culture），任務在於解決文化業務長久以來面臨人力、資源及事權不一的困境，爰將政府組織中原本分散的文化事務予以整合；更重要的是能營造豐富的文化生活環境，激發保存文化資產意識，提升國民的文化參與，讓所有國民不分族群、不分階級，都能成爲台灣文化的創造者與享用者，展現台灣的文化國力。

爲達成上述任務，文化部的業務範疇，除涵蓋原文建會現有之文化資產、文學、社區營造、文化設施、表演藝術、視覺藝術、文化創意產業、文化交流業務外，並納入行政院新聞局出版產業、流行音樂產業、電影產業、廣播電視事業等相關業務，以及教育部轄下五個文化類館所，包括國立歷史博物館、國立國父紀念館、國立中正紀念堂管理處、國立台灣史前文化博物館、國立中正文化中心。

其設立突破過去文化建設施政概念，打破傳統以個別業務或載體設置司處的作法，改以彈性、跨界、資源整合及合作之角度進行規劃，協助民間社會與產業邁向更多元且具深度的文化發展與成效。此外，爲展現台灣豐富多元的文化內涵，民國106年9月15日納入蒙藏委員會，繼續

[25] http://www.ncafroc.org.tw/about1.aspx, 2018/08/22.

辦理蒙藏文化保存與發揚相關業務。[26]

由上述可知，文化部的成立，在於解決文建會時期多頭馬車、有責無權的窘境，把文化、藝術、媒體等相關業務統一歸納在文化部的管轄之內，其經費預算與人員編制也大幅增加，對於推動文化藝術等相關工作，應有相當大的幫助。

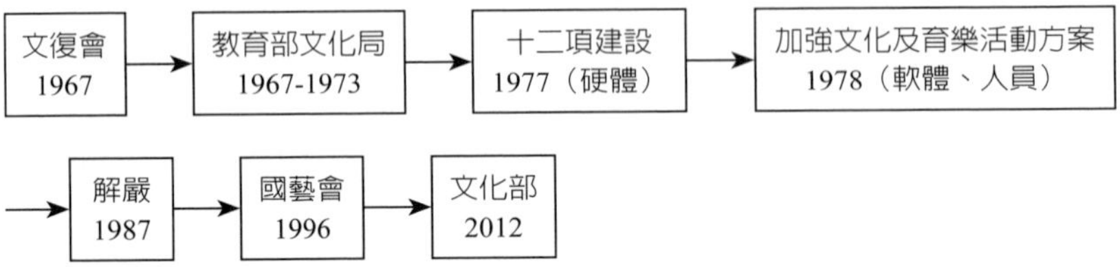

圖1-8　台灣的文化政策發展歷史

七、分析與比較

由以上的論述可知，英國文化政策的歷史最爲悠久，卻在政策上採取放任的態度，認爲文化藝術的獎助是民間的事情，與政府無關。然而皇室常因懼怕民眾暴動，對於戲劇等民眾可以聚集的活動與展演題材較富政治敏感度的藝術，採申請許可的限制措施。

到了1929年之後，美國以WAP計畫僱用藝術家從事公共建築的美化，以史無前例的政府支助來解決失業問題。二次大戰發生，美國失業問題消失，WAP計畫中止，但是英國卻因CEMA的成功，在戰後1946年成立ACGB來推展藝術，而且成爲英語系國家爭相模仿的對象；1965

[26] https://www.moc.gov.tw/content_246.html, 2018/08/22.

年，美國才於聯邦成立NEA，負責全國藝術文化的推動事宜；日本則在外相於1967年訪美回國後不久，即在隔年於文部省之下設立文化廳，統籌藝術文化等相關事宜；而台灣一直到1981年才成立文建會，1996年成立國家文藝基金會，甚至2012年才成立文化部。在成立專責單位的時間上，與英、美二國相差將近四五十年的時間，因此國內文化政策起步的時間相較於先進國家已非常的晚。英國早前於1992年已成立類似文化部的國家遺產部，而我國文建會2012年才改制文化部，時間上又慢了20年。

在組織制度上，英國是「藝術委員會」（arts council）制度的創始國，尤其是其「臂距原則」更是其他國家藝文補助的重要學習對象。但是，英國的制度卻在1979年之後加入美國的私人贊助型態，又於1992年成立國家遺產部，1997年改名為文化、媒體與體育部，2017年再次改名為數位、文化、媒體暨體育部之後，再度走回歐陸的集權主義式。美國則一直未成立文化部，剛開始是放任式的，一直到1965年成立NEA之後，才由聯邦政府統籌部分的藝文推展事宜。此外，美國因為私人贊助風氣盛行，國家的文化財政負擔輕，常成為法國等文化集權國家的羨慕對象，因此「商業贊助」（business sponsorship）的提倡即為明顯的例子。台灣則兼具兩種制度的特色，即在1981年成立官方的文建會，又於1996年成立半官方的國家文藝基金會，問題在於文建會的整個工作職掌尚未完全將相關部會的文化業務納入，所以還是多頭馬車式的型態，事權不統一；一直到2012年完成文化部的設置，才得以統一文化事權。至於英美二國的文化政策制度各有其優缺點，值得我國參考。

筆者因語言能力上的限制，僅提供英國與美國的文化政策制度供參考。其他國家例如法國、德國、義大利等，也有很多可供學習與參考的空間。

第三節　文化政策的目的

文化政策的目的各國不盡相同，但都離不開資產保存、水準提升、欣賞普及、公私合作、社會和諧、文化認同、經濟發展、國家榮耀、世界和平與永續發展等目的，茲論述如下：

一、資產保存

「承先啓後」是文化政策的首要工作，尤其是經濟的開發，常常導致古蹟的破壞、古物的流失與傳統技藝的失傳，有形與無形的文化資產也隨著時間不斷流逝。因此，世界各國大多把「文化資產保存」做爲文化政策的第一要務，例如作爲文化政策相關法令的首選，國內文化資產保存法的訂定就是很好的例子；而世界教科文組織所設立的世界文化遺產與世界自然遺產等保護措施也是如此。

早期文化資產的保存被認爲是燙手山芋，後期則因爲觀光產業的興盛，文化資產與自然美景反而成爲觀光產業的核心而備受重視。文化資產保存爲文化政策另一重要領域，有專書論述，所以本書不在此贅述。

二、水準提升

提升精緻藝術水準，例如油畫、水墨、歌劇、古典音樂、傳統戲劇等，是早期文化政策的重要工作，尤其是在政府經費補助不足之時，如何提升精緻藝術水準，常常成爲文化資產保存之後的主要努力目標。此階段的工作與學校藝術教育關係相當密切，因爲學校教育是藝術創作與欣賞人才培育的搖籃與基礎，配合學校培育之後的社會藝術教育，使藝術繼續提升至專業創作水準，並保障藝術家與藝文團體的基本生活。

由於經費補助的重點經常在於如何提升精緻藝術的展演水準，因此受益的創作者與欣賞者常僅限於少數（3%以下）的菁英分子；而政治人物基於選票考量，後期文化政策重點逐漸轉移到通俗藝術的欣賞與普及。

三、欣賞普及

藝術水準提升之後，早期只有王公貴族與宗教人士才可以欣賞的精緻藝術，在民主化文化（democratizing culture）的要求之下，把精緻藝術推廣至一般社會大眾，是文化政策下一個重要的目標。尤其是在執政當局選票的考量之下，普及藝術欣賞讓一般民眾感受到政府補助文化藝術的成果，爭取更多選民的認同，成爲文化政策的重要目標。例如每年舉辦的國慶煙火與台灣燈會，以前都是集中在都會區舉辦，現在則由各縣市政府輪流舉辦，讓更多民眾可以參與盛會，以贏得全國國民對政府的認同。

英國早期補助藝術經費的口號爲「The best for the most」，即最好的藝術水準普及到最多的民眾。但是在藝術補助經費不足的時候，常有提升水準或普及欣賞何者爲重的兩難。英國藝術委員會首注重水準提升，美國藝術基金會（NEA）則以普及欣賞爲主要方向。在美國藝術基金會成立50年之後，其最大的成就在於藝術的學習與欣賞普及到全美國的各大小城市，不需要像以前集中在紐約、芝加哥洛杉磯等大城市。

四、公私合作

剛開始藝術的補助經費完全由國家提供，但是當國家的藝術補助經費有限，特別是在經濟危機，政府刪減公共支出之時，透過企業贊助藝術（business sponsorship for the arts）的推動，能爲藝術界覓得政府之外的財源，遂變成相當重要的工作。尤其是部分的大企業也希望能透過贊助藝術，建立良好的企業形象，例如菸商、酒商、軍火商等形象不良的大企業。或者在日本，企業在獲利之餘，爲善盡企業的社會責任，便把部分的企業盈餘用來推動藝術展演，改善企業唯利是圖的一般形象。公私合作、多元的經費來源，是文化政策努力的目標。

最近台灣推動的BOT（Build Operation Transfer）、ROT（Repair Operation Transfer）與OP（Operation Transfer）都是公私合作的作法，一方面可以節省政府的預算，另一方面也可以善用企業的專長，獲得雙贏的結果，台灣高速鐵路就是一個很好的例子。然而，台北市的大巨蛋卻是一個失敗的例子，因爲市長的更替，導致官商利益糾纏不清，遲遲無法完成。

以法國來說，有四個角色相互影響法國人民的文化生活——國家、地方政府、私人的贊助者與個別的消費市場。[27]這四個公私角色成功的互動，可營造多元藝術與文化生長的有利環境。政府已不再是藝術文化補助的唯一角色，「公私合作、多元化的補助經費來源與市場消費」才是現階段與未來文化政策的趨勢。

---

[27] D. O'Brien & K. Oakley, *Cultural Policy*, London: Routledge, 2017, p. 358.

五、社會和諧

文化與藝術有助於提升國民道德素養與精神生活品質，營造祥和的社會氣氛與美感的生活環境，以吸引企業投資，促進都市的經濟發展。

英國政府常把文化政策應用在都市再生、閒置空間再利用，創造一個適合民眾居住的生活環境。美國則在冷戰時期，文化被作爲對抗蘇聯的工具，到了冷戰的尾聲，文化的冷戰功能消失，美國的文化部門轉而宣稱文化可以解決美國的社會問題：即加強教育、解決種族衝突，以文化觀光復甦凋蔽的都會、創造就業機會、降低犯罪率，甚至還可以創造經濟利潤。[28]因此，美國在1970、80年代因社會動盪，以致族群衝突嚴重，而國家藝術基金會的藝術補助，被認爲有助於促進不同族群的和諧，抒發民眾不滿的情緒，解決社會的爭端。

六、文化認同

文化認同在前文已經提過，對國家的建立、社會的團結相當有幫助。透過文化政策，推動語言、文化、宗教、種族、思想的同一性，可以建立國民的共識與國家的認同感，促進國家的團結與統一。日據時期日文的推動、國民政府國語的推動，都是同樣的目的。

英語系國家也把英文作爲文化認同的基礎，與美國、英國、紐西蘭、澳洲、加拿大等的國家站在同一陣線，以尋求共同的利益。另外，在國際的文化政策會議上，與會者共同認爲，推動文化政策可以促進國

[28] 摘自於T. Miller & G. Yudice, *Cultural policy*, 蔣淑貞、馮建三譯，台北：巨流，2006，頁30。

際文化交流，增進世界各族群彼此的認識與了解，進而提升世界的和平與穩定，這可以說是文化政策的最高境界與目標。

七、經濟發展

藝術文化的經濟效益早期並未受到重視，只注重於美感、道德與精神生活品質的提升，且藝術與經濟分別屬於兩個不同的領域。一直到1997年英國推動創意產業，全世界才逐漸了解到藝術文化在後工業社會的經濟潛力，尤其是旅遊業（tourism）（約占GDP10%）與好萊塢的電影所帶來的經濟產值，讓開發中國家刮目相看。文化產業、創意產業、創意經濟、創新發明等等，以發展經濟爲主的文化政策，在現階段受到世界各國與各層級政府的重視，紛紛把文化產業創造就業機會與經濟產值列爲文化政策的重要目標，強調藝術與經濟結合，文化產業化、產業文化化，藝術與經濟互蒙其利。

Clive Gray寫道：政府推動文化政策的目的，第一是經濟，第二是社會。因此，政府漸趨強調文化與藝術的目的是在促進經濟成長、降低公共債務、都市再生、安撫社會的孤立、從個人發展到社區賦權，以創造社會福祉。[29]

隨著時代的變遷，文化政策的目的逐漸從傳統的資產保存、水準提升、欣賞普及、公私合作、社會和諧、文化認同，共同朝向經濟發展的趨勢。但是，文化政策工作者應該兼顧各項目的重要性，不應隨波逐

[29] Clive Gray, Commodification and Instrumentality in Cultural Policy, *International Journal of Cultural Policy*, Vol. 13, N0. 2, 2007, p. 206.

流、捨本逐末。

八、國家榮耀

藝術文化的發展，關係到國家的興盛與榮耀，高水準的藝術文化展演活動是一個已開發國家的象徵，讓全世界的民衆讚嘆與佩服，形成一個國家的榮耀與特色。例如古代的希臘、羅馬與當代的法國，優異的文化藝術水準與豐富的國家文化遺產，成爲該國人民的驕傲，巴黎也成爲全世界最多觀光客造訪的城市。

另外，成立國際級的展演團隊，透過文化外交，宣揚本國的文化，增進與友邦之間的國際關係，也是一種國力與文化榮耀的展現。例如國內雲門舞集高水準的舞蹈演出，巡迴世界表演，成爲台灣的特色與驕傲。

九、世界和平

由於科技的進步與網際網路的普及，人民與人民、國與國之間的文化交流日益頻繁，文化政策初期目的在於推動國家認同，建立統一的國家。之後透過多元文化的推展，增進國內人民不同種族、語言、宗教、思想、性別之間的包容尊重。更進一步的目標就是透過文化政策的推展，各項藝術文化的活動與交流，促進世界各民族與國家之間的和諧與了解，消弭種族、宗教、文化之間的歧視與仇恨。

21世紀的今天，世界各國之間仍存在著思想、貿易、宗教、種族的對立，恐怖攻擊、區域戰爭仍不斷發生，嚴重威脅世界的和平與穩定。透過文化政策的國際文化交流，增進全球人民之間的和諧與了解，有助於世界和平的建立與推動。

十、永續經營

當前世界正面臨著地球暖化、自然災害、環境汙染、核武戰爭、物種滅絕等種種危機，對地球的永續經營與發展造成嚴重的威脅，人類也面臨前所未有的生存危機。地球只有一個，因此有識之士試圖提出解決之道，拯救人類當前的危機，而文化政策的推動被認爲是當前地球永續經營的四個重要作法之一，其重要性不言可喻。

文化政策工作者應該以世界和平與永續發展作爲推動文化政策的最高理想與目標，爲全世界人類帶來可長可久的光明未來。

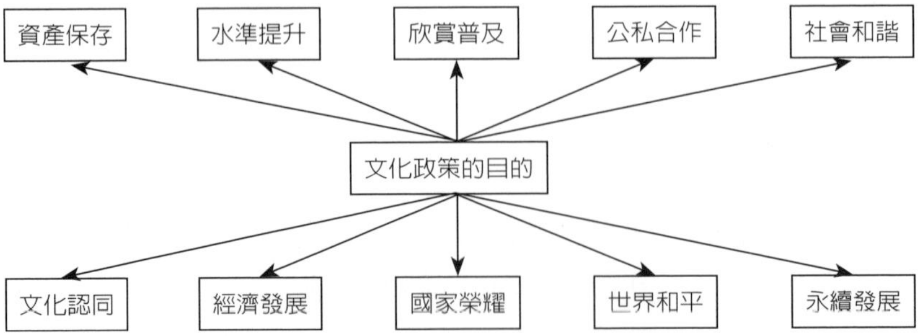

圖1-9　國家文化政策的目的

第四節　文化部的職責與分權

為達成上述文化政策，資產保存、水準提升、欣賞普及、公私合作、社會和諧、文化認同與經濟發展等目的，成立文化專責的機構——文化部，確定其權責與組織架構，以推動上項業務。茲論述如下：

一、文化部的職責

從世界各國文化部的工作項目，可以歸納出其職責如下：

1. 文化資產保存
2. 展演藝術水準提升
3. 傳播媒體管理
4. 語言推動
5. 國際文化交流
6. 文化產業
7. 觀光旅遊
8. 藝文人才培育
9. 地方文化行政事務
10. 國立博物館與劇場督導

其中文化資產保存、展演藝術水準提升與藝文人才培育為早期的工作；傳播媒體管理、觀光旅遊與文化產業為新興的事務。語言推動在法國與日本因為受到英文的威脅，格外受到重視。至於地方文化行政事務、國立博物館與劇場督導則是一般管理業務。

二、我國文化部的職責

爲了推動文化工作，文化部除了總務、人事、會計等一般行政單位之外，必須設立相關的司處等幕僚單位，研擬政策、訂定法律、編列經費、招募人員，以處理相關事宜。

我國文化部的職掌，包括統籌規劃及協調、推動、考評有關文化建設事項及發揚我國多元文化與充實國民精神生活。依照文化部組織法規定，其管理事項如下：

1. 文化政策與相關法規之研擬、規劃及推動。
2. 文化設施與機構之興辦、督導、管理、輔導、獎勵及推動。
3. 文化資產、博物館、社區營造之規劃、輔導、獎勵及推動。
4. 文化創意產業之規劃、輔導、獎勵及推動。
5. 電影、廣播、電視、流行音樂等產業之規劃、輔導、獎勵及推動。
6. 文學、多元文化、出版產業、政府出版品之規劃、輔導、獎勵及推動。
7. 視覺藝術、公共藝術、表演藝術、生活美學之規劃、輔導、獎勵及推動。
8. 國際及兩岸文化交流事務之規劃、輔導、獎勵及推動。
9. 文化人才培育之規劃、輔導、獎勵及推動。
10. 其他有關文化事項。[30]

[30] https://www.moc.gov.tw/content_247.html, 2018/09/04.

三、我國文化部的組織

為了推動上項文化部的工作，我國文化部設置部長1人、次長3人、主任祕書1人；下設7個業務司、1個派出單位、5個輔助單位、1個任務編組；19個附屬機關及陸續成立駐外文化單位。文化部各單位及附屬機關（構），其職掌分別如下圖：

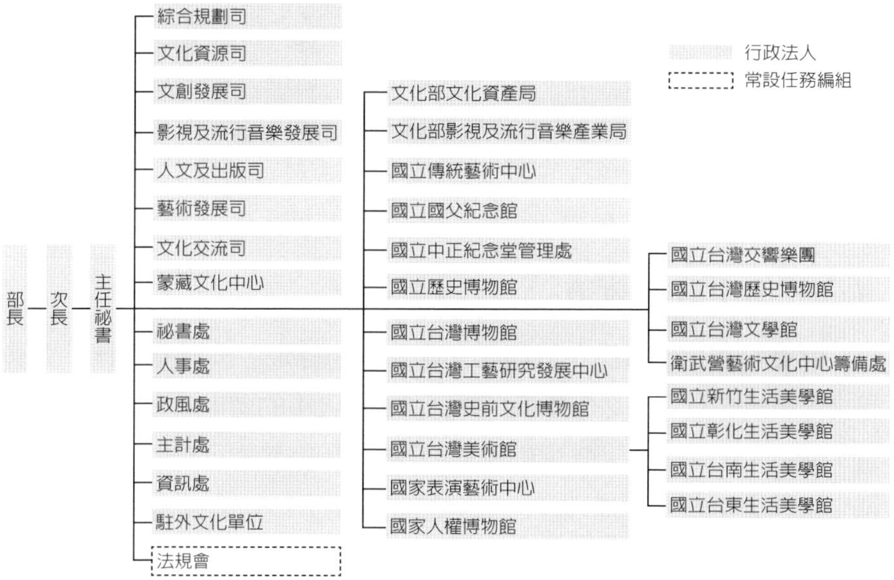

圖1-10　我國文化部的組織圖

資料來源：https://www.moc.gov.tw/content_247.html, 2018/09/04.

從我國的文化部組織架構圖來看，其組織規模相當龐大。一般來說，綜合規劃司負責政策與法規訂定、文化資源司負責文化資產與博物館管理、文創發展司負責文化創意產業管理、影視與流行音樂發展司負責媒體與音樂的管理、人文與出版司負責文學與出版管理、藝術發展司負責精緻藝術的展演管理、文化交流司負責國際與兩岸文化交流管理。另外，除了國立的博物館所，還設有駐外單位，在國外從事國際文化交流活動。

四、文化政策的分權

一般來說，「地方化」（localization）是文化政策的權責與經費目前的趨勢，跨國化（trans-nationalization）與地方化是當前世界的主流。因此，一般國家的中央文化政策權力逐漸被削弱。文化政策的權責畫分如下：

（一）中央訂定政策

中央的文化部重點在於相關文化政策的訂定、監督與考核。尤其是文化法規的訂定、文化預算的編訂、文化人事的聘用、文化政策的擬定、國際文化合作交流與談判等等。過於瑣碎繁雜的行政與管理事宜，則交由地方單位自行處理，大部分的經費也下放地方，由地方自主管理。

（二）地方負責執行

各縣市地方政府的文化局（處）爲各級文化政策的實際執行機關，推動中央文化部所擬定的文化政策與計畫，從事地方文化藝術相關展演活動的推廣，提升地方的藝術水準，普及一般民眾的藝術欣賞。各縣市政府爲了執行文化部所訂定的文化政策與法令，必須依據地方制度法訂定與文化藝術機關相關的法規。以屏東縣政府文化局爲例，相關法規如下：

1. 文化藝術行政機關（機構）的組織設置規程。
2. 公共藝術推動自治條例。
3. 涉及收費之場地管理自治條例。
4. 文化藝術財團法人設立許可及監督自治條例。
5. 藝文團隊立案管理輔導辦法。
6. 社區總體營造推動委員會設置要點。
7. 古蹟及歷史建築委託經營管理自治條例。
8. 美術館美術品典藏審議委員會設置及審議要點。
9. 文化產業發展委員會設置要點。
10. 文化資產審議委員會設置要點。[31]

（三）博物館管理

博物館的定義爲「一個常設的非營利機構，主要以教育或美學爲目的，它設有專業的館員，管理和運用實物，並以常態展出方式以饗社會大衆」。[32]博物館管理執行有形文化資產與視覺藝術相關的典藏、展覽、研究、教育推廣等事宜。

各國政府爲了推動社會教育與觀光休閒娛樂，分別在中央與地方設置各種不同類型的博物館。私人博物館與美術館也如雨後春筍的方式設立，然而其行政管理與經費籌募是當前的重要議題。因爲管理不當或經費不足，形成所謂的蚊子館或閒置空間，時有所聞。因此，如何加強博

[31] 蔡東源，《文化行政與文化政策》，屏東：達趣文創，2012，頁161。

[32] H. Hugh & L. Ireland,《博物館行政》，台北：五觀出版社，2007，頁20。

物館的經費籌募，以及典藏、展覽、研究、教育推廣等功能，成為當前的重要工作。尤其是在經濟不景氣、政府補助經費刪減與民間商業贊助減少的情況下，更是急迫。

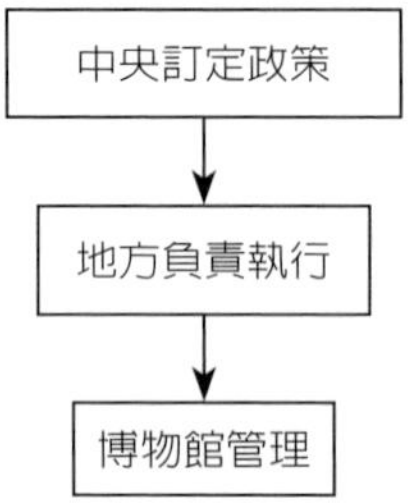

圖1-11　文化政策的分權

五、文化法規

政府行政的依據就是法令，法令訂定的審議機關是立法機構。因此，為了推動文化政策，訂定法律是第一要務。有了相關法令便可編訂預算、設置機關、聘用人員，以推動文化行政事務。尤其是法規的訂定，通常與其他行政與地方單位有很密切的關係，必須經過長時間的溝通與協調才能夠達成。中央所訂定的法律，地方是否能夠執行，與其他部會是否有所牴觸，都是考量的重點。例如文化資產保存法的立法與修法，都牽涉到很多相關的部會與地方單位，如果處理不當，會損及文化資產擁有者的權益。

台灣當前重要的文化法規有文化資產保存法、水下文化資產保存法、博物館法、文化藝術獎助條例、公共藝術設置辦法、文化創意產業發展法等，茲分述如下：

（一）文化資產保存法

文化資產保存法共有十章，113條，其立法目的爲：爲保存及活用文化資產，保障文化資產保存普遍平等之參與權，充實國民精神生活，發揚多元文化。而文化資產是指具有歷史、藝術、科學等文化價值，並經指定或登錄之下列有形及無形文化資產：

1. 有形文化資產

(1)古蹟

指人類爲生活需要所營建之具有歷史、文化、藝術價值之建造物及附屬設施。

(2)歷史建築

指歷史事件所定著或具有歷史性、地方性、特殊性之文化、藝術價值，應予保存之建造物及附屬設施。

(3)紀念建築

指與歷史、文化、藝術等具有重要貢獻之人物相關而應予保存之建造物及附屬設施。

(4)聚落建築群

指建築式樣、風格特殊或與景觀協調，而具有歷史、藝術或科學價值之建造物群或街區。

(5)考古遺址

指蘊藏過去人類生活遺物、遺蹟，而具有歷史、美學、民族學或人類學價值之場域。

(6)史蹟

指歷史事件所定著而具有歷史、文化、藝術價值應予保存所定著之空間及附屬設施。

(7) **文化景觀**

指人類與自然環境經長時間相互影響所形成具有歷史、美學、民族學或人類學價值之場域。

(8) **古物**

指各時代、各族群經人為加工具有文化意義之藝術作品、生活及儀禮器物、圖書文獻及影音資料等。

(9) **自然地景、自然紀念物**

指具保育自然價值之自然區域、特殊地形、地質現象、珍貴稀有植物及礦物。

2. 無形文化資產

(1) **傳統表演藝術**

指流傳於各族群與地方之傳統表演藝能。

(2) **傳統工藝**

指流傳於各族群與地方且以手工製作為主之傳統技藝。

(3) **口述傳統**

指透過口語、吟唱傳承，世代相傳之文化表現形式。

(4) **民俗**

指與國民生活有關之傳統並有特殊文化意義之風俗、儀式、祭典及節慶。

(5) **傳統知識與實踐**

指各族群或社群，為因應自然環境而生存、適應與管理，長年累積、發展出之知識技術及相關實踐。

文化資產保存的主管機關在中央為文化部，在直轄市為直轄市政府，在縣（市）為縣（市）政府。但自然地景及自然紀念物之中央主管機關為行政院農業委員會（以下簡稱農委會）。

爲了有效保存文化資產，文化資產保存法訂有獎勵與罰則，其中最重的罰則如下。

有下列行爲之一者，處六個月以上五年以下有期徒刑，得併科新台幣五十萬元以上二千萬元以下罰金：

1. 違反第三十六條規定遷移或拆除古蹟。
2. 毀損古蹟、暫定古蹟之全部、一部或其附屬設施。
3. 毀損考古遺址之全部、一部或其遺物、遺蹟。
4. 毀損或竊取國寶、重要古物及一般古物。
5. 違反第七十三條規定，將國寶、重要古物運出國外，或經核准出國之國寶、重要古物，未依限運回。
6. 違反第八十五條規定，採摘、砍伐、挖掘或以其他方式破壞自然紀念物或其生態環境。
7. 違反第八十六條第一項規定，改變或破壞自然保留區之自然狀態。

前項之未遂犯，罰之。

文化資產保存法施行細則，乃依文化資產保存法第一百十二條規定。由文化部會同農委會定之。共三十六條，以補充文化資產保存法之不足。

遺憾的是雖然已經訂定文化資產保存法，文化資產破壞事件仍時有所聞。例如107年6月發生有55年歷史的宜蘭縣「礁溪天主堂」（聖若瑟天主堂）等建築群，2017年被宜蘭縣政府列冊追蹤，給予「暫定古蹟」身分，而「暫定古蹟」期限至4月底。不過文資審議還未再審，6月6日卻被發現遭到偷拆，天主堂屋頂不見了，文聲復健院也被拆到滿目瘡痍。最後宜蘭縣政府於拆完後才來「貼公告」，最多只能因未事前報備而拆除一般建物，開罰3,000元。

依文化資產保存法之罰則，毀損「暫定古蹟」可處以六個月以上五年以下有期徒刑，得併科新台幣五十萬元以上二千萬元以下罰金。但因其「暫定古蹟」期限至4月底未再延長，所以只是一般建物，已非暫定古蹟，而讓建物所有人有機可乘。

文化資產的保存常常敵不過龐大經濟利益的誘惑，開發土地的利潤動輒上億元，加上公務人員的怠慢與官商勾結，偷拆或火災時有所聞。因此，文化政策相關人員必須認眞執法，並給予古蹟與歷史建築所有人適當的補償，才能抑制毀損古蹟與歷史建築的歪風。

（二）水下文化資產保存法

除了文化資產保存法之外，爲了保護水下文化資產，另訂水下文化資產保存法，共七章，44條。其立法目的是爲了保存、保護及管理水下文化資產，建構國民與歷史之聯繫，發揚海洋國家之特質，並尊重聯合國保護水下文化資產公約與國際相關協議之精神。其主管機關爲文化部。

水下文化資產是指以全部或一部且週期性或連續性位於水下，具有歷史、文化、考古、藝術或科學等價值，並與人類生活有關之下列資產：

1. 場址、結構物、建築物、器物及人類遺骸，並包括其周遭之考古脈絡及自然脈絡。
2. 船舶、航空器及其他載具，及該載具之相關組件或裝載物，並包括其周遭之考古脈絡及自然脈絡。
3. 具有史前意義之物件。

水下文化資產保存法也訂有罰則，例如有下列行爲之一者，處五年以下有期徒刑、拘役或科或併科新台幣二十萬元以上一千萬元以下罰金：

1. 意圖為自己或第三人不法之所有，竊取水下文化資產。
2. 毀損水下文化資產保護區或暫時保護區內之水下文化資產。
3. 違反第二十條第一項規定，將中華民國所有之水下文化資產運送出境。
4. 違反第二十二條第一項規定，未經主管機關核准進行水下文化資產活動。
5. 違反第二十二條第四項所定辦法規定，將水下文化資產發掘出水。

前項之未遂犯，罰之。

（三）博物館法

一般的法令訂定都有「立法總說明」，讓讀者了解法令訂定的必要性、目的、價值、重點與過程等來龍去脈。例如博物館法的總說明如下：

博物館為具有高度精神價值之文化機構，世界各國不僅重視其收藏、研究、展示、教育之傳統功能，更視之為文化指標及城市標誌。在全球化的浪潮下，博物館不單是個人終身學習之寶庫，其日益彰顯之文化觀光與創意加值角色功能，也成為民眾觀光朝聖或休閒娛樂熱點。隨著博物館發展空間更加多樣化與國際化，博物館在我國亦應扮演更為重要的角色。

我國博物館發展的困境，主要在於博物館設立型態多元，分屬不同主管單位，歷來較缺乏針對博物館整體事業之政策規劃與配套之輔導機制，導致博物館雖依各自條件努力發展，終因受限於相關法令框架，難以有突破性的表現。鑑於博物館經營型態日趨多元，功能取向日新月異，應扶植、輔助及提升博物館之專業性，以面對多元文化發展與國際競爭，爰蒐集國外已制定博物館法的國家，如日本、法國、波蘭、丹麥等；參考未制定博物館專法但訂有組織章程，並輔以認證機制建立專業標準之歐美等國相關規範，廣徵博物館學界、公私立博物館從業人員、中央與地方有關機關等相關意見，以確立博物館之定位，賦予政府資源之挹注扶植，並透過配套之輔導機制促進博物館專業服務品質提升。另為建立認證評鑑制度之正當性，作為辦理博物館輔導獎助之基礎，納入設立登記、功能、輔助及認證等相關規定，以提升各類型博物館水準，協助博物館朝向專業化與國際化經營發展，爰制定「博物館法」，共計二十條。

其要點如下：1.本法之立法目的、博物館之定義、業務及類別。（第一條、第三條至第五條）2.博物館之功能及營運：典藏品之典藏管理、研究展示及教育、成立博物館合作組織、公立博物館得設置基金。（第九條至第十二條）3.博物館之輔助、認證及評鑑：主管機關對博物館之補助、公立博物館採購規定、免司法扣押保護、博物館認證及評鑑制度、相關租稅優惠。（第十三條至第十七條）

博物館法共四章，20條，其目的為促進博物館事業發展，健全博物館功能，提高其專業性、公共性、多元性、教育功能與國際競爭力，以提升民眾人文歷史、自然科學、藝術文化等涵養，並表徵國家文化內涵，特制定本法。主管機關在中央為文化部；在直轄市為直轄市政府；在縣（市）為縣（市）政府。

博物館的定義，指從事蒐藏、保存、修復、維護、研究人類活動、自然環境之物質及非物質證物，以展示、教育推廣或其他方式定常性開放供民眾利用之非營利常設機構。其功能依據設立宗旨及發展目標，辦理蒐藏、保存、修復、維護、研究、展示、人才培育、教育推廣、公共服務及行銷管理等業務。

（四）文化藝術獎助條例

文化藝術獎助條例共七章，38條，其目的爲扶植文化藝術事業，輔導藝文活動，保障文化藝術工作者，促進國家文化建設，提升國民文化水準。

文化藝術獎助條例所稱文化藝術事業，係指經營或從事下列事務者：

1. 關於文化資產與固有文化之保存、維護、傳承及宣揚。
2. 關於音樂、舞蹈、美術、戲劇、文學、民俗技藝、工藝、環境藝術、攝影、廣播、電影、電視之創作、研究及展演。
3. 關於出版及其他文化藝術資訊之傳播。
4. 關於文化機構或從事文化藝術活動場所之管理及興辦。
5. 關於研究、策劃、推廣或執行傳統之生活藝術及其他與文化藝術有關活動。
6. 關於與文化建設有關之調查、研究或專業人才之培訓及國際文化交流。
7. 關於其他經主管機關核定之文化藝術事業項目。

文化藝術事業有下列情形之一者，得給予獎勵：

1. 對於文化保存有特殊貢獻者。
2. 具有創作或重要專門著作，有助提升國民文化水準者。
3. 促進國際文化交流成績卓著者。
4. 培育文化專業人才，具有特殊成就者。
5. 在偏遠及貧瘠地區從事文化活動，對當地社會有重大貢獻者。
6. 其他對促進文化建設、提升文化水準有貢獻者。

文化藝術獎助條例第九條公有建築物應設置公共藝術，美化建築物及環境，且其價值不得少於該建築物造價百分之一，爲公共藝術設置的法源依據。第十九條爲輔導辦理文化藝術活動，贊助各項藝文事業及執行本條例所定之任務，設置財團法人國家文化藝術基金會，爲1996年國家文化藝術基金會設置的法源依據。

（五）公共藝術設置辦法

公共藝術設置辦法根據文化藝術獎助條例第九條，公有建築物應設置公共藝術，美化建築物及環境，且其價值不得少於該建築物造價百分之一。此辦法共七章，35條。其設置涉及藝術創作、策展、民眾參與、教育推廣、管理維護及其他相關事宜。興辦機關爲公有建築物及政府重大公共工程之興辦機關（構）。審議機關爲辦理公共藝術審議會業務之中央部會、直轄市、縣（市）政府。

公共藝術設置辦法的第五條規定，公共藝術設置計畫之預算在新台幣三十萬元以下者，興辦機關得逕行辦理公共藝術教育推廣事宜或交由該基地所在地之直轄市、縣（市）政府統籌辦理公共藝術有關事宜。逾新台幣三十萬元者，興辦機關經審議會審核同意後，得將公共藝術經費之全部或部分交由該基地所在地之直轄市、縣（市）政府統籌辦理公共藝術有關事宜。

審議機關的審議會應置委員九人至十五人，其中一人爲召集人，由機關首長或副首長兼任之；一人爲副召集人，由機關業務單位主管兼任之。興辦機關在與公有建築物或政府重大公共工程之建築師、工程專業技師或統包廠商簽約後三個月內，辦理公共藝術設置計畫，應成立執行小組，成員五人至九人。公共藝術設置計畫書、公共藝術徵選結果報告書、公共藝術完成報告書都應分別送審議機關審議、核定與備查。

第十七條執行小組應依建築物或基地特性、預算規模等條件，選擇下列一種或數種之徵選方式，經審議會審議後辦理：

1. **公開徵選**：以公告方式徵選公共藝術設置計畫，召開徵選會議，選出適當之方案。
2. **邀請比件**：經評估後列述理由，邀請二個以上藝術創作者或團體提出計畫方案，召開徵選會議，選出適當之計畫。
3. **委託創作**：經評估後列述理由，選定適任之藝術創作者或團體提出二件以上計畫方案，召開徵選會議，選出適當之計畫。
4. **指定價購**：經評估後列述理由，選定適當之公共藝術。

第二十七條公共藝術管理機關於公共藝術設置完成後應列入財產管理，五年內不得予以移置或拆除。

由於公共藝術設置的過程複雜，興辦機關的主管人員常常都是非公共藝術專長，而且第一次接觸公共藝術的設置工作，加上公共藝術設置計畫書、公共藝術徵選結果報告書、公共藝術完成報告書都應送審議機關審議、核定或備查，作業煩瑣，成爲文化政策執行人員的壓力。

國內外相關的公共藝術設置爭議相當多，甚至設置之後慘遭移除。因此，行政執行過程不可不愼。尤其是公共藝術設置於戶外，不像一般的雕塑展覽於美術館內，規劃過程的民衆參與和意見表達，非常重要。

公共藝術的四個徵選方式各有其優缺點，爲了避免執行上的爭議，一般會採用公開徵選的方式。但其執行過程非常冗長，而且程序複雜，執行小組必須秉持公平、公開、公正的原則，選擇最適當的公共藝術作品用以美化公共環境，達成設置公共藝術的目標。

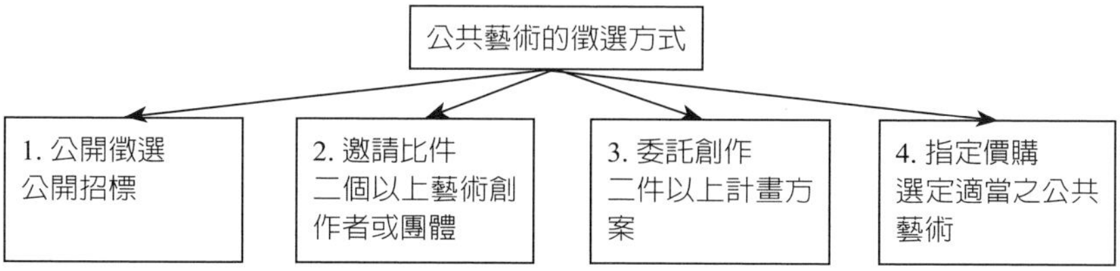

圖1-12　公共藝術的徵選方式

（六）文化創意產業發展法

文化創意產業發展法共四章，30條，其立法目的爲：促進文化創意產業之發展，建構具有豐富文化及創意內涵之社會環境，並運用科技與創新研發以健全文化創意產業的人才培育，且積極開發國內外市場。

文化創意產業發展法所稱文化創意產業，指源自創意或文化積累，透過智慧財產之形成及運用，具有創造財富與就業機會之潛力，並促進全民美學素養，使國民生活環境提升之下列產業：

1. 視覺藝術產業。
2. 音樂及表演藝術產業。
3. 文化資產應用及展演設施產業。
4. 工藝產業。
5. 電影產業。
6. 廣播電視產業。
7. 出版產業。
8. 廣告產業。
9. 產品設計產業。
10. 視覺傳達設計產業。
11. 設計品牌時尚產業。
12. 建築設計產業。
13. 數位內容產業。
14. 創意生活產業。
15. 流行音樂及文化內容產業。
16. 其他經中央主管機關指定之產業。

文化創意產業發展法所稱文化創意事業，指從事文化創意產業之法人、合夥、獨資或個人。其主管機關：在中央爲文化部；在直轄市爲直轄市政府；在縣（市）爲縣（市）政府。

其第十二條主管機關及中央目的事業主管機關得就下列事項，對文化創意事業給予適當之協助、獎勵或補助：

1. 法人化及相關稅籍登記。
2. 產品或服務之創作或研究發展。
3. 創業育成。
4. 健全經紀人制度。
5. 無形資產流通運用。
6. 提升經營管理能力。
7. 運用資訊科技。
8. 培訓專業人才及招攬國際人才。
9. 促進投資招商。
10. 事業互助合作。
11. 市場拓展。
12. 國際合作及交流。
13. 參與國內外競賽。
14. 產業群聚。
15. 運用公有不動產。
16. 蒐集產業及市場資訊。
17. 推廣宣導優良文化創意產品或服務。
18. 智慧財產權保護及運用。
19. 協助活化文化創意事業產品及服務。
20. 其他促進文化創意產業發展之事項。

文化法規看似冗長、單調無聊，但其立法過程之艱辛與複雜度，外人難以想像。文化政策從業人員必須對相關的法律瞭若指掌，依法行政，以利文化政策事務的推動。

六、文化預算

一般來說，文化預算有「來得最慢、去得最快」的特質，因爲文化預算必須先滿足國家的內政、國防、外交、教育、交通、財政等各部會的重要需求之後，才會思考到文化預算，即育樂的需求。尤其是當經濟不景氣，國家預算不足的時候，常常最先刪減文化預算的開支。

國內學者莊振輝，統計民國91年到95年全國文化經費來源，包括全國、中央、地方、私部門、第三部門，詳如下表：

表1-1　民國91-95年全國文化經費來源

年度	單位	全國	中央	地方	政府合計	私部門	第三部門
91	億元 %	309 100	178 58	125 40	303 98	4.90 1.59	1.18 0.38
92	億元 %	315 100	195 62	114 36	309 98	5.31 1.68	1.04 0.33
93	億元 %	331 100	192 58	129 39	321 97	8.16 2.47	1.16 0.35
94	億元 %	318 100	181 57	129 41	310 98	6.23 1.96	1.19 0.37
95	億元 %	341 100	205 60	129 38	334 98	6.23 1.82	1.03 0.30
平均	億元 %	323 100	190 59	125 39	315 98	6.17 1.91	1.12 0.35

資料來源：莊振輝，〈海峽兩岸及英澳日韓韓文化預算之比較〉，虎科大學報，28卷，四期，98年，12，頁59-76。

從統計表可以看出，當時全國文化經費等主要來源爲中央政府約占60%，地方政府約占38%，私部門約占1.6%，第三部門約占0.4%。文化經費來源集中於政府部門，私人與民間捐贈太少。

莊振輝研究後指出，我國文化預算的缺點如下：

1. 捐助文化活動之誘因不足導致捐助比例不高。
2. 文化先天居於弱勢亟需法律保障經費。
3. 文化支出定義過於廣泛扭曲政事別[33]比率。
4. 文化建設主管機關與預算與人力不足，影響業務之推動與發展。
5. 文化經費執行能力有待提升。
6. 我國各項文化預算評估指標表現不佳。

爲了改進上述的缺點，他建議：

1. 增加捐助文化活動之誘因達成雙贏效果。
2. 制訂法律保障文化經費比率。
3. 修正政事別文化支出之定義，以避免扭曲比率進而影響決策。
4. 編列主管機關文建會適當之預算與人力。
5. 積極提升中央與地方文化經費執行能力。
6. 以文化表現優異國家爲借鑑，奮起直追。
7. 加強文化建設其他配套措施[34]。

該研究距今已經十年，文化預算的缺點，例如民間文化藝術經費捐贈太少、預算與人力不足、經費執行能力有待提升等，是否已得到改善，值得進一步了解。

目前全世界各國的文化預算平均數值約爲1%，遠少於其他各部會

---

33 預算內容可依不同性質作分類，如「政事別」、「機關別」、「用途別」等。「政事別」係分類工作計畫的屬性，例：民政支出、教育文化支出、經濟發展支出、警政支出等。「機關別」係分類工作計畫的主管機關，例：縣政府、警察局、文化局等。「用途別」係將工作計畫的內容，依其支出用途所做的分類。包括人事費、業務費、設備及投資、獎補助費、債務費、預備金等六種。

34 莊振輝，〈海峽兩岸及英澳日韓韓文化預算之比較-論我國改進之道〉，虎尾科技大學學報，28卷，四期，98年，12，頁59-76。

的支出。我國2008年到2016年的中央政府文化支出預算每年約280億左右，約占國家總支出的1.5%，高於世界1%的平均值，詳如下表。

表1-2　中央政府文化支出預算（億元）及中央政府文化支出預算占中央政府總預算比率（%）

2008年	2009年	2010年	2011年	2012年	2013年	2014年	2015年	2016年
221.9	269.8	260.6	279.4	282.9	267.9	280.8	317.9	288.9
1.3	1.49	1.52	1.56	1.46	1.4	1.47	1.64	1.46

資料來源：https://stat.moc.gov.tw/StatisticsPointer.aspx, 2018/08/29.

從上表的統計數字可以得知，我國中央政府的文化預算，不管是預算數或比例都比10年前提高很多，顯見成立文化部之後經費已大幅成長，約從190億增加至280億。

七、文化人力與統計

文化統計爲了解一國文化政策執行情形的重要統計數據，對一國文化政策的政策訂定、執行與評估有很重要的參考價值。我國的文化統計架構乃以2011年文建會（現文化部）委外執行之《2010年文化統計出版暨文化部文化統計架構研究計畫》爲參考依據，將文化統計區分爲「文化與行政」、「文化與教育」、「文化與社會」及「文化與產業」四大構面。其主要架構與內涵說明如下：

1. **文化與行政**：文化與行政乃描繪我國文化行政發展情形，此爲國家行政上對文化措施的規劃、分配與支援等面向。此構面包含文化行政組織、文化行政人力、文化經費、文化法規等四個次構面。

2. **文化與教育**：文化與教育主要說明文化人才培育情況，爲政府、學校及社會對民衆文化素養的培養及專業人才的訓練，亦即文化品味的向下扎根與向上提升。該報告藉由政府人才培育、學校人才培育以及社會人才培育等三個角度，描述我國文化人才培育情形。
3. **文化與社會**：文化與社會爲民衆文化的實踐，包含供給端與需求端的協助與支援，亦即文化環境條件的打造，屬於市民之面向，乃陳述我國文化資源、藝術展演、書籍與出版、影視與流行音樂、文化交流、文化參與及文化消費，以說明我國民衆文化生活素養發展情形。
4. **文化與產業**：文化與產業爲文化的生產及分配層面，分析文化創意產業概況，藉以了解我國公私部門之文化創意產業發展狀況，即文化創意產業產值、人力、文化貿易、文化職業方面之情形。

我國的文化統計區分爲「文化與行政」、「文化與教育」、「文化與社會」及「文化與產業」四大構面。紐西蘭的文化指標則分爲參與、文化認同、多樣性、社會凝聚力、經濟發展等五個面向。

1. **文化參與**：文化雇用、創意工作雇用、創意工作收入、文化經驗、文化經營阻礙、花費於文化品項上之家庭日常用品、遺產保存、參加藝術文化與遺產活動管道。
2. **文化認同**：毛利語使用人口、電視節目之本土內容、毛利文化電視節目收視率、國家文化認同之重要性、紐西蘭活動。
3. **多樣性**：少數族群文化團體之挹注、種族文化活動資產之參與、少數種族文化活動類型。
4. **社會凝聚力**：非毛利族群觀衆參與毛利文化活動程度、其他種族文化活動參與、社區文化經驗。

5. **經濟發展**：文化產業收入、創意產業之加值貢獻、占總產業之創意產業比重加值。

其文化指標的分項可作爲我國的參考。

根據我國的文化統計資料，我國有關中央與地方政府文化行政人力類科錄取人數（人）及錄取人數比率（%）如下表，每年文化行政人力類科錄取人數中央約50人，錄取率約1%；地方約20人，錄取率約1.1%，略高於中央。

表1-3　中央與地方政府文化行政人力類科錄取人數（人）及錄取人數比率（%）

標題	2008年	2009年	2010年	2011年	2012年	2013年	2014年	2015年	2016年	2017年
中央	28	45	15	67	54	49	63	53	44	39
比率	0.69	1.27	0.44	1.01	0.9	0.77	1.09	0.82	0.69	0.66
地方	19	17	23	24	25	28	25	14	9	11
比率	1.05	0.83	1.1	1.02	1.01	1.24	1.43	0.87	0.58	0.74

資料來源：https://stat.moc.gov.tw/StatisticsPointer.aspx, 2018/08/29.

至於人員數量的部分，文化部及所屬機關（構）人數有逐年上升的趨勢，2016年來到2,349人。中央政府其他文化相關機關人數卻逐年減少，然而地方政府文化局（處）人數卻增加將近兩倍，其原因値得進一步了解，如下表。原因之一可能在2012年文化部成立左右，中央與地方政府文化相關機關，把其文化相關人員與業務撥交給文化部或地方文化局（處），讓文化人力與事權統一。

表1-4 文化部及所屬機關（構）人力數（人）、中央政府文化相關機關人力數（人）與地方政府文化局人力數（人）

標題	2008年	2009年	2010年	2011年	2012年	2013年	2014年	2015年	2016年
文化部	1,192	1,209	1,147	1,186	1,792	1,864	2,237	2,284	2,349
文化機關	2,181	4,449	4,316	3,992	3,220	3,423	3,139	3,069	3,070
文化局	2,015	1,986	1,754	3,825	4,063	4,172	4,105	4,415	4,425

資料來源：https://stat.moc.gov.tw/StatisticsPointer.aspx, 2018/08/29.

另外，當前世界的文化政策，強調「以證據爲基礎的政策決策」（evidence-based policy making）。爲了說服政治人物與一般民衆對於文化政策的支持，有關量的文化統計數據成爲重要的文化指標，一方面可以做爲文化政策決策者的參考依據，進行文化政策的規劃、執行與成效評估；另一方面可以作爲爭取文化預算的有力依據，尤其是在強調文化政策的經濟成效時，更具說服力。

但是從另外一個角度來看，藝術文化的成效，尤其是其內在效益，例如提升國民的精神生活品質、增進一般民衆的美感與道德素養，以及專業藝術水準的提升等，卻很難用數據加以量化。一味地強調以「證據爲基礎的政策決策」，難免太強調文化政策的功利性。應善用其優點，避免其缺點。

第二章　文化政策制度比較

第一節　政府扮演之角色

本章擬從政府扮演之角色、文化財務收支理論與中央文化行政組織等三個面向來比較文化政策制度，如下：

政府對藝術文化所扮演的角色，一般可以分爲四種，即資助者、促進者、建築師與工程師等，茲說明如下：

一、資助者（patron）

政府扮演藝術文化的資助者（patron），例如英國的藝術文化補助都透過英格蘭、蘇格蘭、威爾斯、北愛爾蘭的藝術委員會，以臂距原則（the arm's length principle）給予補助，對象以精緻藝術水準的提升爲主。

藝術委員會是由政府所提名的董事會所組成的，撥款是由專業藝術家透過同儕評量系統的建議所決定的。資助者所依賴的臂距原則的優點通常也被認爲是它的缺點，因爲培育藝術的卓越性通常被認爲是促進菁英主義（elitism）。例如英國的藝術委員會常被批評所推動的藝術沒有辦法被一般民衆所接受，而且政治人物因爲臂距原則的阻隔，沒有辦法從藝術的成功取得好處或從藝術的失敗承擔任何的責任。

資助者這個系統是臂距原則唯一可應用的，政府提供補助經費到臂距原則的藝術委員會，藝術委員會根據藝術品質（quality）的「優秀」專業標準，不受政治干擾地發放補助款，目的在於提升專業藝術的水準；藝術家與藝術團體則在臂距原則的保護之下，不受政治干擾地從事藝術創作。因此，有專家學者稱這種制度是「雙重臂距原則」。其優點是不受政治或政黨輪替的影響，缺點是經費來源由於政治人物無法干預或關心，所以常常不足。

二、促進者（facilitator）

促進者（facilitator）的補助系統，例如美國，藝術家與藝術組織的補助經費來源大多來自於民間的免稅或私人的慈善捐贈，政府並沒有設立文化部來直接補助經費。促進者的政策目標在促進非營利的業餘藝術與專業藝術活動的多元性。其角色來自於三個美國的傳統：國家與教會的分離、競爭的市場經濟與私人的慈善捐贈。

美國一直到1965年才設立國家藝術基金會（NEA），緊接著設立的各州藝術委員會，這種設立國家與各州藝術委員會的發展型態，代表著美國政府從促進者（facilitator）的角色轉向贊助者（patron）的角色，不過其稅賦減免仍然提供精緻藝術三分之二的公共補助經費。

促進者的優點是民間的經費非常充裕，只是藝術的發展方向並非完全是以精緻藝術爲依歸，而是由捐贈者的喜好或意願所決定。

三、建築師（architect）

建築師的補助系統（architect），如法國，藝術的補助經費直接來自官方文化部的預算，藝術家與藝術組織的補助款通常由行政官員所決定。建築師的角色通常把補助藝術作爲社會福利目標的一部分，而且所補助的藝術目的在於提供社區與業餘藝術的需求，而不是專業藝術的水準。

建築師補助系統的優點在於藝術家與藝術組織可以免除票房上的壓力，導致貧富不均，藝術家的角色也被認爲是社會補助政策的一分子；缺點是長期穩定的直接補助會導致藝術家的創作力停滯不前。

四、工程師（engineer）

工程師（engineer）的補助系統，如前蘇聯與德國納粹的藝術補助模式，完全由政「黨」主導藝術的生產，而且只補助符合政治標準的藝術而不是藝術的創意。藝術補助由政治的人民委員決定，目的在推動政治教育而不是提升藝術的水準。藝術家的經濟地位由官方政黨所支持的藝術家聯盟之成員所決定，任何不屬於這個聯盟成員者都不是藝術家。

工程師角色受到獨裁政權的喜愛，因爲它集中藝術家創作精力朝向實現官方的政治目標。缺點是所有的藝術屈從於政治和商業的目的，藝術家的創意無法完全發揮。因此，藝術創作基本上淪爲政黨的教育與宣傳工具，藝術家與藝術團體缺少藝術創作的自由，藝術成就很難彰顯。[1]

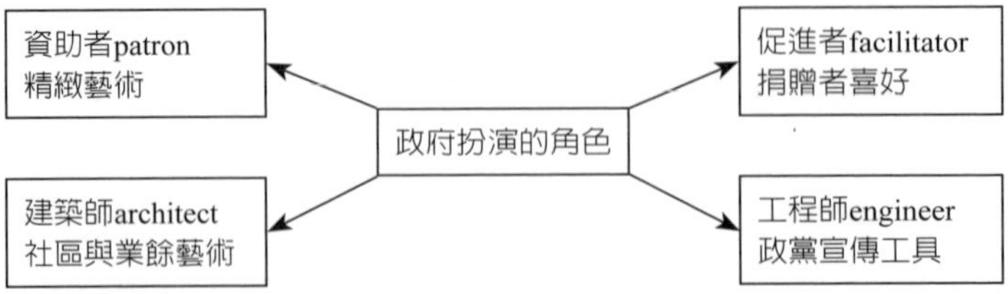

圖2-1　政府對藝術文化扮演的角色

[1] 摘自D. O'Brien & K. Oakley, *Cultural Policy I*, London: Routledge, 2017, p133-136.

五、角色合流

上述分析傳統政府在藝術文化補助上所扮演的四種角色，但是隨著時代的變遷，政府所扮演的角色有合流（convergence）的趨勢。H. Chartrand與C. Mc Caughey認爲這種合流只是一般趨勢的一部分，其原因包括經濟結構與本質的改變、政府補助經費的減少、藝術產業規模與重要性的快速成長。[2]意即政府補助經費的減少與文化產業受到重視，改變了傳統政府在藝術文化補助上所扮演的角色，而形成合流的趨勢。例如英國成立數位文化媒體運動部走向建築師的補助系統；美國成立國家藝術基金會走向贊助者的補助系統；法國文化部鼓勵商業贊助，吸引民間的資金，走向促進者的補助系統。

另外，以法國與德國爲例子，兩國政府在文化政策角色的發展也走向交錯合流（chiastic convergence）的趨勢。法國1959年成立的文化部，成爲全世界中央集權的主要代表，近年逐漸注重地方分權（decentralization），把文化經費逐漸下放給地方自由運用。德國在二次大戰後，爲了避免納粹對於文化的獨裁，在盟軍的要求之下，文化事務由各州與地方主管。之後，德國在1998年成立文化部，負責處理聯邦層級的文化事務，例如歐洲聯盟與國際文化事務之間的協商、國家重要遺產的保護、文化發展法規的訂定、電影政策等。[3]

當代，政府也可能同時扮演四種角色，例如在文化產業的推動上，民主國家的政府可能扮演著建築師的角色，直接介入文化產業的規劃與推動，以提升其文化產業在世界的競爭力。例如韓國透過政府的力

---

[2] D. O'Brien & K. Oakley, *Cultural Policy* I, London: Routledge, 2017, p145.

[3] Jeremy Ahearne, Cultural policy in the Old Europe: France and Germany, *International Journal of Cultural Policy*, 2003, V. 9(2), pp. 127-131.

量與產、官、學、研的合作，把韓國文化推展到全世界；英國與台灣則透過文化與教育政策，直接主導要求大學藝術與媒體相關科系，培養文化產業人才給相關的業界使用，並透過大學與業界間的產學合作，提升文化產業的競爭力。

第二節　文化財務收支理論

政府對藝術文化所扮演的角色，也反映在文化財務收支政策的理論與票價的作法上。其轉變從早期的文化投資論到後來的成本效益論、市場供需論，到最近的產業經營，茲說明如下：

一、文化投資論

文化投資論者認爲，文化藝術如同教育事業一樣，爲一種長期的投資、百年樹人的事業，不宜企求短期內有顯著的回饋。古云：羅馬不是一天造成的，它是經過2,000年的投資與建設，才成爲世界文明古都。法國的首都巴黎也是如此。

因此，在票價政策上面，主張低票價或者免費開放，以利吸引更多的觀衆，達成社會藝術教育及提升國民精神生活品質的目的。例如英國的大英博物館由國家編列預算，免費開放民衆參觀，以提升社會大衆的社會教育與文化素養，厚植英國的國際競爭力，成爲世界的海上強權，就是文化投資論很好的例子。

二、成本效益論

部分文化財政學者傾向不應做虧本的生意，重視成本與效益的分析，因此主張票價爲使用者付費。尤其是當國家財政緊縮，無法編列足夠的預算支付公共支出時，使用者付費的呼聲便應運而生。例如博物館除了常設展之外，爲吸引更多的遊客，常會與私人單位辦理大型特展（blockbuster exhibition），由參觀者另行付費入場，讓參觀者得以有機會觀賞高水準的展覽。主辦單位吸引大量的觀衆入場參觀，提升績效；民間單位則獲得贊助藝術的美名，互蒙其利。例如國立歷史博物館主辦的「黃金印象」特展就是很好的例子。

使用者付費的票價通常因應成本，會比公立機構的票價貴幾倍，例如屏東國立海洋博物館，在公辦民營、使用者付費之下，比公立博物館貴很多。

三、市場供需論

重視市場需求的市場主義論者認爲，藝術文化節目應充分考慮消費者的喜好與需求，顧及文化市場對這些節目型態的接納程度。因此市場分析與行銷策略非常重要，在票價策略上面會注意彈性調節與供需關係。

新自由主義者強調「市場」機制作爲藝術去留的關鍵，藝文工作者必須迎合市場的喜好與需要以求生存，政府無須介入與干預市場的運作。關稅貿易協定與世界貿易組織的主張就是自由貿易，排除任何關稅障礙與保護措施。然而，傳統藝術、實驗性的藝術與新興的藝術應該受到適當的保護，以免遭到市場的淘汰，造成無可挽救的後果。

四、產業經營論

新公共管理與新自由主義同時強調向「企業」學習，強調市場自由競爭對企業經營與生存的重要性。因此，產業經營論是當前文化產業普遍講求的規範，強調文化產業和創意產業應該注意本身的經營管理。至於文化政策主管機關，應對較具競爭力的團隊給予較優厚的獎助，對績效評鑑較差者，減少支持，以集中資源培育較具潛力的團隊。尤其是在政府經費嚴重不足、僧多粥少之時，強調提升藝文團隊競爭力的產業經營論，會更廣受文化政策決策者的喜愛。其票價策略則以企業經營的理念作彈性調整，並且以營利為優先考量。[4]

產業經營論最近被應用在政府各個部門，例如大學的管理，透過競爭性的計畫與評鑑制度，要求大學追求卓越。績效良好則獎勵越多、補助愈多，績效差就減少補助經費。學習企業的精神，用公開競爭的制度，鼓勵大學力求傑出。

綜上所述，文化投資論、成本效益論、市場供需論與最近的產業經營論，都各有其優缺點，文化政策工作者宜根據藝術文化活動不同的屬性，運用不同的策略來達到預期的目標。例如以產業經營論推動文化創意產業，透過公開競爭，提升文化產業競爭力。至於普及藝術欣賞，提升國民藝術精神素養的藝文展演，透過公開競爭、引起大眾緊張與不安的產業經營論，可能就不太適合。藝術、文化、教育同為不易短期看到成效的長期投資，文化政策工作者與政治人物不應短視近利，追求立竿見影的成效，而忽略藝術文化的精神性，將其與一般商品同樣看待。

圖2-2 文化財務收支理論與票價作法

[4] 參考郭為藩，《全球視野的文化政策》，台北：心理出版社，2014，頁172-4。

第三節　中央文化政策組織之比較

各國依據其國家的需要、歷史背景以及對文化的重視與否，在中央設置不同的文化行政組織體制，茲說明如下：

一、文化部

一般來說，國家設立文化部表示國家對文化事務的重視，與對於文化預算的支持。另外，由於國土龐大，事務繁多，中央部會專業分工，例如中國，也是考量設立文化部的原因之一。通常國家會先設立內政、國防、外交部，解決內政、國防、外交等急迫問題，再設立經濟、教育、交通、財政等專業部會，最後才會思考設立文化、體育、觀光休閒等部會，解決民生的育樂問題。

成立文化部就會有專用的辦公空間、獨立的預算、權責與人事聘用權，對推動文化相關工作有相當大的助益。以法國來說，1959年就成立文化部，以龐大的政府組織架構與預算，推動國家的文化政策事宜，成爲全世界國家設立文化部的學習對象。

二、文化相關部會合署

部分國家爲了節省人事與預算，通常會把性質相近的文化、體育、科學、媒體、傳播、觀光、休閒等共同納入教育部的行政體系之下，成爲小而美的政府。優點是可以節省龐大的人事預算與營運成本，缺點是文化相關事務比較無法彰顯其專業性，預算常被排擠，人員任用的專業能力也會受影響。例如英國1992年設立文化遺產部，1997年改名爲文化媒體運動部，把文化、媒體、運動等三個屬性不同的領域放在同一個部會裡面。

三、藝術委員會

英國藝術委員會（Arts Council of Great Britain）爲全世界藝術委員會制度的學習對象，其前身爲成立於1939年的音樂與美術促進委員會（The Council for the Encouragement of Music and the Arts, CEMA），由私人慈善的美國清教基金會與卡內基基金會，提供表演及視覺藝術巡迴展演，在二戰時期提升士氣並提供藝術家就業機會。

由於CEMA的成功，1946年接著成立英國藝術委員會。其構想起源於早年以經濟學家Keynes爲首的英國菁英分子Bloombury集團，希望創建一個公共補助的模式，確保經費接受者相當程度的創作自由。同時建構一個新的藝術委員會，給予其最大的彈性並獨立於政府的官僚行政運作。他們倡導國家以有限而特殊的角色補助藝術，透過對美術館、藝術教育以及應用藝術（applied art）的投資，讓英國可以提升國家的聲望，提高一般民衆美感生活的品質，並提供藝術家與工匠就業的機會與提升人們的福祉。[5]

因此，藝術委員會爲英國兩黨共有的默契，爲了避免政治人物與政府直接干擾文化藝術，所設立的半官方組織。加拿大藝術委員會以及

---

[5] 摘自D. O'Brien & K. Oakley, *Cultural Policy I*, London: Routledge, 2017, p225-7.

美國的國家藝術基金會，也是從英國的藝術委員會發展而來，但在運作上稍有不同。加拿大是一個國會系統的政府，以英國西敏市的模式爲基礎，其藝術委員會以臂距原則運作，比較不受政府政治的干預；美國是一個總統制的政府，總統的行政權與立法權分開，而美國的立法單位也就是國會，可以監督政府行政單位的活動。因此，美國國家藝術基金會不太容易受到臂距原則的保護，造成1990年代發生多次重大的藝術爭議事件。[6]反觀加拿大藝術委員會的運作相對比較平順，沒有太大的藝術爭議產生。

四、文化部與藝術委員會

1997年英國中央設置文化媒體運動部，主管文化媒體運動等官方相關事務。藝術文化相關活動的補助則如先前一樣委託半官方（quasi government）的英格蘭、威爾斯、蘇格蘭與北愛爾蘭的藝術委員會，在臂距原則的規範下，不受政治干擾地分配補助經費給藝術家與藝術團體。因此，形成中央有文化媒體運動部準官方的文化機構，與原有四個半官方的地區藝術委員會同時並存。現行的運作模式有向法國中央集權的文化部模式靠攏的趨勢。

台灣現行的文化行政制度與現在的英國非常相似，民國85年設置半官方的國家文化藝術基金會，協助補助藝術家與藝術團體，101年中央政府又從文建會改制成文化部。但台灣在各項行政運作上面，政府與政治人物似乎不太能尊重「臂距原則」的精神，而是慣於直接干涉學術、

[6] 摘自D. O'Brien & K. Oakley, *Cultural Policy VII,* London: Routledge, 2017, p.220-234.

文化、藝術等相關事務，影響其獨立運作。近期吵得沸沸揚揚的台大校長任命案與歷史課綱修正案就是其中的例子。

五、合流趨勢

各國中央文化政策主管機構的設立方式，因爲資訊流通快速與各國交流頻繁，可相互學習彼此制度的長處。除了官方文化部的設立，主管文化資產保存、展演藝術水準提升、傳播媒體管理、語言推動、國際文化交流、文化產業、觀光旅遊、人才培育、地方文化行政事務、博物館與劇場督導等工作之外，同時也會設立半官方的藝術委員會，運用雙重臂距原則來處理藝術文化的補助事宜。

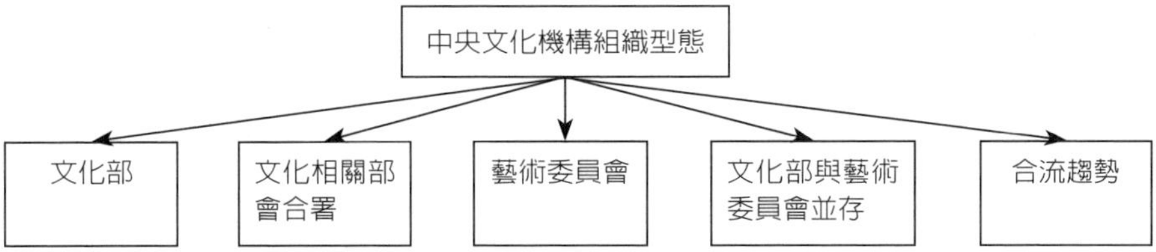

圖2-3 中央文化機構組織型態

第四節　國際文化組織

台灣雖然不是聯合國的一個會員國，但是在政治、經濟、文化各個層面都會受到國際組織的影響，例如聯合國教科文組織、世界貿易組織、世界衛生組織等等。茲論述如下：

一、聯合國教科文組織

聯合國教育、科學與文化組織（UNESCO），簡稱聯合國教科文組織，是一個聯合國專門機構，成立於1945年11月16日，總部設在法國巴黎。其宗旨在於通過教育、科學及文化來促進各國之間的合作，爲和平與安全作出貢獻，以增進對正義、法治及聯合國憲章所確認之世界人民，不分種族、性別、語言或宗教均享有人權與基本自由之普遍尊重。截至2011年4月，聯合國教科文組織有195個會員國及8個準會員國。

其設立目的爲「利用教育、科學、文化、溝通及信息，爲建立和平、消除貧窮、持續性發展及跨文化對話而努力。」主要方法是透過該組織的活動，例如贊助文學、技術及教師培育、國際科學計畫、獨立媒體及新聞自由的提升、區域性及文化歷史計畫、促進文化多樣性、世界文學的翻譯、保護文化遺產及自然遺產（世界遺產）及保護人權、弭平全球數位落差的國際合作協議等。[7]

---

[7] https://zh.wikipedia.org/wiki/%E8%81%94%E5%90%88%E5%9B%BD%E6%95%99%E8%82%B2%E3%80%81%E7%A7%91%E5%AD%A6%E5%8F%8A%E6%96%87%E5%8C%96%E7%BB%84%E7%BB%87, 2018/08/30.

聯合國教育科學文化組織（UNESCO）在藝術、文化與文化政策有關議題的推動上，扮演著相當重要的角色。尤其是在文化政策與行政水準的提升，常常透過不斷的國際性會議與出版，扮演領頭羊的角色，協助凝聚各國的共識，幫助開發中國家提升文化政策與行政的水準。可惜台灣不是聯合國的會員國之一，相關會議、出版與訊息取得不易，進而影響國內文化政策研究與執行的水準。

二、世界貿易組織

關稅貿易總協定（GATT）爲世界貿易組織（WTO）的前身，其基本原則在1947年就已經訂定，並且一直延用到現在，如下：

1. 減少進口關稅。
2. 平等對待不同國家的進口產物。
3. 平等對待進口與國內產物[8]。

世界貿易組織是負責監督成員經濟體之間各種貿易協議執行的一個國際組織，其總部位於瑞士日內瓦，共有164個成員，其職能是調解紛爭。加入WTO不算是簽訂一種多邊貿易協議，但其設置的入會門檻可以做爲願意降低關稅、法政上配合、參與國際貿易的門票，它是貿易體制的組織基礎和法律基礎，是衆多貿易協定的管理者，也是各成員貿易立法的監督者，提供解決貿易爭端和進行談判的場所。該機構是當代最重要的國際經濟組織之一，其成員間的貿易額占世界貿易額的絕大多

8 David Throsby, *The Economics of Cultural Policy*, Cambridge: Cambridge University Press, 2011, p.158.

數，被稱為「經濟聯合國」。[9]

世界貿易組織（WTO）在1995年成立，以國際會議的方式延續關稅貿易總協定（GATT），在全球化與新自由主義的風潮帶動之下，共同尋求消除世界貿易的障礙，促進全球經濟的成長。該組織對於近年來全球貿易的大幅成長，提供就業機會並促進全球生產與消費功不可沒。缺點是先進國家的跨國大企業，把文化（culture）當成一般商品（goods），透過世界貿易組織的各項會議與規定，要求毫無障礙地將產品行銷到其他國家。造成強者愈強、弱者愈弱的負面效果。

尤其是在文化產品上面，美國好萊塢強大的電影電視跨國公司，席捲全球的市場，造成新的文化帝國主義或文化霸權。因此法國、加拿大、第三世界國家等聯合以「文化超越有形商品價值、國家認同、文化多樣性、不公平競爭與保護新興產業」之理由，主張「配額制」（Quota）、「文化例外」（culture exception）、「文化多樣性」（cultural diversity），共同扶植其國內的電影電視與新興產業，以免在經濟與精神上遭受強勢文化的侵略。

反之，美國則以「缺乏效率、自我利益、消費者權益、文化多樣性、意識形態」……等理由反對法國、加拿大與第三世界國家文化例外與文化多樣性的訴求。[10]有趣的是文化多樣性，同時成為雙方共同支持的理由。

世界貿易組織的談判對我國的電影工業衝擊很大，例如1990年代美國影片平均占90%的票房，而國片票房平均僅占不到3%，我國電影市場可說完全被美國影片征服。對台灣民眾的文化價值觀與自我認同所產

[9] https://zh.wikipedia.org/wiki/%E4%B8%96%E7%95%8C%E8%B4%B8%E6%98%93%E7%BB%84%E7%BB%87, 2018/08/30.

[10] David Throsby, *The Economics of Cultural Policy*, Cambridge: Cambridge University Press, 2011, p.158.

生的長期文化影響，政府部門至今未曾認眞評估過。[11]

三、世界遺產

（一）概述

世界遺產（World Heritage）是一項由聯合國支持，聯合國教育科學文化組織負責執行的國際公約，以保存對全世界人類具有傑出普遍性價値的自然或文化處所爲目的。世界遺產分爲自然遺產、文化遺產和複合遺產三大類。國際文化紀念物與歷史場所委員會等非政府組織，作爲聯合國教科文組織的協力組織，參與世界遺產的甄選、管理與保護工作。

甄選世界遺產的標準，簡而言之，是眞實性與完整性。近年來，世界遺產的概念與實踐不斷的發展。例如《奈良文件》確認了世界遺產對多元文化的尊重，2000年的《凱恩斯決議》提出新的提名政策並經由《蘇州決議》部分修正後落實執行，以期貫徹世界遺產「全球策略」，追求世界遺產所應具備的全球代表性和平衡性。

世界遺產的選出是由聯合國教科文組織世界遺產委員會開會投票決定的，這個委員會於1976年召開第一屆會議，並從那時起，每年在全球不同的締約國舉行一次正式會議；必要時也會緊急召集臨時會議。世界遺產的選出，其目的在於呼籲人類珍惜、保護、拯救和重視這些地球上獨特的景點。

---

[11] 劉俊裕，《再東方化：文化政策與文化治理的東亞取徑》，台北：巨流，2018，頁222-3。

（二）歷史

世界遺產的歷史起源於1959年，埃及政府打算修建亞斯文大壩，可能會因此淹沒尼羅河谷裡的珍貴古蹟，例如阿布辛貝神殿。1960年聯合國教科文組織發起了「努比亞行動計畫」，阿布辛貝神殿和菲萊神殿等古蹟被仔細地分解，然後運到高地，再一塊塊地重新組裝起來。

這個保護行動共耗資八千萬美元，其中有四千萬美元是由50多個國家集資的。這次行動被認爲非常成功，並且促進了其他類似的保護行動，例如挽救義大利的水城威尼斯、巴基斯坦的摩亨佐—達羅遺址、印度尼西亞的婆羅浮屠等。

之後，聯合國教科文組織會同國際古蹟遺址理事會起草了保護人類文化遺產的協定，成爲設立世界遺產的開端。

（三）保護世界文化和自然遺產公約

1965年美國倡議將文化和自然聯合起來進行保護，世界自然保護聯盟在1968年也提出了類似的建議，並於1972年在瑞典首都斯德哥爾摩提交聯合國人類環境會議討論。聯合國教科文組織大會於1972年10月17日至11月21日在巴黎舉行的第十七屆會議，注意到文化遺產和自然遺產越來越受到破壞的威脅，一方面因年久腐敗所致，同時變化中的社會和經濟條件使情況惡化，造成更加難以對付的損害或破壞現象。因此1972年11月16日，聯合國教科文組織在法國巴黎通過了《保護世界文化和自然遺產公約》（*Convention Concerning the Protection of the World Cultural and Natural Heritage*）。

世界遺產可分爲自然遺產、文化遺產和文化與自然雙重遺產。

（四）世界文化遺產

《保護世界文化和自然遺產公約》規定，屬於下列各類內容之一者，可列為文化遺產（Cultural Heritage）：

1. **文物**：從歷史、藝術或科學角度看，具有突出、普遍價值的建築物、雕刻和繪畫，以及具有考古意義的成分或結構、銘文、洞穴、住處及各類文物的綜合體；
2. **建築群**：從歷史、藝術或科學角度看，因其建築的形式、同一性及其在景觀中的地位，具有突出、普遍價值的單獨或相互聯繫的建築群；
3. **遺址**：從歷史、美學、人種學或人類學角度看，具有突出、普遍價值的人造工程或人與自然的共同傑作以及考古遺址地帶。

（五）世界自然遺產

《保護世界文化和自然遺產公約》規定，屬於下列各類內容之一者，可列為自然遺產（Natural Heritage）：

1. 從美學或科學角度看，具有突出、普遍價值的，由地質和生物結構或這類結構群組成的自然面貌；
2. 從科學或保護角度看，具有突出、普遍價值的地質和自然地理結構，以及明確劃定的瀕危動植物物種生態區；
3. 從科學、保護或自然美角度看，具有突出、普遍價值的天然名勝或明確劃定的自然地帶。

（六）複合遺產

或譯為文化與自然遺產混合體（Mixed Cultural and Natural Heritage），必須分別符合前文關於文化遺產和自然遺產的評定標準中的一項或幾項。

每年一度的世界遺產委員會會議，將對申請列入名單的遺產項目進行審批，其主要依據是該委員會此前委託有關專家，對各國提名的遺產、遺址進行實地考察而提出的評估報告。一處遺產需要滿足以下十個條件之一方可被列爲世界遺產。提名的遺產必須具有「突出的普世價值」以及至少滿足以下十項基準之一：

1. 表現人類創造力的經典之作。
2. 在某期間或某種文化圈裡對建築、技術、紀念性藝術、城鎮規劃、景觀設計之發展有巨大影響，促進人類價值的交流。
3. 呈現有關現存或者已經消失的文化傳統、文明獨特或稀有之證據。
4. 關於呈現人類歷史重要階段的建築類型，或者建築及技術的組合，或者景觀上的卓越典範。
5. 代表某一個或數個文化的人類傳統聚落或土地使用，提供出色的典範——特別是因爲難以抗拒的歷史潮流而處於消滅危機的場合。
6. 具有顯著普遍價值的事件、活的傳統、理念、信仰、藝術及文學作品，有直接或實質的連結（世界遺產委員會認爲該基準應最好與其他基準共同使用）。
7. 包含出色的自然美景與美學重要性的自然現象或地區。
8. 代表生命進化的紀錄、重要且持續的地質發展過程、具有意義的地形學或地文學特色等地球歷史主要發展階段的顯著例子。
9. 在陸上、淡水、沿海及海洋生態系統及動植物群的演化與發展上，代表持續進行中的生態學及生物學過程的顯著例子。
10. 擁有最重要及顯著的多元性生物自然生態棲息地，包含從保育或科學的角度來看，符合普世價值的瀕臨絕種動植物種。

（七）統計與紀錄

截至2018年7月的第42屆世界遺產年會，世界上共有世界遺產1,092項，其中文化遺產845項、自然遺產209項、文化與自然雙重遺產38項。在總共190個世界遺產公約締約國之中，有167國擁有世界遺產。[12]

表2-1 世界文化、自然與文化和自然雙重遺產統計表

區域	文化	自然	雙重	合計	占比	擁有國數目
非洲	52	38	5	95	8.70%	35
阿拉伯國家	76	5	3	84	7.69%	18
亞洲和太平洋地區	181	65	12	258	23.63%	36
歐洲和北美地區	440	63	11	514	47.07%	50
拉丁美洲和加勒比地區	96	38	7	141	12.91%	28
合計	845	209	38	1,092	100%	167

資料來源：https://zh.wikipedia.org/wiki/%E4%B8%96%E7%95%8C%E9%81%97%E4%BA%A7#%E5%8E%86%E5%8F%B2, 2018/08/29.

從世界文化、自然與文化和自然雙重遺產統計表中可以看出，歐洲和北美地區的世界遺產數爲514處最多，占47.07%，將近總數的一半。其原因應與歐洲的歷史悠久、文化源遠流長有關。此審查的標準，大都從歷史、藝術、科學、美學、人種學、人類學、保護或自然美的角度來看，具有普世的保存價值。

[12] 摘自https://zh.wikipedia.org/wiki/%E4%B8%96%E7%95%8C%E9%81%97%E4%BA%A7#%E5%8E%86%E5%8F%B2,2018/08/29.

四、國際藝術節

藝術節（arts festival）是一種節慶，包含廣泛的藝術類型，例如音樂、舞蹈、電影、藝術、文學、詩歌等，不只是指「視覺藝術」活動。藝術節以有許多混合的節目內容爲其特色，包含音樂、文學、喜劇、兒童娛樂、科學或街頭戲劇等，並且通常在一天、週末、甚至一個月的時間內，呈現在同場地中。該節慶的每個活動通常都是單獨售票。主要由藝術總監策劃，負責不同類型的藝術指導。

國際藝術節的歷史起源於1793年夏天，革命的法國被外國軍隊入侵，導致所有皇室的象徵遭到破壞。在此期間，法國公民歌唱、跳舞、戲劇以及室內音樂的演出成倍增加。到了1793年底，由於先前壟斷性統治的結束，已經建立了二十多個新的音樂和戲劇場所。藝術品交易迅速增加，隨著大量的畫作被出售，降低了藝術家們陷入近乎貧困的狀態，因此要求嘗試用新的系統取代舊的藝術系統。這導致藝術節不僅被用作藝術的新出路，而且還用於對舊政府系統的政治抗議。這些節日往往包括宗教象徵、政治信息和體現自由、平等與博愛的革命精神。

相傳兩個可能最古老的藝術節都位於英格蘭。例如1719年，英格蘭西部的The Three Choirs Festival被認爲「年度音樂大會」，另一個是1772年首次舉辦的Norfolk與Norwich音樂節。今天英格蘭規模最大的藝術節是布萊頓的藝穗節；而當前世界指標性的藝術節，包括愛丁堡藝術節、阿德萊德藝術節、雪梨雙年展、法國的亞維儂藝術節等；一次性的藝術節包括2008年的利物浦歐洲文化之都。[13]

其中愛丁堡國際藝術節享譽全球，每年邀請全世界知名的演藝團體

[13] 資料來源：https://en.wikipedia.org/wiki/Arts_festival, 2018/08/30.

演出，配合蘇格蘭獨特的傳統音樂，加上愛丁堡古城特殊的古蹟遺址、周邊美麗的環境景觀、良好的治安、合理的物價、便捷的交通與友善的觀光旅遊資訊服務，吸引全世界的觀衆前往參觀，成爲國際音樂節的學習典範。

第三章　影響文化政策之世界趨勢

第一節　影響文化政策之思潮

當前的世界局勢由於科技技術的急速發展，瞬息萬變。文化政策的發展也受到各種思想與潮流的影響，不斷地更新與改變。本章擬分別探討影響文化政策之思潮、文化政策之議題與文化政策之研究。

文化政策與其公共政策領域一樣，受到後現代主義、新自由主義、全球化、文化產業、數位化、多元化、行政法人化、文化外交、都市再生、閒置空間再利用與再東方化……等世界共同趨勢的影響與衝擊，茲說明如下：

一、後現代主義

後現代主義（post modernism）是一個從理論上難以精準下定論的概念，因爲後現代的主要理論家，均反對以各種約定俗成的形式，來界定或者規範其主義。他們各自都反對以特定方式來繼承固有或者既定的理念。

由於它是由多種藝術主義融合而成的派別，因此要爲後現代主義進行精闢且公式化的解說是無法完成的。若以單純的歷史發展角度來說，最早出現後現代主義的是哲學和建築學。當中領先其他範疇的，尤其是六十年代以來的建築師，由於反對國際風格缺乏人文關注，引起不同建築師的大膽創作，發展出既獨特又多元化的後現代式建築方案。而哲學界排斥「整體」的觀念，強調異質性、特殊性和唯一性。[1]

---

[1] 摘自https://zh.wikipedia.org/wiki/%E5%90%8E%E7%8E%B0%E4%BB%A3%E4%B8%BB%E4%B9%89,2018/08/17.

後現代主義影響到社會、教育、經濟、政治、文化、藝術等各個層面，它的形成因素爲一九六〇年代的反越戰運動、人權運動、弱勢族群運動、女性主義、同性戀、學生運動、性解放等，主張多元、包容、尊重、自由開放的社會。對於文化政策的影響，從強調精緻藝術的單一面向，轉向注重多元文化的尊重；從注重精緻藝術的補助到普及一般民衆的藝術素養；從少數菁英主義到普及一般社會大衆的社區藝術。尤其是多元文化、不同族群、社會階級、文化的多樣性……等都受到相當的重視，這些全是後現代主義思潮影響文化政策的結果。

另外，後現代主義「去中心」的文化思潮，解構了主流藝術與文化，形成文化多元與平等並存的局面。「作者之死」（the death of the author）的觀念，造成傳統藝術欣賞轉變，原是欣賞者經由作品，了解創作者的意圖，轉向爲不必顧慮創作者的意圖，可以自由解釋文化藝術作品的內涵與意義。

二、新自由主義

新自由主義的興起與1980年代的新公共管理有密切關係，其主張的方向相近，都是爲了解決政府效能不彰所提出來的改革方案。新公共管理是在20世紀80年代，西方一些國家的政府管理相繼出現嚴重危機，傳統科層體制的公共行政已經不能適應迅速變化的資訊社會發展，無法解決政府所面臨在此背景下產生的嚴重問題。它主張在政府公共部門採用私營部門成功的管理方法和競爭機制，重視公共服務的效率，強調在解決公共問題、滿足公民需求方面增強有效性和回應力；自上而下的統治性權力與自下而上的自治性權力交錯，政府與公民社會的協商合作，政府降低運作成本，公共服務的質量提升，並引進企業管理的若干機制和方法來改革政府；秉持顧客第一和注重消費者權利，將政府職能簡化、組織結構「解科層化」以及作業流程電子化。[2]

Lasley歸納Christopher Hood的理論，指出1980年代新公共管理的特徵如下：

1. 鬆綁公共機構變成私有化。
2. 以契約爲基礎的競爭。
3. 強調私人機構管理的風格。
4. 資源的使用強調紀律與節約。
5. 看得到事必躬親的高階管理。
6. 顯而易見的評量標準、表現與成就。
7. 強調輸出的管控[3]。

由上可知，新公共管理是新自由主義的前奏，其精神與主要訴求是互通的，在於參考企業相互競爭的優點與效率，用來改善政府積弱不振的行政效能。

新自由主義的前身，自由主義思想起源於歐洲，在帝國主義時期的貿易過程中，主張「政府管得越少越好」，減少政府的干預與國家之間貿易的障礙，以獲得最大的經濟利益。但是，後來唯利是圖的資本主義（capitalism）造成世界經濟的混亂與社會財富極端不公，因此1930年代產生的社會主義、共產主義與法西斯主義試圖解決資本主義所產生的社會問題。1940-70年代，福利國家（welfare state）與凱因斯主張「國家干預主義」取代經濟的自由主義，主張國家介入管理資本主義，平均

[2] http://wiki.mbalib.com/zh-tw/%E6%96%B0%E5%85%AC%E5%85%B1%E7%AE%A1%E7%90%86, 2018/08/17.

[3] D. O'Brien & K. Oakley, *Cultural Policy VIII*, London: Routledge, 2017, p. 36.

分配經濟所得，以維持社會的和平穩定與國家的團結。

然而在1970、80年代因爲國營企業缺乏競爭力，在英國柴契爾政府與美國的雷根政府的大力支持之下，共同推動「新自由主義」政策。具體的做法爲法規鬆綁（deregulation）、國營企業民營化（privatization）、自由化（liberalization），透過市場（market）的自由競爭，適者生存、優勝劣汰的企業經營手段，以提升在全球化趨勢之下的市場競爭力。

在新自由主義的廣泛推動之下，全世界的政治、經濟、教育、文化、藝術等各個層面都受到此思潮的嚴重影響，一切以「經濟利益」（economic profit）或市場（market）作爲最高考量，導致全球一切向「錢」看的趨勢。1980年代之後的文化政策，在新自由主義風潮的影響之下，本來以國家補助（national patronage），提升國民精神素養的藝文活動，逐漸走向藝文界自求生存，與使用者付費的文化創意產業。

新自由主義與資本主義經濟制度類似，因爲資本主義同樣注重「自由競爭」與「市場決定」，其重要概念爲：人性中的「自私」是運作經濟制度的原始力量；市場自由運作，不需要政府調節；價格由市場決定，經濟制度隨生產與貿易公司間的競爭而調整；如果自由競爭對經濟市場有利，那就大膽的採用。

然而，資本主義放任自由經濟市場，將無法照顧社會民衆的福祉。因此，政府的干預管制，才能確保經濟活動有效率地運行。[4]

---

[4] 吳逸驊，《社會學》，台北：易博士，2011，頁116。

三、全球化

國內學者郭為藩指出，蘇聯共產主義的崩潰、中國大陸的貿易開放政策、傳播媒體新科技的進步、網際網路的普及等因素，是促成世界全球化的主因。[5]其最主要的形成因素是因為WTO提倡的「自由化」（liberalization）所造成的，用意在削減或拆除貨品跨越國界所遭遇的關稅障礙，儘量促成貨暢其流，互通有無。

因為全世界的新自由主義風潮導致全球化，全球化又促成了國際勞力分工。大企業可以跨國彈性地調整設計、生產、製造以及銷售的基地，將產品設計留在本國，工廠則設在開發中國家，運用第三世界廉價的勞力成本，以創造更大的經濟利潤。例如台灣的高科技廠商在台灣接單設計、大陸生產，以降低生產成本，提升國際競爭力。

新國際「文化」勞力分工（NICL）又為國際勞力分工的一部分，主要的現象為，已開發國家為了降低文化產品的生產成本，便將文化創意產業的生產基地，轉移到工資低廉、生活環境良好的國家，以降低生產成本，但是最後發行權仍在本國的一種文化生產模式。例如好萊塢的電影可以在英國、澳洲或墨西哥拍攝生產，最後在美國本土發行，以降低生產成本來獲得更大的利潤。李安主導的電影《少年PI》部分在台灣製作，就是國際新文化勞力分工的產物。

台灣也可以運用良好的技術與低廉的生產環境，吸引國外的文化投資，以提升本地的文化產業產品之生產水準並增強國際競爭力。同時可以創造就業機會以及經濟產值，例如墨西哥、印度的寶萊塢、英國、澳洲等國都是如此。

[5] 摘自郭為藩，《全球視野的文化政策》，台北：心理出版社，2014，頁2。

全球化也促成另外一種現象，即中央集權的國家已經逐漸讓位給跨國家的大企業以及次國家（地方化）的機構，這種國際化以及地方化的組合，通常以新名詞「全球地方化」（glocalization）來表示。[6]另外，國內高等教育學者楊國賜教授寫道：在全球化的時代，國際間的競爭益趨激烈，其競爭的關鍵在於創新、速度和品質。爲了「脫離血腥競爭的紅色海洋，開創藍海商機」，歐洲商業管理學院教授W. Kim與R. Mauborgne提倡「藍海策略」，跳脫傳統以競爭爲主軸的企業經營，進入一個無人競爭的新市場、獲利無窮的藍色海洋。強調價值創新，以消費者的角度思考，開創無人競爭的藍海商機。[7]這個學說爲全球化惡性競爭的年代，開拓一條和平穩健的藍色康莊大道，值得文化政策工作者的參考。

四、社區總體營造

從現有的文獻資料來看，1994年台灣的「社區總體營造」是2002年「文化創意產業」的前身，因此了解社區總體營造的發展，有助於追溯文化創意產業的起源。

根據于國華的描述：「民國80年，台灣省政府從日本請來千葉大學教授宮崎清，傳授以傳統工業振興社區的作法。宮崎清介紹許多日本社區案例，也走訪埔里等地，指導社區發展傳統工藝並結合觀光事業，爲沒落地區創造生機」、「宮崎清介紹給台灣的日本工藝振興與社區發展

[6] D. O'Brien & K. Oakley, *Cultural Policy VII*, London: Routledge, 2017, p. 44.

[7] 楊國賜，《高等教育的藍海策略》，台北：師大書苑，2018, 頁136-7。

經驗，在民國83年被結合在文建會『社區總體營造』的政策中。隔年，文建會舉辦『文化、產業』研討會，進一步宣示將『文化產業』作爲文化政策的項目之一」。[8]

之後，社區總體營造與文化產業、產業文化化、文化產業化等活動相結合。于國華寫道：「社區總體營造僅僅在數年間便可風行草偃，幾乎受到全國社區的重視，根本原因之一就是『文化產業』理念，讓面對產業困境的社區感受到希望。」他並解釋：「文化產業化意味著以文化爲核心，經過精煉、再造後發展成可以作爲經濟效益的產業……產業文化化強調以文化作爲傳統產業的包裝，或將傳統的產業整合到地方文化特色之內，爲產業附加在生產成品、提供販售之外的文化價值。」[9]

推動國內社區總體營造與文化創意產業最有力的前文建會主委陳其南，大力論述文化產業的重要性，他強調：「一個初級產品、產業，透過包裝轉化，可以立刻跳到超越第二級產業的製造業，甚至超過第三級服務產業，於是我們把它定位爲第四級產業，就是文化性的產業。」[10]這種觀念跟體驗經濟，將咖啡的價值透過產業的包裝與服務的加值，加上環境的體驗，不斷提升其價值相近。體驗經濟也就是劉大和所謂的「創意生活產業」，創意生活產業之重要在於將販賣概念加入新的想像，在販售的過程中將場所、產品、服務與活動整體結合，就能提高銷售價格，其中原有的物質產品只占附加價值的一小部分，更大一部分的附加價值由其他的面向所產生，就有觀察家以「體驗經濟」來稱呼。[11]

---

[8] 于國華，〈文化、創意、產業：十年來台灣文化政策中的產業發展〉，《今藝術》，2005年5月，頁46。

[9] 同上。

[10] 陳其南，〈地方文化創意產業的發展邏輯〉，經濟部，《2004年台灣文化創意產業發展年報》，台北：經濟部工業局，2005，頁3-3-1。

[11] 劉大和，〈回歸人文價值的產業〉，財團法人國家文化藝術基金會，《文化創意產業實務全書》，台北：財團法人國家文化藝術基金會，2004，頁102-103。

由此可知，創意生活產業其實是文化產業的一部分，只是比較注重日常生活與親身體驗這兩個層面。

陳其南解釋：「這類產業的主要目的就是在於創造差異性與地方特色，……這種產業建立在地方特色、地方魅力、地方活力的基礎下，並且導向文化藝術的發展。文化藝術這個課題與過去不一樣了，它是可以具有經濟意義的，可以說在一個高度工業化的社會，重新取得一個優勢。」

至於社區總體營造與文化創意產業的關係非常密切，從利用創意來開發社區文化產值的方面來看，精神上二者是相同的，殊途而同歸。他解釋：「社區總體營造其實就是地方振興，……它的要點就是運用在地居民的智慧、創意與藝匠的精神，不斷地發掘、確認、創造和保存地方的精華跟魅力，這便是地方魅力營造與文化創意產業的關係。」[12]

藍麗春等人指出，台灣的文化產業在文建會的政策引導下，經歷了三個階段：（一）1990到2000年期間的「地方文化產業」；（二）1995到2003年間的「文化產業」；（三）自2002年起迄今仍在發展中的「文化創意產業」。「地方文化產業」是實施「社區總體營造」政策的核心，主要是指以在地的傳統文化特色來包裝當地出產的「初級產品」，如農產品或自製的手工藝品等，創造出產業的新價值。隨著西方文化產業的觀念傳入，原本概念模糊的文化產業開始拓展新的領域，從初始的社區初級產業逐漸轉變成更加廣泛，透過創意或文化資產而創造的「文化產業」。2002年文建會將文化產業列爲年度施政主軸，並宣布2003年爲「文化產業年」，行政院也在「挑戰2008：國家發展重點計畫」中將

---

[12] 陳其南，〈地方文化創意產業的發展邏輯〉，經濟部，《2004年台灣文化創意產業發展年報》，台北：經濟部工業局，2005，頁3-3-2。

「文化創意產業」納入重點投資項目之一。[13]

由上述的說明可知，台灣文化創意產業的起源與早期的社區總體營造、文化產業、文化產業化、產業文化化等文化政策有相當密切的關係，目的都在希望透過創意的發揮，使地方與社區的歷史與文化發揮產業的價值，以活絡地方的經濟，使傳統產業和文化得到新的生命。

五、文化產業

文化產業（cultural industries）在西方已有很悠久的歷史，D. Hesmondhalgh 與A. Pratt指出文化產品商業化起源於19世紀自封建社會轉向資本主義。20世紀初這種商業化的轉變在先進的工業社會更加速進行，文化產業的興起伴隨著大衆文化的發生。到了20世紀中期文化產業更加速成長，其原因在於北半球的繁榮，導致休閒時間的增加、教育的普及、電視的發明、文化硬體的重要性日增（例如電視機、錄影機與個人電腦）等。[14]其共同特徵爲運用資本密集、科技手段的大量生產與分配，高度發展的勞力分工，以及科層化的管理組織模式，並以利潤與效能最大化爲目標。

文化產業一詞起源於1947年兩位德國法蘭克福學派批判理論學者Theodor Adorno與Max Horkheimer的文章中。到了1960年代晚期，文化、社會與商業很明顯地比以前更相互地結合在一起，跨國公司投資電影、電視以及唱片工業，這樣的形勢比以前更具社會與政治的影響

[13] 參考劉俊裕，《再東方化：文化政策與文化治理的東亞取徑》，台北：巨流，2018，頁212。

[14] D. Hesmondhalgh & A. Pratt, Cultural Industries and Cultural Policy, *International Journal of Cultural Policy*, Vol.11, No, 1, 2005, pp. 2-3.

力。[15]文化產業正如電影工業般，可以令人投資成功一夕致富，或投資失敗一夕傾家盪產。例如美國1920年代電影的錄音技術剛發明，並沒有受到電影大公司的採用，華納兄弟影片公司在瀕臨破產的情況下，決定嘗試有聲片的製作，結果影片的票房收入竟高達500萬美元，這是從未有過的紀錄；台灣電影《海角七號》一夕爆紅也是如此。由於電影科技具有大量生產、大量消費與大量盈虧的經濟特質，因此它既是一種藝術形式，也是一種產業，也就是文化產業。

文化產業從部分法蘭克福學派學者的觀點來看是負面的，因爲他們認爲藝術與文化在於提升人類的心靈與生活品質，若與商業結合將會降低其水準，這種觀點反映出傳統美學「爲藝術而藝術」的看法，反對藝術與商業結合。John Hartley寫道：

> 文化商品的生產與消費大到如好萊塢夢工廠那樣的工業規模，被法蘭克福學派視為是一種災難。他們結合保守的知識分子例如艾略特，不但沒有鼓勵標準化、保證可以買得起的品質，反而反對文化商品的廉價與不真實，文化的工業化被批評是人類心靈的商品化。文化工業這個名詞剛開始用來作為藐視通俗的報紙、電影、雜誌以及音樂等這些迷惑大眾、背離他們階級鬥爭的職責或者延續貴族時期的價值。[16]

由於法蘭克福學派排斥藝術與商業結合，所以在推動文化產業的過程中遭遇相當大的阻礙。其實負面來說，它可能因大量生產而降低藝術的品質；但從正面來看，它卻可以提升經濟的競爭力與解決失業問題，

[15] D. Hesmondhalgh, *The Cultural Industries*, London: Sage Publication, 2002, p. 15.

[16] Ibid, p. 11.

並且可透過工業的大量生產、大量消費與便宜的價格，普及藝術欣賞。因此，法蘭克福學派負面的看法在現代逐漸受到修正。到了後現代，很多的學者開始強調藝術與商業結合的重要性，例如John Hartley寫道：「去除馬克思主義的想法，文化工業這個名詞在1970、80年代民主化與平民化的倡導之下重新進入政策的辭彙當中，作爲推動地方的重要力量，說服地方、州或者聯邦政府來支持藝術與文化，提升地區的經濟效益。」[17]

對先進國家而言，文化工業受到重視有其相當重要的歷史背景，因爲在1980年代，歐洲與北美面臨經濟衰退，亞洲各新興工業國家取得高度的經濟成長，面臨高昂的研究與發展經費，迫使歐美的企業只好轉向高科技與文化產業的發展。[18]反觀當時是亞洲新興工業國家的台灣，30年後的現在也面臨與當時西方國家相同的困境與挑戰，西方國家的產業轉型經驗可作爲我國的參考。

依據聯合國教科文組織的解釋，文化產業又稱爲創意產業，結合文化商品與服務的創作、生產與分配，通常受智慧財產權所保護。[19]自從1997年以來，隨著時代的變遷，文化政策方向已產生明顯的變化。藝術被認爲有利於經濟，在創意產業、創意與創新上有所改變，從聚焦在藝術與媒體領域爲就業的提供者，到藝術自己本身的消失，進而到以知識爲基礎，把我們從一個福利主義者或者是補助模式的藝術贊助，經由文化創意產業轉向創新的模式。[20]

然而，正當全世界各級政府大力推動文化創意產業之時，文化創意

---

[17] Ibid.

[18] David Hesmondhalgh, *The Cultural Industries*, London: Sage Publication, 2002, p. 91.

[19] https://en.wikipedia.org/wiki/Cultural_industry, 2018/08/17.

[20] D. O'Brien & K. Oakley, *Cultural Policy VII*, London: Routledge, 2017, p87.

產業的工作者亦面臨著一些嚴重的問題，例如創意的工作大部分都以專案爲基礎，沒有規律，且合約傾向於短期；沒有工作保障，大部分都是自我僱用或自由工作者，生涯的前景不確定；經常只有微薄的收入，而且分配不均。他們的保險、健康保障、年金福利也都受到限制。創意工作者通常比其他工作者年輕，傾向於同時有兩到多個工作。總之，在創意產業充斥著過剩的勞工，部分是無薪的工作，部分是最低工資。[21]這是當前文化產業工作者的困境。

六、數位化

數位化革命又名第三次工業革命、資訊科技革命、數位革命，是指第二次世界大戰後，因電腦和電子資料的普及和推廣，而在各行各業發生自機械和模擬電路到數位電路的變革。數位化革命使傳統工業更加機械化、自動化，減少了工作成本，澈底改變了整個社會的運作模式，也創造出電腦工業這一高科技產業，是人類歷史上規模最大、影響最深遠的科技革命。[22]

數位化革命亦影響到文化政策的方向，例如資訊通信科技，簡稱ICTs（Information Communication Technologies），是新一代的生產以及過程。透過這種創新的過程，驅動一種新長波（long wave）資本家的成長。[23]ICTs開創出文化豐盛與多元選擇的新紀元，成爲王者（king）

[21] D. O'Brien & K. Oakley, *Cultural Policy VII*, London: Routledge, 2017, p98.

[22] https://zh.wikipedia.org/wiki/%E6%95%B8%E5%AD%97%E5%8C%96%E9%9D%A9%E5%91%BD, 2018/08/17.

[23] D. O'Brien & K. Oakley, *Cultural Policy I*, London: Routledge, 2017, p. 387.

的是原始創作者而不是中間人。[24]

「科技創新」是當前各個領域的重要課題。學者Scott指出，城市生活的速度以及複雜度是創新的重點，快速且不斷更新的訊息透過城市社會與經濟的網絡，人群接觸的強度及多樣性，不斷展現撼動普世標準及實踐的意圖，傾向呈現新的洞察力及新的進行方式。另一方面城市也堅持傳統，展現集體的人類活動與興趣，進而不斷地創造公共利益。[25]

另外，Daniel Bell的後工業主義（post-industrialism）理論也指出，資本主義發展的驅動力已經不再是物質的資本，而是科學知識的人力資本。現在附加價值的增加不是使用能量（energy）的操作方式，而是從理念（ideas）著手。其結果是，社會的權力已經從實體資本控制者轉移到科學家，從銀行轉移到大學手中。[26]

Schumpterian派學者的長波理論（long-waves）與創新，強調資本主義的進步不是透過價格（price）的競爭，而是透過創新（innovation）的競爭；資本家創造新的產品與生產過程，以創造新的市場。[27]Schumpeter也強調創新在經濟的重要性，他總結世界第一個經濟循環始於蒸氣機的發明、第二個經濟循環在於火車的使用、第三個經濟循環是因電力的使用、第四個經濟循環在於汽油與汽車的使用、第五個經濟循環在於資訊科技（IT technologies）的使用。[28]由此可見數位化的資訊科技在當代的重要性。

後福特主義學派（Post-fordism）亦主張消費不再是滿足基本的物

---

[24] Ibid, p. 391.

[25] D. O'Brien & K. Oakley, *Cultural Policy II*, London: Routledge, 2017, p. 116.

[26] D. O'Brien & K. Oakley, *Cultural Policy I*, London: Routledge, 2017, p. 386.

[27] Ibid, p. 387.

[28] https://www.duo.uio.no/bitstream/handle/10852/38107/Sarunas-Narkus.pdf, 2018/09/12.

質需求——食物、衣服、住宅等，而是滿足非物質的需求。這些非物質的需求不只是透過非物質服務的消費，也同時通過物質的商品消費來得到滿足。[29]例如汽車（超跑）消費不只是交通工具，而且也是身分地位的象徵。

由上述可知，數位化對於文化藝術的創作、展演、行銷、教育、消費等都產生重大的影響，文化政策應善用資訊通信科技，提升藝術創作水準與普及藝術文化的欣賞，達到事半功倍的效果。藝術文化從傳統的創作走向文化產業、文化創意產業，之後又注重創意經濟、科技創新。

創意是創新的前提，創新是科技進步的驅動力，而科技進步導致經濟的成長。[30]意即知識、創新與科技在文化政策的現代化下，均扮演著相當重要的角色。文化政策的訂定與研究，應該隨時注意科技創新對藝術文化的創作、欣賞、行銷等各個層面的影響。英國文化、媒體暨體育部2017年再次改名爲數位、文化、媒體暨體育部（Department of Digital, Culture, Media, and Sport），把「數位」二字加在部會的名稱之前，顯見其對數位科技影響文化的重視。

七、多元化

最近幾年，文化多元性（cultural diversity）已經逐漸被拿來與自然的生態多樣性（biodiversity）相互比較。透過各種文化政策，例如配額制、文化例外等保護措施，來避免文化藝術受到全球化與自由化

[29] D. O'Brien & K. Oakley, *Cultural Policy*, London: Routledge, 2017, p. 389.

[30] David Throsby, *The Economics of Cultural Policy*, Cambridge: Cambridge University Press, 2011, p.6.

的衝擊。2005年聯合國教科文組織舉辦保護以及促進文化表現多樣性會議（The Convention on the Protection and Promotion of the Diversity of Cultural Expression, CPPDCE）。上項會議是合法的國際協定，目的在於確保全世界的藝術文化專業工作者與市民的創作、生產、分配，以及享有廣泛的文化產品、服務以及活動。[31]

世界貿易組織的意圖在於鬆綁各國家的市場規範，盡可能地獨占全球的市場。作爲世界貿易組織的反對力量，這個會議（CPPDCE）需遵循同樣的理由、運作邏輯與語調，甚至把它（WTO）當成敵人。[32]因此這個會議允許簽約國家，當他們的文化有「滅絕危機、受到嚴重威脅、或者急需保護時」（at the risk of extinction, under serious threat, or otherwise in need of urgent safe guarding），可採取行動以保護與保存文化。[33]其作法與保護生物的多樣性相近，目的都在保護珍貴的文化藝術資產，避免遭受全球化與自由化的衝擊，並且將它區分爲不同的等級來加以保護。

文化多樣性也牽涉到世界的永續經營，人們逐漸了解保護與促進文化多樣性，對於廣泛的人權、基本自由以及保護生態的（ecological）與基因的多樣性而言是非常重要的。永續發展（sustainable development）只有在文化多樣性、社會平等、環境責任及經濟生存能力的和諧與結盟才能達成。[34]

除此之外，著名的創意階級（creative class）理論學者Richard Florida也主張多元性（種族、性別傾向）比氣候、娛樂、文化設施，更

[31] D. O'Brien & K. Oakley, *Cultural Policy VII*, London: Routledge, 2017, p153.

[32] D. O'Brien & K. Oakley, *Cultural Policy VII*, London: Routledge, 2017, p155.

[33] David Throsby, *The Economics of Cultural Policy,* Cambridge: Cambridge University Press, 2011, p.162.

[34] 摘自於D. O'Brien & K. Oakley, *Cultural Policy IV*, London: Routledge, 2017, p. 54.

能吸引特殊專業人才（talents），而且特殊專業人才與高科技公司相互依賴，可共同提升地方的經濟成長。[35]

八、行政法人化

郭爲藩教授寫道：行政法人爲由中央目的事業機關爲執行特定公共任務，依法律設立而具人事及財務自主性的公法人。其制度的六項特色爲：人事制度與待遇的彈性化、財務運用的自主性較高、以中程計畫及年度評鑑爲績效考核依據、依權責授權分層負責、相對具有較高優勢的國際競爭力、可運用於一董事會管理數機構，如同美國大學系統的情況。

國立教育、科學與文化機構被考慮改制爲行政法人，因上述機構專業性較高，不太適合於當前官僚體制和人事會計及文官待遇體系。這類機構必須透過組織人事及財務制度鬆綁，強化成本效益及經營效能，才能具有國際和地區競爭力。

國內中正文化中心已經於2004年開始實施法人化，由同一個董事會同時管理台北兩廳院、高雄衛武營國家藝文中心與台中市的國家歌劇院。其優勢是財務與人事運作的彈性，可以用較高的薪資吸引專業人才，不必受到公務體系人事與會計規定的限制。

日本也在2004年實施國立與公立大學的法人制，其結果在人事方面：人事預算緊縮，多數學校聘用教職員人數普遍減少，教師的教學負擔或行政人員行政負擔增加，待遇差距拉大。財務方面：各大學積極開

[35] 摘自於D. O'Brien & K. Oakley, *Cultural Policy VIII*, London: Routledge, 2017, p. 216.

發新資源，爭取外界捐贈、建教合作、申請專利、提高學費或使用者的付費。在校際差異方面：大學校際間激烈競爭，若干院校兼任教師比例因而偏高，陷入招生不足之困境。[36]

由上述可知，法人化各有其優缺點，優點在於人事與會計制度的彈性，可發揮機構的專業能力與特性，減少政府的財政負擔；缺點還可能形成強者越強、弱者愈弱的趨勢，不利於弱勢者的競爭與生存。因此，法人化與前述的企業經營論有異曲同工之妙，可以透過自由競爭提升效能，但也造成優勝劣敗的窘境。

九、文化外交

雖然法國從19世紀末就開始使用這個名詞，「文化外交」（cultural diplomacy）一直到1990年代才進入一般國家的用語。它一開始用來表示外交官請求文化交流，但後來擴展到國家與人民思想、資訊、藝術與其他文化領域的交流，以增進彼此的了解。

文化外交被認爲是軟實力的一部分，「軟實力」（soft power）是由哈佛政治科學家Joseph Nye所創用。他區分強制力（command power）與「軟實力」——即經濟的蘿蔔與軍事的棍子——使他人得到你所想要的。當前，美國用來與硬實力並用的軟實力是流行文化，體現在文化商品與服務當中，影響到全球各族群的生活方式，訴求政治民主與人權的美國價值。換句話說，一個國家所推動的軟實力，不只是簡單

[36] 摘自郭爲藩，《全球視野的文化政策》，台北：心理出版社，2014，頁191-95。

的文化問題，而是隱含著政治價值以及外交政策。[37]

因此，文化外交除了軟實力的展現之外，在經濟上的功能還可以塑造國家的品牌（national branding）與形象，替一個國家的外銷產品加分。

十、都市再生與閒置空間再利用

歐美國家在1970年代面臨經濟危機，城市經濟蕭條，治安敗壞，淪爲吸毒與犯罪的溫床，大量的公共空間、工廠、碼頭成爲閒置空間。因此，政府單位利用「都市再生」（urban regeneration）與「閒置空間再利用」等文化政策，重新美化都市環境、整修閒置空間、進駐藝術展演團體，以吸引商業投資與外地遊客。由於成效相當顯著，都市再生與閒置空間再利用成爲各國爭相學習的文化政策。例如英國利物浦（Liverpool）本來是對美貿易的重要港口，由於商業中心轉向歐洲大陸，利物浦的商業活動因而一蹶不振，碼頭成爲廢棄的公共空間。英國政府透過都市再生與閒置空間再利用等文化政策，在利物浦廢棄的碼頭中設立泰特畫廊（Tate Gallery）分館與海洋博物館，整頓市容與治安，安排藝文展演節目，重新恢復都市的生機，成爲全世界都市再生的學習典範。

[37] 摘自於D. O'Brien & K. Oakley, *Cultural Policy IV*, London: Routledge, 2017, p. 148.

十一、再東方化

台灣藝術大學教授劉俊裕指出，過去500多年來，西方文明在世界上取得了難以匹敵的主導位置，西方的制度結構如企業、市場、資本主義、民族國家等，成爲全球經濟和政治競爭的標準，以及其他文明模仿的範本。西方的科學典範、法律、政治模式，乃至醫學、工業生產與大衆消費模式，爲人類社會提供最好的政治經濟與社會制度。

台灣文化政策治理的侷限性，包括文化行政官僚體制因循舊制，自律、自我規範的不足，創新力道與思維的薄弱，對權力、利益趨近和鞏固，對人民自主的缺乏尊重，科學、技術、組織管理效率和問題實務解決能力的不足。

因此，他希望能納入東方傳統以人文爲核心的治理思維，超越西方現代工具理性與實用主義等強勢文化邏輯，進而重返東方人文社會精神，改變當前失衡的文化、政治、經濟、社會治理價值的比重。[38]積極地吸取西方文化政策制度的優點，結合中國傳統「經世治國」的精神（再東方化），重視基層民意由下而上的網絡治理，以改善當前台灣文化政策的缺點。

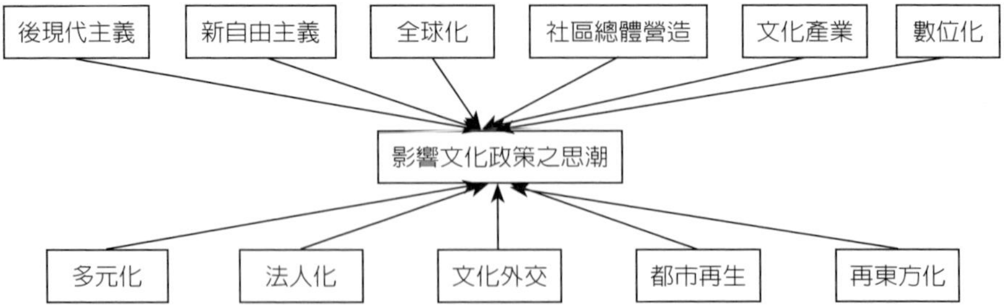

圖3-1　影響文化政策之思潮

[38] 參考劉俊裕，《再東方化：文化政策與文化治理的東亞取徑》，台北：巨流，2018，頁6。

第二節　文化政策之議題

藝術與文化因爲沒有明確標準，結果不易量化呈現，因此有關文化政策的執行，也有很多的議題與爭論。例如政府補助與否、提升水準與普及欣賞孰輕孰重、外顯與內隱的文化政策、臂距原則、商業贊助、文化認同、文化公民權、公民美學、多元文化與藝術、色情或淫穢……等，茲說明如下：

一、政府補助與否

政府應該補助藝術文化與否，是文化政策史長久以來的爭論。尤其是在經濟不景氣，國家經費拮据的時候更爲強烈，因爲社會福利、疾病管制、基礎建設等也都需要相關政府經費的挹注。可有可無、不易彰顯成效的藝術文化補助就成爲爭論的焦點，特別是政府經費補助缺乏美感的前衛藝術、有傷風敗俗疑慮的性藝術，甚至是公然挑戰社會禁忌的觀念藝術，更會引起民眾「浪費納稅人血汗錢」的譴責。

英國前藝術部長Estelle Morris表示：「我知道藝術與文化對健康、教育、減少犯罪、團結社區以及增進國家的福祉有很大的貢獻，但是我不知道如何評估與描述他們。」[39]

爲了強調政府補助藝術與文化的正當性，說明藝術與文化有何內在效益與外在效益就非常重要，茲敘述如下：

---

[39] 摘自於D. O'Brien & K. Oakley, *Cultural Policy VIII*, London: Routledge, 2017, p. 113.

(一)內在效益

1. 藝術面向:藝術的本質性功能在於促進藝術本身的發展,帶動多元的藝術思想與形式。[40]藝術的內在效益在於藝術本身,也就是所謂的爲藝術而藝術(art for art's sake)。不過此種論點因爲被認爲只是爲藝術本身,無益於其他社會大衆與經濟效益,目前已不再能說服政治人物給予藝術的支持與補助了。
2. 文化面向:文化有(1)歷史價値──保護傳統的文化資產;(2)社會價値──增進人民的團結與認同;(3)象徵價値──記憶共同的符號意義;(4)美學價値──陶冶人民的美感素養;(5)精神價値──提升國民精神生活品質等特質,値得國家補助。只是文化面向的內在效益不易量化,只能以文化投資論說服政府補助藝術,意即文化爲百年樹人的大業。

(二)外在效益

1. **經濟面向**:藝術與文化可以對整體經濟產生正面效應,吸引投資與外地民衆消費、推動文化創意產業,創造就業機會與提升經濟產値、鼓勵創新、公共財的外部效益,即公衆可以共同享用藝術文化成果,並且典藏作品可以流傳久遠。
2. **社會面向**:藝術與文化可以營造美感福利,提高一般民衆審美能力,並提升精神生活品質、公共空間社會福利、休閒活動空間品質;還有公民社會的建立,以及促進社會團結與族群和諧。
3. **政治面向**:可以作爲領導當局的教化工具、國家的榮耀、文化

[40] 陳瓊花,《藝術概論》,台北:三民書局,2014,頁33。

外交、軟實力等。[41]

4. **健康面向**：藝術文化的活動與產品可以提供正當的休閒娛樂，緩和緊張與壓力，減少精神疾病的產生。

反對政府補助藝術文化的人認為，還有其他更需要政府補助的情況，例如貧窮、疾病、犯罪、文盲……等。因此，他們主張藝術文化的去留由市場決定，政府不應補助藝術文化。

文化政策學者W. Baumol與 W. Bowen則主張比照教育，藝術的補助經費採取政府補助與私人贊助混合，政府只有在市場無法透過活動給予所有人利益的時候才提供補助經費，[42]此主張符合公私合作的文化政策目的。筆者則強調，沒落的傳統藝術與新興的實驗性藝術，不易爭取商業贊助，很需要政府經費的補助與適當的保護，才不會被市場所淘汰。

二、提升水準與普及欣賞

提升水準與普及欣賞是早期文化政策的重要工作，當經費充裕時，二者都可以得到充足的補助經費，各取所需。但是當經費不足之時，如何取捨常成為兩難。一般來說，提升水準比較傾向少眾的精緻藝術，欣賞者比較偏向少數的菁英分子，展演場域也大部分集中在都會區，所需要的經費也比較少。

普及欣賞則希望推廣藝術到更多的人、更寬廣的地區與更多的社會階層，尤其是弱勢團體；但這需要更多的經費挹注，才能達成目標。由

[41] 參考夏學理等，《藝術管理》，台北：五南出版社，2002，頁177。

[42] 摘自W. Baumol & W. Bowen, Performing Arts-The Economic Dilemma: A Study of Problems Common to Theater, Opera, Music and Dance. London: MIT Press, 1968, PP. 36-386.

於國家的藝文活動補助經費，來自於所有人民的納稅錢，因此政府與政治人物希望普及藝術文化的欣賞能進入到更多民眾當中，以取得更多選民的認同。

因此，芬蘭的文化政策學者Nielsen認爲：經費的分配會受到不同標準的影響。專家的討論聚焦在藝術技巧以及專業水準上；公共的參與標準在於所補助的文化和藝術活動是否可以啓發和挑戰當代的社會大眾，以及它對於文化生活的發展有多大的貢獻；經濟政治的標準關心問題在於藝術與文化活動是否能夠賣票或者吸引私人與公共的投資者。[43]

不幸的是，當前的文化政策，不管是提升水準或普及欣賞，其所獲得的經費越來越少；能創造就業機會與提升經濟產值的文化創意產業才是當代的新寵，而精緻藝術的提升水準與普及欣賞只能自求多福。

三、外顯與內隱的文化政策

外顯的（explicit）文化政策指的是文化政策直接影響文化事宜，不管文化是否界定爲藝術，或者界定爲傳統價值以及生活方式的總和。內隱的（implicit）文化政策（例如經濟政策、教育政策與社會政策）是指間接地影響文化，它不是由文化部的作爲所造成，而是由其他政策領域所造成的結果。它聚焦在非文化的目的，但被認爲是文化政策，因爲它有很重要的文化影響。

擴大文化政策的定義，也就是擴大文化政策研究的合法範圍，這個

---

[43] H. Nielsen, *Cultural Policy and Evaluation of Quality*, International Journal of Cultural Policy, 2003, 9(3), pp. 237-245.

事實被文化政策研究期刊認爲是有利的使命陳述。[44]例如學校的藝術教育與社會的藝術教育是教育政策的一環，但是對於藝術創作人才的培育與藝文欣賞人口的增加具有相當重要的功能，因此是很重要的內隱文化政策。

在推動文化政策的過程中，外顯與內隱的文化政策應相輔相成，這對達成文化政策的目的同樣重要。例如，美國雖然沒有成立文化部，但是透過減稅、私人捐贈、慈善捐款和企業贊助等方式鼓勵，再透過智慧財產權的保護與世界貿易組織的談判，同樣可以達成推動文化政策的目標。

四、臂距原則

臂距原則本來是一個公共政策的原則，大多數的西方社會將其應用在法律、政治學及經濟學。這個原則含蓄地被應用到憲法在司法、行政、立法的分權上，也應用在聯邦國家政府部門之間的權力畫分，與一些國家的藝術公共補助案上。[45]

以其發展的歷史來說，1919年這個原則首先被應用在英國大學預算撥款委員會議上，1923年應用在英國廣播公司的運作管理上，1946年被應用到大不列顛藝術委員會（The Arts Council of Great Britain）的藝術補助案。後來成爲西方國家藝術補助模式的模仿對象，例如加拿大藝術委員會。

[44] 摘自D. O'Brien & K. Oakley, *Cultural Policy VII*, London: Routledge, 2017, pp. 53-60.

[45] M. Cummings and J. Schuster (eds), *Who's to Pay for the Arts*? The International Search for Models of Support, American Council for the Arts, N.Y.C. 1989.

臂距原則被認爲是英國獨有的特色：第一，大不列顛藝術委員會（1946）是第一個這樣的機構；第二，臂距原則的大不列顛藝術委員會是從英國其他文化機構的經驗發展而來，包括大學撥款委員會（1919）與英國廣播公司（1923）。[46]

總之，臂距原則是一般公共政策的原則，廣泛地應用在西方國家的憲政與公共事務上。這個原則基本上是一個制衡系統（checks and balances），在多元民主的系統中是非常需要的，可以避免不必要的權力集中與利益衝突。[47]

五、商業贊助

補助（subsidy）是指補貼或幫助，政府組織用來幫助特定人士的金額，使得某方獲益的某種行爲。補助的種類繁多，常見的有各類政府補助、食宿補助、醫療補助等等。[48]贊助（sponsorship）是一種雙方得益的公共關係活動，當中有贊助人付出金錢、禮物、服務、名譽等，支持受贊助人進行指定活動、表演、學習、研究等項目。其中由於受到贊助，使某些有意義的事項及心願由原來的不可能實現，成爲可以實現的奇蹟。當中贊助是一種善舉，獲得有形及無形的收益，[49]商業贊助就是很常見的一種雙方得益的贊助活動。補助則不求回饋或得到利益。

1973年的石油危機，嚴重影響已開發（developed）國家的經濟發

[46] D. O'Brien & K. Oakley, *Cultural Policy I*, London: Routledge, 2017, p. 139.

[47] D. O'Brien & K. Oakley, *Cultural Policy I*, London: Routledge, 2017, p. 153.

[48] https://iccie.tw/q/%E8%A3%9C%E5%8A%A9, 2018/11/19.

[49] https://zh.wikipedia.org/wiki/%E8%B4%8A%E5%8A%A9, 2018/11/19.

展，二次戰後的經濟榮景不再，政府有限的補助無法滿足眾多藝文團體與個人不斷成長的需求，因此美國「商業贊助運動」的模式成為歐陸國家取法的目標。例如英國在1976年成立「企業贊助藝術協會」（The Association for the Business Sponsorship of the Arts），開啓企業贊助藝術的先河。

另外，面對藝術界嚴重地缺乏補助經費，普遍存在著生存危機，有識之士在1993年薩爾茲堡（Salzburg）以「世界經濟下的藝術」（The Arts in the World Economy）為題召開研討會，尋求藝術補助經費在大量被刪減的情況下，藝術工作者的生存之道。「多管道的經濟來源」是與會者的共識，[50]透過商業贊助要求藝文團體與個人積極地尋求商業贊助，以降低對於政府財政補助的依賴。當前表演藝術經費來源，一般的情況為1/3依靠政府的補助、1/3尋求商業贊助、1/3依賴門票與相關商品的收入。

商業贊助確實可以減輕部分政府的財政負擔，但是藝文團體與個人為了迎合贊助者的品味，有時候不得不犧牲對藝術最高品質的追求，或者為了求生存而不得不爭取菸商、酒商，甚至是軍火商的商業贊助。另外，一些實驗性的新興藝術團體由於不具知名度，或者是瀕臨失傳的傳統技藝，根本不易覓得商業贊助。因此，商業贊助並無法完全解決藝文補助資金不足的問題。[51]

國內學者夏學理寫道：企業贊助文化藝術活動的動機，大致可分為利己與利他兩種類型。利他動機是基於回饋社會，善盡企業對社會的責

[50] Olin Robison (eds.), *The Arts in the World Economy*, Hanover: Univ. Press of New England, 1994, p. vii.

[51] 參考Chien, Jui-jung, 'Aesthetics, Cultural Policies and the Arts Council of Great Britain', Leeds University, Doctoral Dissertation, 1997；簡瑞榮，《藝術爭議探析及其對文化行政與藝術教育的啓示》，嘉義：得裕印刷公司，2002。

任和出自於企業領導者本身對於文化藝術的喜好與關心。利己動機則是企業藉由贊助的行爲，提升企業的形象，增加企業的曝光率，根本上以「提高企業獲利」爲首要考量。

企業贊助藝術與文化的途徑可以分爲經費的贊助、實物的提供、服務的提供、技術的提供與企業員工參與等方式。[52]

六、文化認同

文化認同（cultural identity）是對一個群體或文化的身分認同（感），或是指個人受其所屬的群體或文化影響，而對該群體或文化產生的認同感。[53]如同前文所述，一個國家的形成，會強調共同的宗教、語言、族群與文化習性，以團結國內不同族群的人民，對國家的形成與團結有相當大的幫助。因此，在國家形成之初，國家領導人通常強調文化認同，以相同的種族、語言與宗教形成獨立的國家。

在多元複雜的社會當中，政治人物常強調相同的思想、種族、語言與宗教等的文化認同，以團結社會大眾，凝聚社會共識，達成共同的政治目標。

[52] 夏學理等，《藝術管理》，台北：五南出版社，2002，頁177。

[53] https://www.google.com.tw/search?q=%E6%96%87%E5%8C%96%E8%AA%8D%E5%90%8C&oq=%E6%96%87%E5%8C%96%E8%AA%8D%E5%90%8C&aqs=chrome..69i57j0l5.5568j0j8&sourceid=chrome&ie=UTF-8, 2018/08/07.

七、多元文化

多元文化是指由不同信念、行爲、膚色、語言的文化所組成，彼此關係是相互支持且均等，不同文化之間，互相接觸與影響，導致彼此互相刺激、學習、融合或衝突的過程。[54]它是後現代很重要的觀念，在經歷人權運動、女性主義、弱勢族群、學生運動、性解放等不同的社會運動之後，多元、包容、尊重是後現代很重要的議題。

多元文化主義（multiculturism）是一個廣泛多元的社會運動，透過歌頌差異，支持一個更寬容、多元、包容與務實的觀點。在1982年墨西哥聯合國教科文組織會議的著名演說中，法國文化部長Jack Lang警告美國文化帝國主義的危險，例如自主性的消退、認同感的消失。遭受損害的不僅是開發中國家，連已開發國家的法國也是一樣。面對美國文化帝國主義的威脅，法國的反制之道爲：增加兩倍的文化預算、提升地方的文化生產與反對文化的自由貿易。[55]

另外，聯合國教科文組織也在2002年的文化多樣性宣言陳述：這個會議提高文化多樣性成爲人類共同遺產的層級，它的重要性對人類來講，如同生物多樣性（biodiversity）對自然一樣。[56]因此，支持多元文化是全世界共同的趨勢，包括聯合國教科文組織的國際會議，也一起強調「文化多樣性」與「生物多樣性」爲同等重要。

---

[54] https://www.google.com.tw/search?q=%E5%A4%9A%E5%85%83%E6%96%87%E5%8C%96&oq=%E5%A4%9A%E5%85%83%E6%96%87%E5%8C%96&aqs=chrome..69i57j0l5.6621j0j8&sourceid=chrome&ie=UTF-8, 2018/08/07.

[55] D. Bell & K. Oakley, *Cultural policy*, London: Routledge, 2015, p 10.

[56] George Yudice, Cultural Diversity and Cultural Rights, *Hispanic Issues on Line 5*, 2009, 110-137.

八、文化公民權

民主國家的公民有：(1)政治權，即選舉、罷免、創制、複決權；(2)經濟權，即工作、健康和退休保障權。T. Miller與G. Yudice認為文化公民權關注文化遺產的保存和發展，經由教育、習俗、語言和宗教等方式來達成；它也關係到差異的承認，不管是承認在主流文化中有差異，還是差異被主流文化承認。[57]

國內學者陳其南表示：以前有關「公民權」的觀點通常是從政治、經濟、社會等層面，來討論政府對於人民所應保障的權利；但「文化公民權」則是希望把文化藝術納入政府對於人民應保障的相關權利範疇內，包括提供更為完善的活動資訊，更為普遍的藝文參與機會，以及更為完善的創作體系與支持環境等，[58]意即公民應該享有與政治權、經濟權、社會福利權一樣的文化權。然而，文化公民權一直到最近才被重視與提倡。

另外，他也指出「公民文化權」的第一層意義是政府如何滿足人民的文化權，即保障每個國民都有接觸文化資源的機會；第二層意義就是民眾必須參與活動。參與藝術創作是人民的權利，也是義務。[59]蔡東源指出公民文化權和政治權、經濟權、社會權一樣，是公民的基本人權，因此在文化資源的分配上，對草根階層的責任、對各類弱勢族群的照顧、對城鄉差距的平衡是文化行政的核心基礎。[60]

因此，消極的文化公民權意指由上到下，政府應主動提供適當的藝

[57] 摘自於T. Miller & G. Yudice, *Cultural policy*, 蔣淑貞、馮建三譯，台北：巨流，2006，頁36。

[58] http://www2.tku.edu.tw/~tkjour/paper/55th/55th-11.fulltext.pdf , 2018/08/07.

[59] http://www2.tku.edu.tw/~tkjour/paper/55th/55th-11.fulltext.pdf , 2018/08/07.

[60] 蔡東源，《文化行政與文化政策》，屏東：達趣文創，2012，頁139。

術文化資源給一般民眾欣賞。積極的文化公民權意指由下到上，一般民眾應積極投入藝術創作，並參與政府的文化政策決策，以追求民眾自身的文化權利。

劉俊裕教授進一步指出，從文化社會論述中，逐漸從文化對公共政策「治理」，朝向如何含括文化行為者「自我治理」，甚至賦予社會行為者對治理者進行「文化反抗」的合理性與正當性。[61]這種從傳統的「政府治理」，到當代「人民自我治理」，再到「文化反抗」的轉變，可以看出人民文化公民權「意識覺醒」的走向。

九、公民美學

美學（Aesthetics）是研究藝術、美與美感相關問題的學科，又名藝術哲學（Arts Philosophy），在1750年由德國的美學家包嘉頓（A. Baumgarten）所創立，其重點在思考藝術家、藝術品、藝術欣賞等相關活動所衍生的問題，例如古代的希臘哲學家從希臘時代就開始探討美的形式原理：反覆、漸層、對稱、均衡、調和、對比、比例、節奏、統調、單純。[62]

美學主要著重點在於精緻藝術的相關活動與產品。然而，隨著時代的變遷與民主社會的需求，最近新興的生活美學與公民美學運動，逐漸強調傳統美學的生活化、平民化，不再侷限於特定的菁英分子與精緻的藝術展演活動。陳其南表示：推動「公民美學」運動的精神，在強調

[61] 劉俊裕，《再東方化：文化政策與文化治理的東亞取徑》，台北：巨流，2018，頁246。

[62] 參考李醒塵，《西方美學史教程》，台北：淑馨，2000。

美學經濟或體驗經濟之前，我們同時也要能提升視覺環境的生活美學品味，而順著「文化公民權」的脈絡，藉著將「美」的實踐視爲每一個人應盡的義務，落實在每一個公共與私有的領域中，展現對於環境的尊重。以上述爲出發的社會運動思潮，我們稱之爲「公民美學運動」。[63]

因此，所謂的「公民美學」已經不再是指傳統狹隘的哲學美學，而是從文化人類學的角度，強調平民化、生活化、大衆化、通俗化等接近一般民衆生活環境的生活美學。當前文化政策的走向與美學的發展一樣，從狹隘的美學導向之傳統文化政策，走向更寬廣的文化人類學導向的當代文化政策。

十、藝術、色情或淫穢

藝術、色情或淫穢常常讓文化政策工作者與一般民衆混淆不清，因爲從傳統一直到現在，很多藝術作品通常與性、裸體分不開。早期西方的裸體繪畫，通常用來敘述希臘神話故事與聖經的內容；但是在西洋藝術史的發展過程中，類似藝術與色情的爭議時有所聞。馬奈的名作《草地上的午餐》，描述世俗的裸女與紳士在野外共進午餐，被媒體批評爲色情、下流。然而隨著時代的變遷，藝術、色情或淫穢的界線逐漸模糊，甚至有些當代藝術家故意挑戰性的禁忌，造成藝術、色情或淫穢的爭議頻繁發生。它可說是文化政策的地雷，尤其是涉及政府的經費補助了具有淫穢爭議的作品時，常會引發一般民衆強烈的反彈。

從佛洛伊德精神分析學的角度來看，內在的性慾不能被社會所接

[63] http://www2.tku.edu.tw/~tkjour/paper/55th/55th-11.fulltext.pdf 2018/08/07.

受，因此昇華爲藝術的展演活動。現代很多的藝術展演活動，尤其是超現實主義，常含有很多性的暗示。作品是藝術、色情或淫穢常常混淆不清，造成文化政策決策者的困擾，爭議時有所聞。1989年美國古典攝影家Robert Mapplethorpe的回顧展「完美時刻」（The Perfect Moment）所引起的藝術爭議與政治風暴就是一個很典型的例子。

色情（pornography）例如花花公子（*play boy*）成人雜誌，只是道德的問題，是否違反善良風俗，見仁見智；但是淫穢（obscenity）則是違法，必須接受法律的制裁。各國對於「淫穢」的界定不一，標準也不一樣，有時候在國外可以被接受的尺度，在國內可能被認定爲違法，例如非洲民族的上空表演秀。在從事藝術創作時，應了解各地的風土民情，以免惹禍上身。美國的法院爲了區分藝術、色情或淫穢，依據下列三個標準作爲判斷藝術或淫穢的依據：

1. 作品運用當代的社區標準，一般的民衆認爲會引起不當的性慾。
2. 作品以觸怒（offensive）的方式描繪或描述性行爲或排泄器官的功能。
3. 作品缺乏文學、藝術、政治或科學價值。[64]

例如，前述「完美時刻」個案，因爲較具淫穢爭議的XYZ檔案，使得Cincinnati當代藝術館的館長遭到法院的起訴，後來因爲獨立委員會採用先前1975年Miller vs. California的上述判決結論，作爲藝術與淫

[64] 1.whether the average person, applying contemporary "community standards", would find that the work, taken as a whole, appeals to the prurient interest; 2.whether the work depicts or describes, in an offensive way, sexual conduct or excretory functions, as specifically defined by applicable state law（the syllabus of the case mentions only sexual conduct, but excretory functions are explicitly mentioned on page 25 of the majority opinion）;3. And whether the work, taken as a whole, lacks serious literary, artistic, political, or scientificvalue. 引自https://en.wikipedia.org/wiki/Miller_v._California#cite_ref-12

穢的判斷標準。任何作品只要有文學、藝術、政治或科學價值，就不能算是淫穢。「完美時刻」個案雖然違反前兩項的標準，但由於作品具有「藝術」價值，因此Cincinnati當代藝術館的館長展覽作品，最後獲判無罪。

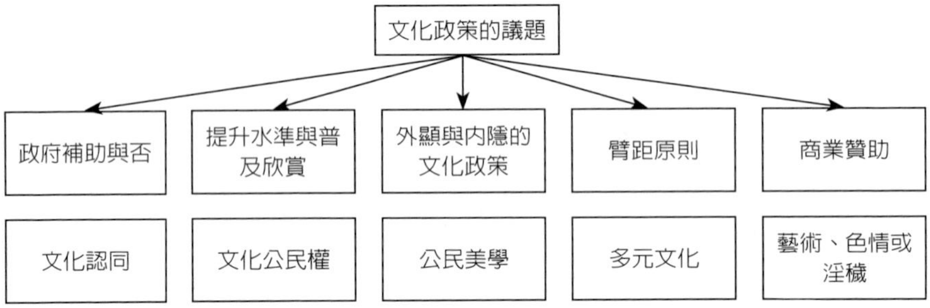

圖3-2　文化政策的議題

第三節　文化政策之研究

文化政策的研究與推廣已經有很悠久的歷史，早在1967年聯合國教科文組織就在墨西哥市舉辦研討會，討論文化政策。這個會議的成果之一是1970到1980年代早期，出版一系列的文化政策專書。會員國一個接著一個探討什麼是文化政策，並描述當時該國文化政策的執行情形。這些報告提供三、四十年前一個有趣的洞察，讓我們了解當時全球政府如何解釋與執行文化政策。[65]

1987年M. Cummings與R. Katz出版*The Patron States*，書中彙整了當時世界主要國家的文化政策措施與預算的執行情形，二位作者並在書中的前言與結論，精闢地敘述與總結了全世界文化政策的發展歷史與主要議題，對早期文化政策的研究做出相當大的貢獻。

2000年英國格拉斯哥大學設立文化政策研究中心，接著2004年八月，加拿大在蒙特婁舉行第三屆國際文化政策學術研討會——這個唯一國際性的活動，主要致力於探討文化政策研究與實踐對其觀念、角色與影響。[66]

2002年左右，可能是文化產業的重要性普遍受到全世界的重視，很多文化研究的學者興起一股從「文化研究」延伸到「文化政策研究」的風潮。短短兩年就有三本文化政策研究的書籍出版，分別是Lewis與Miller的*Critical Cultural Policy Studies*，Miller與Yudice的*Cultural Policy*，與Schuster的*Informing Cultural Policy: The Research and Information Infrastructure*。

---

[65] David Throsby, *The Economics of Cultural Policy*, Cambridge: Cambridge University Press, 2011, p.1.

[66] D. O'Brien & K. Oakley, *Cultural Policy VII*, London: Routledge, 2017, p35.

2016年第九屆國際文化政策研究會議，首次從歐美地區國家轉移至位處東亞的韓國舉辦。到了2017年，文化政策研究學者D. O'Brien與K.Oakley更彙編了四冊*Cultural Policy I, II, III, IV*相關的論文集，可說是當前文化政策研究最新、最重要的文獻。本書中很多的觀念來自該書的啓發，讀者可進一步詳讀前書。

另外，*International Journal of Cultural Policy*與*Journal of Art Management, Law and Society*也都是研究文化政策相當重要的期刊。*Cultural Policy I, II, III, IV*相關的論文集很多都是從*International Journal of Cultural Policy*彙集而來的重要觀念。

國內文化政策相關書籍，有夏學理教授等人出版的《文化行政》與《藝術管理》，郭爲藩教授出版的《全球化文化政策》，蔡東源前屏東縣文化局長出版《文化行政與文化政策》，以及台藝大教授劉俊裕2018年出版的《再東方化：文化政策與文化治理的東亞取徑》。國內不管在出版的品質與數量，都還有很大的努力空間。

談到文化政策研究的方法學，可從美學、文化人類學、文化研究、經濟學、地理學、遺產研究、歷史、文學研究、博物館研究、音樂學、哲學、規劃、政治科學、社會學、都市研究等領域入手。[67]葛瑞指出，藝術學的文化概念注重：藝術作品的創造、欣賞與美感認知，以及藝術美學對於心靈的提升與淨化；歷史學門經常強調文化和文明的誕生、成長、成熟到衰老等過程；人類學、民族誌學則探討部落、族群、族裔的融合與遷徙，將文化視爲各個族群共享的價值、信仰、態度、習慣、圖騰、象徵等意義的結合體，或社群文化價值體系的生產和認同的過程；社會學則側重特定文化、媒體產業領域的生產與活動，特定社會

[67] 摘自於D. O'Brien & K. Oakley, *Cultural Policy VIII,* London: Routledge, 2017, p167.

群體的消費模式的分析，文化資本、品味與社會排拒；政治科學領域著重意識形態與政治權力、資源分配的過程，文化被視爲政治行爲發生的社會情境，或者政治活動與組織的公民文化與社會脈絡，包括評價、態度、感受等，以及正式、非正式的治理行爲、行政文化；經濟學則側重於文化作爲經濟行爲與價值的規範，藝術經濟作爲生產、散播、行銷、消費的迴路等文化產品的經濟學分析，以及文化產品創意或藝術元素，乃至文化價值與經濟價值的分析。[68]

文化政策研究（cultural policy studies）與文化研究（cultural studies）一樣是跨很多相關領域的學問，與美學、文化研究、文化人類學、公共政策、經濟學、社會學與地理學較爲相關，茲論述分析如下：

一、美學

美學是研究美、美感與藝術等相關問題的學問。美有狹義與廣義之分，狹義的美指乍看或乍聽之下覺得愉快便是美，廣義的美指秀美、崇高、悲壯、幽默、滑稽、怪誕等。

維基百科指出美學（aesthetics）在歐洲又名感覺學，是以對美的本質及其意義的研究爲主題的學科，乃哲學的一個重要分支。歐洲美學概念的詞語來源於希臘語「aisthetikos」，最初的意義是「對感官的感受」。由德國哲學家鮑姆嘉通在1735年首次使用，他1750年出版的《美學》一書，標誌了美學做爲一門獨立學科的產生。[69]

---

[68] 劉俊裕，《再東方化：文化政策與文化治理的東亞取徑》，台北：巨流，2018，頁55。

[69] https://zh.wikipedia.org/wiki/%E7%BE%8E%E5%AD%A6, 2018/08/17.

美學提供文化政策工作者「作品是否爲藝術？」與「是否爲好的藝術？」的判斷標準，也就是所謂的藝術「品質」（artistic quality），在美學、政治、經濟、道德等標準中，扮演最重要的角色。但是，當前文化政策從狹義美學的「藝術」走向廣義文化人類學的「文化」，即生活方式的總稱，所以美學在目前文化政策的研究有過於狹隘的問題，無法解釋當前過於廣泛的文化現象與問題。

筆者的學術背景爲藝術理論，因此論述都是從精緻藝術與美學的角度出發，先注重精緻藝術水準的提升，再思考藝術欣賞的普及、公民美學、社區藝術等議題。

二、文化研究

文化研究（cultural studies）結合了社會學、文學理論、媒體研究與文化人類學來研究工業社會中的文化現象。文化研究者時常關注某個現象是如何與意識形態（政治）、種族、社會階級或性別等議題產生關聯的。[70]

文化研究起源於1956年，英國學者雷蒙・威廉斯（Raymond Williams）和李察・霍加特（Richard Hoggart）對於當時英國文學研究中的「大敘事」[71]不滿，認爲文學不該僅是爲了受過高等教育的白人，

[70] https://zh.wikipedia.org/wiki/%E6%96%87%E5%8C%96%E7%A0%94%E7%A9%B6, 2018/08/17.

[71] 大敘事這一術語在批判理論，特別是在後現代主義的批判理論中，指的是完整解釋，即對歷史的意義、經歷和知識的敘述。它通過預期實現，對一個主導思想賦予社會合法性。這一術語由法國哲學家李歐塔（Jean-François Lyotard）在1979年首次提出。他說，社會現代性的最主要部分是大敘事構成的，但後現代主義卻是以懷疑大敘事（進步、啓蒙解放運動、馬克思主義）爲特徵的。

更應該接近勞工階級。由於中下階層的大眾更喜歡通俗文化，所以後來的「文化研究」也逐漸以通俗文化（popular culture ）爲主要研究範圍，因此威廉士和霍加特於1964年在伯明罕大學成立了著名的「伯明罕當代文化研究中心」（ICCS）。

而文化研究應具備五個主要的特色如下：

1. 文化研究意在檢視其主題中的文化活動以及文化活動與權力的關係。
2. 文化研究的目的在於了解文化所有的複雜樣貌，以及分析社會與政治脈絡中的文化展現。
3. 文化研究是研究的客體，同時也是政治批評與政治行動的場域。
4. 文化研究試圖揭露與調解知識的分歧，嘗試修補內隱知識（tacit knowledge，也就是文化知識）與客觀知識（objective knowledge）這兩者之間的裂縫。
5. 文化研究致力於對現代社會進行道德評價，以及進行激進的政治行動。[72]

從上述文化研究的五個特色來看，文化研究的「政治」色彩相當濃厚，批判性很強。應用到文化政策的分析與批判時，應注意其客觀性，不是爲了批判而批判，或者過於政治導向，模糊了文化政策的焦點。

文化研究所關切的文化議題很廣泛，包括：

1. 種族、族裔、族群關係、民族主義的議題；
2. 文化批評理論（文化詮釋理論、法蘭克福學派、精神分析與文化論述、符號學與文化論述）；

[72] https://zh.wikipedia.org/wiki/%E6%96%87%E5%8C%96%E7%A0%94%E7%A9%B6, 2018/08/17.

3. 文化認同與公民權利議題；
4. 語言、習俗、傳統的宗教議題；
5. 女性主義、性、性別、性傾向議題；
6. 同志論述、酷兒[73]理論；
7. 身體政治與時尚；
8. 馬克思主義、社會階級、資本主義與權力議題；
9. 文化工業、流行文化與文化帝國主義與權力議題；
10.科技網路空間與網際網路文化議題；
11.生態文化環境殖民；
12.流動與離散族群議題；
13.媒體與媒介經驗；
14.東方與西方、帝國、殖民與後殖民的再現、權力機構與論述；
15.傳統與現代的接合；
16.現代性與後現代性、理性與進步的議題；
17.後現代文化研究中的解除中心化、多元文化主義；
18.文化作爲結構主義和後結構主義中象徵意義的生產與流通。[74]

文化研究的批判理論（critical theory）受到馬克思思想的啓發，修正馬克斯經濟決定論的觀點，並擴及批判的層面，包含了對社會、政治、文化與日常生活。批判的目的不是漫無目標的批評，而是藉由分析、批判的過程，以彰顯社會不公平、不平等的本質。[75]

其研究重點在於研究文化，尤其是次文化、女性主義、同性戀、

---

[73] 酷兒（英語：Queer）用來統稱社會上性取向或性別認同，諸如同性戀、雙性戀和變性者等非異性戀者。 通常這個詞是爲了擺脫受汙名化的相關名詞。

[74] 劉俊裕，《再東方化：文化政策與文化治理的東亞取徑》，台北：巨流，2018，頁55-6。

[75] 吳逸驊，《社會學》，台北：易博士，2011，頁208。

青少年、後殖民主義、社會階級、政治、經濟等，相關文化議題的研究與文化問題的批判與分析，能提供文化政策的研究更廣泛面向的文化分析。但是，一般的文化研究只能提供「質化」的解釋，而不是「量化」的分析，此為其限制。

三、文化人類學

人類學是研究人的科學，文化人類學（Cultural anthropology）是人類學（對於人類的全貌視野研究）的其中四或五個分支之一。這個學科將文化視為有意義的科學概念，其目的在於探討人類的文化變異性，蒐集觀察結果，透過田野調查工作的參與觀察，並檢視全球的經濟與政治過程對地方文化的影響。[76]學者林惠祥認為：文化人類學為研究原始文化，即人類文化起源及進化的科學。其研究範圍包括原始物質文化、原始社會組織、原始宗教、原始藝術、原始語言與文字等。[77]

一般所認定的文化人類學即是對各文化與社會進行比較研究。早先的研究著重系統的記錄與各民族的社會文化內容，稱為民族誌（ethnography），並強調各民族的比較與歷史關係。近幾十年來，人類學者著重的並不是追溯民族間的歷史關係，而是想追尋人類社會行為和文化的科學性通則。[78]

因此，文化人類學的研究可以增進文化政策工作者對不同民族的文

---

[76] https://zh.wikipedia.org/wiki/%E6%96%87%E5%8C%96%E4%BA%BA%E7%B1%BB%E5%AD%A6,2018/08/17.

[77] 林惠祥，《文化人類學》，台北：商務出版，1993，頁1。

[78] 莊英章等，《文化人類學（上）》，台北：空中大學，1991，頁9。

化起源，與食衣住行育樂等不同生活方式的了解與比較。尤其當前世界的文化政策，有從狹隘的精緻藝術逐漸走向廣義的生活方式，對文化政策的決策分析有很大的幫助。

國內的學者陳奇祿與陳其南都是從文化人類學的角度，談文化行政與文化政策，注重藝術與文化的普及，尤其是社區藝術、生活美學、公民美學、文化公民權的推動等議題。

四、公共政策

公共政策（public policy）是指政府或其他社會公共權威部門，在特定時期爲解決公共事務或公共問題，所採取的政策與選擇。立法與司法機構所制定的法規當中也會包含這些行政原則，通常有廣泛而深遠的影響或後果，主要以政府的法律、法規、決策和行動表現出來。[79]張世賢教授認爲：公共政策是政府爲解決公共問題，達成公共利益目標，經由政治過程所產生的方針、原則、策略、辦法與措施。宋文則歸納公共政策的定義爲：政府施政爲達成某項目標所提出之作爲或不作爲的一般性、原則性陳述。[80]。

公共政策研究爲政府針對各項公共事務議題所進行策略與準則的研究，其關注的範圍包括政策問題的形成、政策規劃、政策執行、政策評估與政策相關議題等。歐美的公共政策從19世紀末1970-80年代的公共行政（public administration）、1980年代以後到2000年代初的新公共

[79] https://zh.wikipedia.org/wiki/%E5%85%AC%E5%85%B1%E6%94%BF%E7%AD%96 ,2018/08/07.

[80] 宋文，《公共政策》，台北：智光，2010，頁9。

管理（new public management），乃至於當前崛起的新公共治理（new public governance），大致經歷了三個階段性的典範轉變。新公共管理爲了改進公共行政的缺點，雖然引進市場力量減輕政府運作資源不足，但同時也引發了政府過度依賴市場力量的弊端而產生諸多批評。「新公共治理」企圖建立一個分權、參與、多元、合夥、網絡化的公共政策體系，[81]藉以改善新公共管理的缺失。其差異在於，公共行政是以政治科學爲基礎，著重於國家政府的科層體制與公共政策制定及執行，是一個較爲封閉的服務系統；新公共管理則以公共理性選擇爲基礎，側重組織資源的管理與表現，和市場的效能與競爭；而新公共治理則奠基於制度及網絡理論，強調多元治理主體，以及多樣價值意義與關係的妥協。[82]

因此，由當前的公共政策（public policy）可以看出，從行政（administration）、管理（management）一直到治理（governance）的趨勢。文化政策爲公共政策的一部分，認識公共政策如何形成問題、規劃、執行與評估，有利於文化政策的執行。例如前文所述的新公共管理影響新自由主義，新自由主義又影響文化政策的發展方向。惟公共政策無法兼顧藝術與文化的特殊面向，尤其是藝術與文化的創造性、多元性、經濟性、政治性等相關議題特別複雜，公共政策無法全面了解。

另外，隱性的文化政策也是其他公共政策影響到文化政策的執行，因此，了解公共政策的各個面向與特質對於文化政策的施政影響有其必要性。

---

[81] 劉俊裕，《再東方化：文化政策與文化治理的東亞取徑》，台北：巨流，2018，頁63-4。

[82] 同上，頁67。

五、經濟學

經濟學（Economics）是一門研究人類行爲，以及如何將有限或者稀少的資源，進行合理配置的社會科學。[83]徐育珠寫道：經濟學是研究如何以最少的經濟資源獲得特定的滿足，或以一定量的資源獲得最大程度滿足的一種學問。其目的不外乎以最有效的方法去運用與組合有限的經濟資源，俾使人類食衣住行育樂等各種需求，獲得如願以償的滿足。[84]經濟學關注的焦點包括市場、供給與需求、價格體系、國民所得、失業、貨幣、勞動市場、資源、土地、世界貿易等議題。

文化政策必須常常在行政的過程當中，將有限的藝術補助經費合理地分配到藝術家與藝術團體的展演活動中，因此，經濟學的專業知識有助於文化政策與行政的執行。尤其自1990年代開始，文化產業成爲文化行政與政策執行的重點，經濟學是研究產品與服務的生產、分配與消費等相關議題的學問，而具備經濟學的知識對於文化政策的經濟效益分析有相當大的幫助。惟文化政策牽涉到提升精神生活品質的心靈層面，太過於重視市場和經濟利益，會傷害藝術文化的本質性、多元性與精神性。

另外，與文化經濟學有關的文化統計、文化指標、依證據作決策（policy based evidence making）等注重量化、指標、證據等研究，也在當代文化政策決策上，扮演相當重要的角色，因爲量的指標可以協助文化政策計畫的擬定、執行過程的管控，以及文化活動執行成果的評估，提供量化與證據性的決策根據，爲國內當前急需加強的研究領域。

---

[83] http://wiki.mbalib.com/zh-tw/%E7%BB%8F%E6%B5%8E%E5%AD%A6, 2018/08/07.

[84] 徐育珠，《經濟學》，台北：東華書局，1988，頁4。

六、社會學

社會學（sociology）起源於19世紀末期，是一門研究社會的學科。社會學使用各種研究方法進行實證調查和批判分析，以發展及完善一套有關人類社會結構及活動的知識體系，並運用這些知識去尋求或改善社會福利爲目標。社會學的研究範圍廣泛，包括從微觀層級的社會行動（agency）或人際互動，至宏觀層級的社會系統或結構。社會學的本體有社會中的個人、社會結構、社會變遷、社會問題、和社會控制；因此，社會學通常跟經濟學、政治學、人類學、心理學等學科並列於社會科學領域之下。[85]

張庭認爲，社會學是研究人類生活如何被集體的組織建構起來的科學。社會學用科學的方法和理論去研究社會生活中的各種現象，包括家庭關係、人際關係、消費行爲、權力分配、社會運動以及國際政治經濟。[86]它探討社會階級、性別關係、種族和族群意識、權力、政治與國家、家庭生活、教育、大衆媒體、健康、疾病與醫療犯罪、知識、宗教、信仰、女性主義與後現代主義等議題。[87]

社會由不同的社會階層、教育程度、經濟水準的民衆所構成，因此對於藝術文化的創作與欣賞的接受度及參與度也不同。文化政策必須思考讓各種不同階層的民衆，有參與藝術創作與欣賞的機會，落實前文所謂的文化公民權與公民文化權，而不是只有社會的菁英階層有機會接觸藝術。

另外，文化政策也經常思考藝術文化活動對於社會有何正負面的影

[85] https://zh.wikipedia.org/wiki/%E7%A4%BE%E4%BC%9A%E5%AD%A6, 2018/08/08.

[86] 張庭，《社會學》，台北：志光，2007，頁15。

[87] 參考T. Bilton, *Introductory Sociology*，張宏輝等譯，台北：學富，2008。

響，尤其是在後現代之後，藝術與文化被用來作爲緩解社會的衝突，促進社會的和諧與安定，提升國民的道德水準與精神生活品質的工具。

七、地理學

范銚燻指地理學是人地關係的科學，其中的「地」不是指狹隘的土地、地質、地形，而是泛指我們人類生存的廣義環境，其要素包括自然、人文、社會、文化等有形、無形的周遭一切環境。它們會以各種方式來影響我們人類的生存活動；人類也會因爲各種活動來影響或改造生存環境。[88]

因此，文化政策必須思考狹義與廣義的地理學定義，例如中央與地方、國際與國家、城市與鄉村、高山平原與海邊、開發中國家與已開發國家、北半球與南半球等等的地理與人文環境的差異。如此一來，地理學的研究便有助於了解自然與人文環境的差異，以及其對於文化政策的影響。例如文化政策學者D. Bell & K. Oakley即從地理學的觀點——由近到遠，從身體、家、社區、城市、區域、國家、全球等來分析文化政策。[89]

總之，文化政策是一種跨學科領域的學問，沒有機制可以決定哪種方法比較好或比較不好，關鍵在於文化政策的研究人員要調查什麼樣的研究主題？回答哪些問題？運用什麼方法？採用何種工具？[90]加上前述

[88] http://mail.tut.edu.tw/~t00051/new_page_182.htm , 2018/08/07.

[89] D. Bell & K. Oakley, *Cultural policy I*, London: Routledge, 2015, p 10.

[90] 摘自於D. O'Brien & K. Oakley, *Cultural Policy VIII*, London: Routledge, 2017, p. 175.

藝術與文化定義的模糊性與不易量化的特性，使得文化政策的研究變得更加困難與複雜。國內學者應該重視文化政策研究的學術研究能力，以提供更好的文化政策決策與分析，與相關人才的培養。

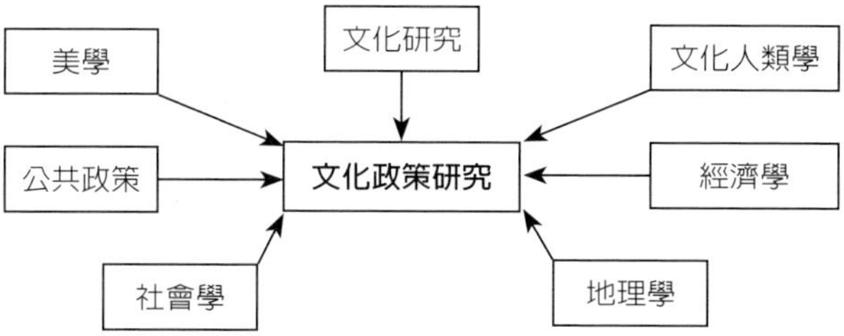

圖3-3　文化政策研究的相關領域

第四章　文化政策爭議

第一節　文化政策爭議之影響因素

文化政策爭議不管國內外都時有所聞，有人認爲美國的文化政策史就是一部文化政策爭議史，因爲從美國開國以來，文化政策爭議就不斷發生。本文擬從文化政策爭議之影響因素、文化政策爭議的起因與實際的個案研究論述如下：

文化政策的決策會受到很多因素的影響，例如美學、政治、經濟、道德、宗教、媒體等，即爲重要的影響因素。由於人們對於前述因素的看法與立足點不同，因此爭議常常發生。茲分述如下：

一、美學

文化政策的主要目的，爲透過補助推動藝術文化的發展，提升藝術文化的水準，因此「美感品質」（aesthetic quality）成爲發放補助款的主要考量。雖然政治、經濟、道德等因素仍有所影響，但是「客觀的美感標準」常成爲爭議的話題。

傳統的美學家，例如Roger Fry、Monroe Beardsley 與Clement Greenberg主張有客觀的「美感品質」存在。Beardsley主張「藝術至少可以被包括在這三種不同的標準底下：統一性、複雜度與強度」。[1]Harold Osborne 與P. N. Humble認爲「藝術的美學觀念證實，新前衛藝術沒有美感價值，不能喚起美感經驗，所以不能被接受爲藝術

[1] Monroe Beardsley, 'Reasons in Aesthetic Judgements' in *Introductory Reading in Aesthetics ed. John Hospers,* (New York: Free Press, 1969), p. 250.

品」。[2]而且Greenberg也說：「藝術有標準，只是不能像好藝術或壞藝術一樣形諸文字。藝術品或多或少感動你，如此而已。」[3]這些美學家否認新前衛藝術在當代社會的地位，因爲它們沒有美感品質；又認爲藝術可以感動人，但標準不易用文字形容或用數值量化。

不過，另一方面當代美學家Michael Parsons與H. Gene Blocker解釋說：「美感品質是那些可以被感官知覺到的性質，它們可以是簡易的媒材，例如平滑的紋理，藍色的顏色，不規則的形式；它們也可以是一種帶有人性意義的品質，例如生氣或宗教的雄偉。」[4]Bohdan Dziemidok也強調：「傳統藝術的美學觀念受到1960年代前衛藝術家的威脅，例如偶發、環境藝術、身體藝術、生態藝術、極限藝術與觀念藝術等。前衛藝術理論家與藝術家們進行藝術創作與理論的研究，同時也攻擊傳統的美學觀念。」[5]

很多1950年代出現的美學家支持當代的藝術運動，他們主張傳統的美學理論無法解釋Duchamp的「泉」（Fountain）與Andy Warhol的「Brillo Boxes」明明沒有任何傳統的美感品質，卻是重要的藝術作品。不過，創造性是一種重要的藝術價值，而不是美感品質。[6]例如Eric Fernie主張：「藝術史家強調傳統的絕對客觀的判斷，認爲藝術家屬於最高的層級……這種作法已經被批評，認爲所有的批評都是主觀的，相

---

[2] Bohdan Dziemidok, 'Controversy about the Aesthetic Nature of Art', *British Journal of Aesthetics*, 28, No. 1, Winter 1988, p. 13.

[3] Clement Greenberg, 'Interview Conducted by Lily Leino', in Modernism with a Vengeance, 1957-1969, p. 308. Quoted in Arthur C. Danto, 'From Aesthetics to Art Criticism and Back' in *The Journal of Aesthetics and Art Criticism*, 54, No. 2 (Spring 1996): p. 110.

[4] Michael Parsons and H. Gene Blocker, *Aesthetics and Education* (Urbana: Univ. of Illinois Press, 1993), p. 24.

[5] Dziemidok, op. cit., p. 5.

[6] Ibid, p. 15.

對及限定於它們被創作的社會環境。」[7]而且Oswald Hanfling也建議：「我們對於藝術的判斷，不只擁有特定的生理器官，他們也被我們的文化、種族、性別、傳統、教育與個人心理學所影響……所以，我們對藝術品的判斷是相對的與文化依賴的。」[8]他也總結Arthur Danto的評論，「藝術品的美感品質是他們歷史尊嚴的功能，呈現歷史給予的一刻，在一個特定的文化環境，一個物品爲藝術品，且擁有適當的美感品質；而展現在另一個時間與環境，就不是這麼一回事了。」[9]這些當代美學家強調社會環境對於藝術品的重要性，以及其對於藝術家歷史地位的影響。

因此，不但美學的標準說法不一且不易形容，當代藝術與傳統藝術、當代美學與傳統美學之間也存在相當大的觀念落差。

相對於這些當代美學家，法國的社會學家Pierre Bourdieu主張「通俗美學」的重要性，有別於傳統康德學派的美學。他主張：「來自不同社會階層的人們擁有不同的教育水準，具有不同的品味。因此，相對於孤立說與無關心性（disinterestedness）等美學理論，認爲自主性爲藝術品的標準……通俗美學擁抱傳統美學所厭惡的簡單與粗俗的、娛樂的美學觀念。」[10]他支持這種中產階級認爲噁心與粗俗的通俗美學，呈現一種簡易的傾向。Sung-Bong Park在他的《通俗藝術的美學》一書中主張五個通俗藝術的主要特質爲「有趣的、性感的、敏感的、奇異的與感情的」，以有別於傳統美學的分類，如「美麗的、崇高的、悲壯的、安祥

[7] Eric Fernie, *Art History and its Method* (London: Phaidon, 1995), p. 356.

[8] Oswald Hanfling, *Philosophical Aesthetics: An Introduction* (Milton Keynes: Open University Press, 1994), p. 376.

[9] Ibid., p. 36.

[10] Pierre Bourdieu, *Distinction: A Social Critique of the Judgement of Taste* (London: Routledge, 1994), pp. 4-5.

的、荒謬的、新奇的或有趣的」。[11]

他們二人強調通俗藝術與通俗美學的重要性，而且希望提升通俗藝術至傳統精緻藝術一樣的地位。但是，來自不同社會階層與教育背景的人民常有不同的品味與看法，面對爭議性的藝術時常會引發衝突。

以英國藝術委員會的文化政策來說，它必須順應社會環境的改變而調整，否則衝突是無法避免的。Janet Wolff在其著作《美學與藝術社會學》中指出，「英國藝術委員會在報章上被批評過於保守、菁英主義與小圈圈，無法對社會大眾負責。這些衝突的核心問題是『什麼是美感價值？』」[12]她指出英國藝術委員會失敗的保守政策，長久以來遲於對當代藝術，例如照相、建築與複合媒材進行補助。最主要的問題在於藝術委員會與當代藝術批評家二者有許多不同的標準與觀念，藝術委員會使用傳統的美學標準去評量前衛藝術是危險的。藝術委員會的決策有時是一種假民主，通常只會選擇平庸的作品。此與Lionello Venturi在*History of Art Criticism*所談的：「最主要的問題是不信任現代，以及對希臘藝術美感的盲目信仰；當面對傳統與現代的衝突時，當然是給予傳統的支持。」[13]Janet Wolff也一樣批評說：「傳統的標準是非常不適當的，他們不允許考慮通俗藝術或者超出藝術界或文學界主流的作品。」[14]

不只是對藝術委員會菁英主義品味的批評，甚至是美學標準的主客觀爭議。一方面，支持傳統美學理論的人傾向於相信客觀的美學價值，運用單一的標準從事判斷。另一方面，支持當代藝術的人，傾向於

---

[11] Sung-Bong Park, *An Aesthetics of the Popular Arts: An Approach to the Popular Arts from the Aesthetic Point of View* (Stockholm: Uppsala, 1993), p. 114.

[12] Janet Wolff, *Aesthetics and the Sociology of Art* (London: William Clowes Ltd., 1983), p. 49.

[13] Lionello Venturi, *History of Art Criticism* (New York: E. P. Dutton & CO., INC., 1964), p. 140.

[14] Wolff, loc. cit.

主張美感判斷的主觀本質，指責傳統的美學家太過於心胸狹隘。Janet Wolff 寫道：「他們通常都毫無疑問的相信，這種標準確實存在或者可以建立。Sir Roy Shaw（英國藝術委員會執行長）很明顯的就是這樣的人。」[15]

因此，美學的爭議通常起因於美學標準的衝突、人們不同的品味，及其對補助機構的影響，特別是在前衛藝術、通俗美學與傳統美學標準之間的不協調上。

二、政治

傳統康德學派的美學家主張藝術與政治無關，他們意圖遠離政治對藝術活動的影響，保障藝術家表現的自由，且不必懼怕政治的迫害。除此之外，政治的意圖往往會阻礙最高程度美感的追求，例如Vernon Hyde Minor寫道：「Roger Fry的文章清楚傳達美學家在藝術史與藝術批評上的地位，他強烈地依賴形式的了解（形式主義）……，而很少看到藝術與生活有任何關聯，如同康德一樣。Fry相信藝術是一個特別的知識領域，與日常的經驗區分開來。」[16]因為Fry與Clive Bell一樣在廿世紀初支持英國的現代抽象繪畫運動，強調藝術自由與形式主義的重要地位，形成排拒政治影響藝術活動的一個極端。

另一個極端為前蘇聯與德國的納粹，藝術家表現的自由被迫屈服於政治人物與政黨的企圖之下，例如社會寫實主義藝術家的繪畫，是為了

---

[15] Ibid., p. 50.

[16] Vernon Hyde Minor, *Art History's History* (New York: Abrams, 1994), p. 137.

滿足政治的目的而創作。這種「爲藝術而藝術」的主張被「爲政治而藝術」的訴求所取代。Zhdanov認爲藝術是社會的工程，把藝術當成政治的教條，藝術的價值完全以政治的術語來界定。[17]除此之外，廿世紀重要的藝術與設計運動，Bauhaus在其結束前也受到政治強力的干擾，到了1933年終於在納粹政權強迫下關閉。就這個議題來說，Stuart Sim客觀分析政治干預藝術的優劣如下：這種干預的積極面是它鼓勵藝術家積極扮演社會政治的角色，了解權力的運作，不管它是好或不好；負面的是可以看到審查與扭曲，導致俄國史達林主義者激烈地把階級鬥爭的原則應用到藝術創作。[18]

爲了預防政府的控制，並保障表現的自由，英國藝術委員會被安排在一個沒有政治干預的位置，它是世界唯一在「臂距原則」保護之下的藝術補助系統，與美國、法國和前蘇聯不同。「臂距原則」是一個戰後保守黨與工黨的共識，以減少政治動盪對藝術的影響，因此，委員會的主席、執行長與委員在執政黨改變時不必被撤換，他們的提名也是中立而不受政黨政策的影響。

這個系統被設計爲「藝術委員會是爲了藝術家而設」，但不管原則多好，政治的力量仍直接或間接地滲透藝術委員會，在與其執行長Sir Roy Shaw的訪談中，他說：「臂距原則是非常重要的，如果沒有此原則，我不可能在藝術委員會裡工作，我不相信政府，但是這個原則只能減低政治干預，亦不能完全避免。」[19]Milton C. Cummings在他的著作*The Patron State*也作了同樣的評論：「藝術計畫承受政府決策的政治壓

[17] Stuart Sim, 'Marxism and Aesthetics,' *in Philosophical Aesthetics: An Introduction*, ed. Oswald Hanfling (Milton Keynes: Open University Press, 1994), p. 470.

[18] Ibid., p. 445.

[19] Roy Shaw, interview by author, 1 July 1996.

力是很明顯的，完全隔絕政治的影響不可能也不應該發生……政治干預藝術是無法避免的，判斷有時候必須在政治及美學的基礎上進行，……這種政治支持的變動有時候隱約的像美學的判斷一樣重要。」[20]

許多人如Roy Shaw 與 Hugh Jenkins認為政治干預對藝術的自主有負面的影響，但另一些人卻給予正面的評價。例如Arthur C. Danto批評Greenberg傳統的批評觀念，並且說：「康德學派的美學很適當地提供保守主義的批評家，排除與藝術無關的工具性嘗試，例如對人類權益的服務，特別是政治利益。『藝術到底與政治有何關係？』……『根本沒有』。」[21]他強調後現代藝術運動的藝術與政治的價值，例如觀念藝術、極限藝術、行動、Fluxus等等。部分藝術家的作品有很強的政治動機，卻沒有傳統的美感品質，因而被康德學派的美學家所排拒。因此Danto強調：「古典美學理論無法適用於『藝術死亡之後的藝術』（art at the end of art），因為這些當代藝術似乎是同時在嘲諷美學的品質——它們剛好立基於古典美學拒絕承認的基礎上。」[22]

在文化政策的領域上，Cummings給予政治影響藝術正面的評論。他說：「政治是民主社會人民決定如何花錢的方式，至少要求選舉的民意代表設定標準與藝術政策的目標——決定支持什麼樣的藝術、他們的錢如何花。重點要放在品質或數量上，必須是完全適當的。」[23]

Roy Shaw 與 M. Cummings以不同的態度面對政治與文化政策，預告了英國的ACGB與美國的NEA面臨不同問題的一些啓示。前二機構在

---

[20] Milton C. Cummings and Richard S. Katz, eds., *The Patron States* (Oxford: Oxford University Press, 1987), pp. 16, 359.

[21] Arthur C. Danto, 'From Aesthetics to Art Criticism and Back,' *The Journal of Aesthetics and Art Criticism*, 54, No.2 (Spring 1996): p. 108.

[22] Ibid., p. 107.

[23] Cummings, and Katz, op. cit., p. 359.

決策過程中都有不同程度的政治影響，分別顯現其優點與缺點。

三、經濟

經濟從古到今一直都是影響藝術家與文化政策決策者一個非常重要的因素，就歷史而言，藝術活動的發展一般與經濟的盛衰息息相關。例如，文藝復興時期，世界貿易的中心在地中海，因而此地的藝術發展非常的繁榮；但是當世界貿易的中心由地中海移往西歐時，該地的藝術活動就逐漸萎縮了。

對藝術家來說，經濟的獎助與贊助是他們生存的重要因素，他們曾仰賴宮廷、教會與貴族的支持。Arnold Hauser 在他的著作*The Social History of Art*寫道：「藝術只有在獨立於巫術與宗教、教育與實用，其主人可以支付奢侈的玩樂之後，無目的的（純）藝術才得以產生。」[24]

以文化政策來說，經濟資源的多少會影響決策的制定。Cummings主張西方世界的文化政策趨勢緊跟著世界的經濟波動起伏。一般來說，藝術處於邊緣的地位，是贊助的最後考量，也是刪除預算的最優先考量。Cummings談到政府對藝術補助的歷史發展說：

> 歐陸的許多國家，藝術部會1930年代即已設立，其他地方公立機構大約於1940年代（英國）、1950年代（愛爾蘭、加拿大），或者1960年代（美國）建立。自從那個時候開始，政府參與藝術文化的補助增加了好幾倍，通常在1940年代開始緩慢成長，1950年代開始加速擴張，有些

[24] Arnold Hauser, *The Social History of Art Volume I* (London: Routledge, 1989), p. 72.

國家在1960年代達到高峰，有些則到了1970年代。但是因1973年與1979年的石油危機的影響，在1975至1985年之間這種持續的成長就結束了，藝術的提倡受到政府大量刪減補償的威脅。[25]

由此可知，經濟的成長與否，深深影響藝術補助的多寡。英國與其他已開發國家相比，藝術委員會的年度補助款呈現同樣的趨勢，反應其經濟興衰的波動。它的年度補助款從1946年到1965年之間小幅成長，在1966年與1973年之間突然急速擴張，但在1973年石油危機之後，藝術長而寒冷的冬天開始了。這種情形逐漸惡化，1979年柴契爾政府大舉刪除公共支出，更改國家補助的文化政策爲私人贊助。這個趨勢顯示文化政策無法逃避一般政府政策的影響，問題是當經濟衰退時，不但政府無法提供足夠的補助給藝術界，連私人與企業也自顧生存，不願花錢在藝術贊助上。

就經濟來說，在藝術補助上也有「國家補助」與「自由放任」的爭議，一方面，有些人主張藝術如福利國家的住宅、教育、國民健保等是生活品質的重要部分，可以提供娛樂與提升精神生活的品質。此外，透過文化產業、旅遊與都市再生等方式，藝術對國家的經濟有相當大的貢獻，因此國家有責任與義務來贊助藝術與文化，以豐富民衆的精神生活，提升經濟的競爭力。例如英國藝術委員會在*A Creative Future*一書中主張：「藝術必須被公共的資源所補助，由於它是重要的，所以補助可以使民衆以更多種的方式享受更多領域的藝術。公共的資源保障個人喜好，而不是讓個人的財富成爲接觸藝術的關鍵；它可以使最好的作品

[25] Milton C. Cummings, and Richard S. Katz, eds., *The Patron States* (Oxford: Oxford Univ. Press, 1987), p. 350.

讓更多的人欣賞，並幫助藝術繼續成長」。[26]

Oliver Bennet總結政府支持文化的理由如：「自由創作、國家聲望、經濟的重要性、文明的目的、導正市場、戰後重建與福利國家。」[27]

另一方面，有些人主張「自由放任」與「自由市場」的政策，認爲政府沒有責任補助藝術。David Sawers在其右派機構The Institute of Economic Affairs所出版的著作*Should the Taxpayer Support the Arts?*寫道：「在大多數的西方國家都認爲政府支持藝術是中央或地方政府支出的正常特徵，但是一直到50年前英國政府才採取補助的角色而不是間歇補助。從16到20世紀，英國的藝術發展主要是受有影響力的個人所資助」。[28]

一般來說，左派的政府較傾向補助藝術家，把藝術當成福利國家的重要部分。但是Sawers卻反對政府補助藝術。他主張：

1.在英國，沒有重要的藝術補助是必須或令人期望的。2.補助是不需要的，因為英國的文化遺產是在沒有政府的幫助下創造出來的。3.補助是不受歡迎的，因為享受藝術的人好像都比付費的人更有錢。4.任何未來的補助必須幫助文化資產的保存，增進年輕人的藝術知識，符合地方的需求。5.博物館應不斷減少補助。6.學校應提升藝術教學。7.地方政府應可以使用其年度收入，自由地補助藝術。8.從國家彩券所得利潤不應被用來補助藝術。9.未來的藝術補助應由教育部負責，國家遺產部

[26] The Arts Council of Great Britain, *A Creative Future* (London: HMSO, 1993), p. 9.

[27] Oliver Bennet, ed., *Cultural Policy and Management in the United Kingdom* (Warwick: Warwick University, 1995), p. 20.

[28] David Sawers, *Should the Taxpayer Support the Arts*? (London: The Institute of Economic Affairs, 1993), p. 9.

與藝術委員會應廢除。10.藝術的發展應留給個人，國家的主要角色應該是教育者而不是藝術的補助者。[29]

他的主張有很強烈的保守黨色彩，他們不願意政府補助藝術，而是熱衷於推動商業贊助，甚至主張廢除藝術委員會與國家遺產部（即文化部）。他的主張表面上很有道理，但是只要比較爲何法國、義大利擁有非常豐富的文化遺產，而英國卻相對較少且水準差距很大，便知國家是否長久補助藝術與文化是一個很重要的原因。

上文試著呈現經濟因素與其他因素的互動，以及在政策制定的過程中，國家補助與商業贊助之間的爭論。

四、道德

道德在文化政策的決策過程中，有一正面或負面的複雜關係。相關議題如藝術可提升國民道德素養或藝術會敗壞人心等。有些哲學家認爲藝術對社會道德與教育有提升的價值，應該鼓勵；但部分哲學家又認爲藝術會腐化人心，應該查禁。從積極面來看，藝術不僅提供一般民衆的審美經驗，它也提升人們的道德情操，增進工業時代的競爭力，這也是英國政府從十八世紀開始補助博物館的原因之一。

相反的，如果藝術的內容或形式過於煽動或色情，常因社會秩序的考量，招徠當局的查禁。特別是表演藝術可能聚集群衆造成暴動，所以英國政府在媒體尚未發明而威脅傳統藝術的生存以前，長久以來便限定

[29] Ibid.

表演藝術的演出只補助視覺藝術的活動。

談到藝術與道德的爭論，Anne Sheppard在其著作*Aesthetics*談論歷史上藝術與道德的關係，她強調藝術在道德的重要性：「首先，藝術與自然美二者都有自身的價值，……除此之外，藝術確有道德價值；藝術擁有道德的影響力，給予我們對他人的洞察力，並且以細膩而非直接的方式灌輸價值與態度。」[30]例如教忠教孝的傳統戲劇。

除了藝術與道德的議題外，色情、淫穢與藝術也是另一問題。裸體從古到今一直是繪畫、文學、雕塑、攝影、舞蹈、電影等藝術的重要題材，但是色情、淫穢與藝術彼此之間並沒有明確的界線，因此爭議常常發生。一方面，衛道主義者指責藝術家的作品色情、粗俗、骯髒、淫穢與無禮，他們的道德標準通常與宗教的教義及傳統的習俗有關聯，使問題更加複雜。另一方面，藝術家強調他們有自由表現的權利與藝術的自主性，反對任何道德的責任、宗教禮俗或色情的查禁。特別是1960年代之後，後現代的前衛藝術家故意反抗傳統的道德價值，並且刻意挑戰社會禁忌，在保守與自由人士之間挑起一連串的緊張關係。因此，政治查禁（censorship）常常被一般民衆拿來討論。針對這個議題，Anne Sheppard主張：「查禁限制了表現自由，一個社會，藝術家可以自由創作他們的喜好，比一個社會，其人民被保護著遠離那些邪惡的影響更理想；成熟的大人應能控制對藝術的反應。」[31]但是，爭議藝術對兒童與青少年的影響是一般成人所共同關心的議題，因此，爲不同觀衆作不同等級文化產品的分類之事被廣爲接受，目的是爲保護青少年與兒童。

藝術、色情與淫穢的區別是模糊的，所以對文化政策的決策者來

[30] Anne Sheppard, *Aesthetics: An Introduction to the Philosophy of Art* (Oxford: Oxford Univ. Press, 1987), p. 153.

[31] Ibid.

說，在提升藝術水準與不被指責浪費納稅人的血汗錢去補助色情藝術之間，是很困難的議題。一個很有名的爭議是美國同性戀攝影家Robert Mapplethorpe的回顧展，挑起全美國自由派與保守派人士之間的衝突，更引起了廣泛國際的注意。這個回顧展引發了許多問題，例如「它是藝術品嗎？」「它是好藝術品嗎？」以及「這種道德存疑的作品值得納稅人的錢來補助嗎？」這些對於文化行政的決策者來說，都是不容易回答的問題；即使是美學家也一樣，特別是美學與道德的標準，在後現代中一樣模糊。Zygmunt Bauman描述道：「我們團體的道德責任漫遊在漂浮不定的大海裡，不確定性通常是道德抉擇的歸宿。」[32]這種社會環境就是人們所生活的後現代世界，而不確定也常成爲爭議的來源。

五、媒體

媒體是溝通訊息的重要工具，也是人們取得訊息的主要來源之一，在藝術爭議的過程中扮演著相當重要的角色。其重要性並不亞於美學、政治、經濟、道德等其他因素。

媒體的形式有很多種類，如電視、廣播、報紙、網路等，本段之論述重點以報紙爲主。以英國來說，其報紙依不同社經地位的閱讀群衆，可分爲不同的階層，如倫敦時報（*The Times*）是屬於中上階層的讀者閱讀的，太陽報（*The Sun*）與鏡報（*The Daily Mirrow*）則是屬於勞工等中下階層的報紙，所以其報紙封面常常不是我們認爲的頭條新聞，而是衣衫撩人的裸體模特兒的寫眞照片。

[32] Zygmunt Bauman, *Postmodern Ethics* (Oxford: Blackwell, 1993), p. 222.

除了不同社會階層之外，黨派的色彩也十分濃厚，例如*Guardian*是工黨左派色彩濃厚的報紙，*Spectator*則是右派保守黨的傳聲筒，言論保守而且偏右。就如台灣的民視偏民進黨左派的色彩一樣，中視則偏傳統的右派國民黨，這些不同黨派與不同社會階層的報紙在傳播訊息或爭議時，可能會有很大的區別與不同的觀點。有些報紙或記者客觀地報導事實，不加個人的意見；有些不但是歪曲事實，而且加入主觀的偏見，甚至帶有濃厚的政治立場。因此，在閱讀報紙或觀看電視，取得資訊時要非常小心，應當判斷其報導是否公正客觀。

在多元開放的社會，常發生「同樣的事件，但報導或解釋卻不同」的窘境，令讀者不知所措，或無法了解眞相而疑惑不已。因此，了解媒體的特性是研究文化政策與藝術爭議的先決條件，否則難以客觀了解事實，分析問題，甚至判斷是非與對錯。

從以上的討論，影響文化行政決策者的因素不只是美學，還有政治、經濟與道德、媒體等。這種複雜的程度被後現代道德與美學標準的模糊性所加深。因此在制定文化政策時，從哲學與社會學的角度思考美學、政治、經濟、道德與媒體等因素是不可或缺的。另外，政策制定所引發的爭議，可以被視爲改進藝術與文化政策的正面經驗。

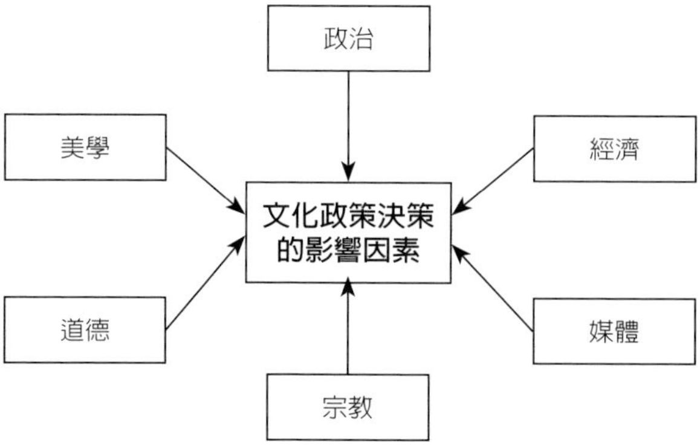

圖4-1　文化政策決策的影響因素

第二節　文化政策爭議的起因

文化政策爭議的原因很多，下文擬從藝術與美學標準的模糊性、思想觀念的轉變慢於物質文明的進步，教育程度、宗教信仰、社會背景、經濟地位的不同，與民主社會言論與創作的自由論述：

一、藝術與美學標準的模糊性

藝術是人爲的活動或產品，它可以是自然的模仿、思想情感的表現、抽象形式的構成或觀念的傳達，並引發觀賞者情感的共鳴者。它爲一種開放性的活動，強調創作材料、形式與內容的創新與多元，因爲其創新性與多元性，尤其是前衛藝術創作，經常引起一般民衆的驚訝、質疑與反彈。

傳統的美學判斷藝術好壞的標準，例如統一性、複雜度、強度；但也因爲後現代藝術創作的多元性，而無法令人信服。因此，當代美學缺乏可靠的評判標準，若運用在文化政策的決策標準上，常會形成各說各話、衆說紛紜的局面，爭議也悄然而生。

二、思想觀念的轉變慢於科技文明的進步

藝術隨著政治的民主與科技的發展不斷地演進，但整個社會民衆思想觀念的轉變並沒有辦法如科技文明的改變一樣快速。因此，部分前衛藝術家的創作，一味地追求科技的發明與創新，導致很多前衛藝術的展

覽與作品，讓一般民衆無法了解與接受。藝術史上這種例子不勝枚舉，例如杜象的作品「泉」、安迪沃荷的「Brillo Box」與Jeff Koons的色情雕塑、村上隆的動漫藝術在羅浮宮展出等，都引起相當大的爭議。這麼一來，面對不斷挑戰社會禁忌的新的藝術潮流，便常有衝突與爭議產生。

另外，文化政策制度與法規也常有跟不上科技革新的情形，例如攝影於1839年左右發明，一直到1970年才被承認爲藝術，列爲文化政策補助的對象；當代人工智慧（AI）所創作的繪畫，也引起是否爲藝術作品的爭論。藝術家與科學家總是走在時代尖端，其創作出來的藝術作品通常要經過一段很長的時間，才能慢慢被一般民衆接納爲藝術。文化政策法規的訂定，例如智慧財產權的保護也常常落後於科技的創新。

三、教育程度、宗教信仰、社會背景、經濟地位的不同

一般民衆個人的思想觀念，因教育程度、宗教信仰、社會背景、經濟地位的不同而有相當大的差異，因此，對於同樣的藝術品卻有相當不同程度的反應。一般來說，民衆教育程度高，社會背景與經濟地位優良，對前衛藝術的接受程度也比較高，較喜歡多元性的藝術表現。但對於位處一般社會階層的民衆，每天忙於工作，滿足基本的溫飽，就只能接受傳統美、寫實與技巧優異的作品。當看到奇奇怪怪的前衛藝術作品，第一個直覺的反應就是「浪費納稅人民的血汗錢」。

另外，藝術家故意挑戰宗教與族群的禁忌（taboo），更令一般民衆難以容忍。例如美國藝術家A. Serrano將耶穌基督受難雕塑泡入尿液

並拍照巡迴展覽（Piss Chirst），並且還獲得NEA官方的補助，在美國引起軒然大波；台灣的藝術家也將媽祖神像貼滿新台幣，作爲裝置藝術展出，同樣引起地方人士的譴責。有些前衛藝術家的爭議創作出於無心，但是有些藝術家的創作卻是有意的——意圖利用爭議，提高自己的知名度，卻造成文化政策人員與一般民衆的困擾，讓政治人物甚至揚言裁撤藝術基金會。

四、民主社會言論與創作的自由

後現代的民主社會，強調言論與創作的自由，藝術家可以選擇創作各種不同的材料、形式與內容。所謂的「什麼都可以」（anything goes），大膽挑戰社會禁忌，例如宗教、性、性別、同性戀、種族等社會敏感的議題。尤其是後現代，很多藝術家創作的目的，不是在表現傳統藝術與美學的美感，而是把藝術當作對於政治不滿的訴求，因此作品的政治意味十分濃厚，缺乏任何傳統美學的美感。如果一般民衆的政治立場不同，加上言論自由與媒體的推波助瀾之下，文化政策爭議就越容易發生，甚至形成自由與保守陣營的強烈對立。例如美國的爭議個案，同性戀攝影家Robert Mapplethorpe的回顧展「完美時刻」（The Perfect Moment）就是一個相當典型的例子。

本章下文選擇發生於1976年英國的文化政策爭議個案——泰特畫廊的磚頭（Tate Gallery bricks），與1989年發生於美國的完美時刻個案，從美學、政治、經濟、道德、媒體、文化政策等角度，分析解釋整個爭議的起因、過程與得失，作爲文化政策及相關人員的參考。

分析這些爭議個案，可以了解很多不爲人知的文化現象，如思想觀念的差異，美學、政治、經濟、道德、媒體、文化政策在衝突中所扮演的角色、新的藝術潮流訴求等，即爭議個案的研究融合了藝術史、藝術批評、美學、藝術創作、藝術社會學等領域的相關知識，提供了實際發生的爭議個案，將理論應用到實務中，再由實務思考理論的正確性，二者相互激盪，並從中了解藝術爭議過程中的文化現象，作爲改進文化政策的參考。

傳統文化中行政人員、藝術教育工作者及一般民衆對於文化政策爭議的看法都是負面的，認爲就是因爲工作不力才會引發爭議，造成民怨。其實，文化政策爭議有它相當重要的正面價值，有些存在已久的問題一直沒有被討論的機會。尤其是後現代的藝術家刻意挑戰傳統的禁忌，把同性戀、種族、性別、宗教、弱勢族群等問題揭發出來。對部分人來說難以接受，但是它已是存在的事實，如不解決，甚至可能成爲重大衝突的導火線。藝術提供一個探討社會議題的空間，溝通觀念的差異，有助於世界的和平與穩定，以及人與人之間問題的了解，避免仇恨日積月累，無法宣洩，最後用恐怖攻擊的手段表達不滿，造成世界的動盪。因此，在一個世界性的藝術補助研討會中，編者結論：「不管對藝術的贊助看法有多大的不同，沒有一位專家會否認藝術有帶來和平的潛力。」[33]

[33] Charles A. Rily, 'Introduction' in Olinn Robison, Robert Freeman and Charles A. Rily (eds.) *The Arts in the World Economy* (Salburg: University Press of New England, 1994).

第三節　泰特畫廊的磚頭爭議個案

「泰特畫廊」的磚頭爭議事件[34]是英國1960年代以來最嚴重的藝術爭議事件，其知名度有如美術史上法國印象派的畫展一樣，因爲對藝術認知的差異，造成當時社會相當大的震撼。民衆質疑爲何在國家經濟衰退之際，泰特畫廊卻從美國高價買進英國可以自行製造的磚頭？而且磚頭就是磚頭，怎麼會是藝術品呢？雖然民怨四起，媒體交相批評，但是泰特畫廊仍不爲所動，其中原因爲何，值得我們深入探討。

一、個案描述

泰特畫廊（Tate Gallery）身兼英國國立現代美術館及英國美術館二職，專門收藏廿世紀之後的「各國現代藝術」及有史以來「英國藝術家的作品」。由於身爲現代藝術館，又採取所謂的「冒險式」（adventurous）的收藏策略，因此自建館以來可說是爭議不斷。尤其以該館1972年向美國雕塑家卡爾．安德魯（Carl Andre）購買的極限主義（Minimalism）雕塑Equivalent VIII，所引起的風波是英國最具代表性的現代藝術爭議事件，也開啓了往後一連串藝術爭議的先河。

[34] 改寫自簡瑞榮，《藝術爭議探析及其對文化行政與藝術教育的啓示》，嘉義：得裕印刷公司，2002。

圖4-2 卡爾安德魯與其爭議作品「磚頭」

來源：Frances Gibb, 'Brick-pile "sculpture" in one-man show', *Daily Telegraph*, Mar. 16, 1978.

事件起源於1972年時，泰特畫廊透過照片，向紐約市的約翰．韋伯（John Weber）畫廊以祕密的價錢，購買卡爾．安德魯（1933年生）於1966年創作的一件無題的（untitled）極限主義雕塑，由120塊磚頭排成二層6x10的長方形[35]，這件作品被登錄在該畫廊1972-74雙年刊的第73-74頁中，作品編號T1534。

英國自1973年石油危機以來，經濟嚴重受挫，失業率大幅上升，政府財政困難，各項公共支出都受到相當的關注。因此，當倫敦的週日時報（*Sunday Times*）在1976年2月15日披露了泰特畫廊以4,000英鎊的高價向美國購買了120塊磚頭「藝術品」之後，馬上引起其他媒體的高度關注。由於媒體的炒作，隔日各大小報及地方報都以極明顯的篇幅，報導此一令全民震驚與憤怒的消息。因爲在國家經濟困頓、人民大量失業

[35] See Editorial, T1534. Untilled. 1966, *The Burlington Magazine*, 877, April, 1976.

之際，泰特畫廊竟然浪費公帑，從美國高價進口「磚頭」當作藝術品收藏，更因泰特畫廊始終不願說出實際的收藏金額，因此謠言滿天飛，例如每日郵報（*Daily Mail*）報導「泰特花了4,000英鎊買磚頭……但是本郵報保證你可以買更便宜的」[36]，太陽報則報導6,000英鎊[37]，但實際的金額卻不得而知。

除了價錢多少是一項爭議之外，媒體還透露這些磚頭並不是「原作」。因爲當泰特畫廊在1972年看到照片，要購買這些磚頭時，安德魯在1966年展覽期間因找不到買主，早已把它退回給磚廠，要回金錢。[38]而安德魯接到泰特畫廊的通知，再回到原磚廠訂貨時，該磚廠早就倒閉了，於是他只好自己再去買其他磚廠的磚頭當代替品，附上如何排列的說明書，然後送到英國。因此，泰特畫廊所收藏的磚頭並非1966年展覽時的「原作」，遭到媒體的揭發與批評，因爲「單一的原作」對傳統藝術來說極爲重要。

事實上，安德魯的磚頭自1972年就收藏在泰特畫廊的庫房，而且好幾年前就已是藝術品了，一直到1976年2月15日由週日時報披露在泰特畫廊出版新的雙年刊時，大家才知道這回事。[39]因其相當具有「新聞價值」，所以2月16日英國各地的大小報紙便大肆報導此消息，而且不分青紅皀白地嚴加批評「磚頭就是磚頭，怎麼會是藝術！」有些報紙甚至在頭版附上磚頭的照片，並用極其尖酸苛薄的語氣，批評泰特畫廊浪費納稅人民的血汗錢，因而得到很多民衆的呼應。因此，2月17日有很多報紙紛紛刊出許多人在泰特畫廊外疊磚頭的照片，以挖苦及諷刺泰特畫

[36] Leslie Watkins, 'Brick-a-brac Art', *Daily Mail*, Feb. 17, 1976.

[37] Anon. '6000 Brick pile starts art row', *The Sun*, Feb. 16, 1976.

[38] Arts reporter, 'Tate Gallery defends purchase of bricks', *The Times*, Feb. 17, 1976.

[39] Robert B. Semple Jr., *New York Times*, Feb. 18,1976.

廊竟然把磚頭當藝術品收藏一舉。由此可知，媒體及民眾的認知與泰特畫廊相去甚遠，隨手可得的磚頭竟然可以搖身一變成為藝術品，令人不敢苟同。

圖4-3　抗議民眾於泰特畫廊外排磚頭，嘲諷泰特畫廊購買磚頭

來源：Leslie Watkins, Brick-a-brac Art, *Daily Mail*, Feb. 17, 1976.

有趣的是泰特畫廊的發言人說：「因為這次的爭議，它（卡爾安德魯的磚頭）從庫房被故意移出來排好」[40]，讓一般民眾能一看磚頭的眞面目，其目的無非是要澄清外界的誤會，增進民眾對現代藝術的了解。因此，每日電訊報的標題為「群眾爭相觀看磚頭」，報導著：「通常享受寧靜的泰特畫廊，當一大群民眾擁入觀看這個由120塊磚頭所組成的現代藝術品，昨天顯得熱鬧非凡。」[41]里茲的晚報則畫了一幅有趣的漫畫，兩個西裝筆挺的中年人站在家門前聊天，其中一人說「我已經決定

[40] Richard Lay, 'But the Arts Minister is very happy about it all', *Daily Mail*, Feb. 18, 1976.

[41] Ann Morrow, 'Irreverent art crowd go to see "Bricks"', *Daily Telegraph*, Feb. 17, 1976.

圖4-4　里茲晚報的嘲諷漫畫

來源：Load of bricks, *Evening Post*, Leeds, Feb. 17, 1976.

圖4-5　藝術教師向學生說明如何欣賞磚頭

來源：Brain Steel, 'What is it, star of the show,' *Daily Express*, Feb. 18, 1976.

把這房子敲掉，把磚頭賣給泰特畫廊」[42]來諷刺泰特畫廊的愚蠢。

配合磚頭的展覽，英國有史以來兩位最偉大的風景畫家之一的康斯塔布爾（Constable）剛好也在泰特畫廊舉行二百週年的紀念畫展，因此吸引了成千上萬的群眾參觀。每日快報（*Daily Express*）報導「『那是什麼？明星的演出！』證明無用的磚頭仍有很大的吸引力，它是倫敦最成功的群眾吸引者，遊客群集在它旁邊，來訪的藝術教師詳加說明……66歲的管理員已記不得有哪一個展覽可以有同等的魅力。」[43]

由於報紙的宣傳，使得磚頭的聲名遠播，加上康斯塔布爾的兩百週年紀念展，使得參觀畫廊的人潮洶湧，始料未及，而泰特畫廊的行政人員暗自竊喜。羅門．瑞德（Norman Reid）館長說：「我很高興一件現代藝術品可以在報紙引起這麼大的注意力。我們通常很難受到媒體的注

[42] Load of bricks, *Evening Post*, Leeds, Feb. 17, 1976.

[43] Brain Steel, 'What is it, star of the show,' *Daily Express*, Feb. 18, 1976.

意。」[44]

有趣的是2月23日每日快報報導：「泰特畫廊副收藏員理查．摩裴特（Richard Morphet）昨天宣布『不要再送任何東西給我們』。泰特畫廊在付了好幾百英鎊，去美國買磚頭當作『低雕塑』（low sculpture）之後，已經充斥著民眾所捐贈的所謂『藝術品』。」[45]許多民眾爲了抗議泰特畫廊把磚頭當做藝術品，因此把家中的破銅爛鐵全都捐給泰特畫廊，使得泰特畫廊不勝其擾而做了如上的宣布。民眾這個舉動顯示英國式的幽默與嘲諷，讓藝術管理者啼笑皆非，也顯示出藝術與非藝術之間的難以區分。爲什麼只有從美國買來的磚頭是藝術，英國本土的破銅爛鐵難道不是藝術？難道英國也有外來的和尚會唸經、美國的月亮比較圓的媚外情結嗎？除此之外，每一天泰特畫廊收到上百封的來信——抗議的多於支持的。[46]

每日電訊報（*Daily Telegraph*）也報導：「昨天是一個像春天一樣暖和的日子，大批群眾在泰特畫廊外排隊等著看康斯塔布爾和爭議的現代藝術展。這是第一次泰特畫廊有史以來在週日早上開放參觀，……畫廊每日的參訪者多了好幾倍。」[47]針對這種現象，羅門館長很樂觀地說：「我不得不因這次的爭議而高興，它引起社會大眾對藝術的興趣……我很確信人們在未來將會用不同的眼光看它（磚頭）。我們希望讓人們來看看，即使他們討厭這個展覽。」[48]

然而，上述的榮景在2月24日卻馬上有了戲劇性的轉變，捍衛者報

[44] Reporter, 'Tate Gallery silent on price of artistic pile of bricks', *Daily Telegraph*, Feb. 16, 1976.

[45] David Richardson, 'Tate brushes off vacuum cleaner artist', *Daily Express*, Feb. 23, 1976.

[46] Ann Morrow, 'Artistic hopeful inundate Tate with brick-a-brac', *Daily Telegraph*, Feb. 23, 1976.

[47] Ibid.

[48] Ibid.

（*Guardian*）報導：

「英國最著名的磚頭，昨天更出名，在泰特畫廊展出的卡爾安德魯雕塑受到野蠻的攻擊，整個表面沾滿了藍色的顏料。動機顯然不是要增加磚頭外觀的美感，而是要抗議泰特畫廊不應該用納稅人的錢去買這些磚頭。

畫廊的發言人說：『一位男士在下午4點40分，把藍色的蔬菜顏料倒在磚頭上，它是一種可以處理的顏料，所以當這些磚頭在清洗時必須暫時移走。……我了解他是在生氣這個畫廊買了磚頭，做為一個納稅人把他的感覺讓公眾知道……。』

昨天晚上這個無名的破壞者挑釁地出現在鎂光燈下，對他的行為絲毫不覺得羞恥。彼得．史都瓦．菲力普，廿七歲的倫敦廚師，對他的行為感到驕傲並表達看法。……他厭惡納稅人的錢被用來買磚頭，錢被浪費亂花。」[49]

這種抗議的舉動比起前次只是捐贈一些破銅爛鐵還要強烈的多，還好食用色素可以用清水清洗，不會對藝術品造成永久的傷害。這種抗議方式已不再是英國式的幽默，而是輕度的暴力，以表達其對泰特畫廊購買磚頭當成藝術品的不滿情緒。這種反應也是深藏於英國人內心深處的民族性之一——激進挑戰權威的左派思想。

雖然經過2個月的磚頭風暴，泰特畫廊在其12月10日新出版的雙年刊中明確地表示：「泰特畫廊購買卡爾．安德魯的磚頭所引起的爭議，並不會阻止其他當代藝術品的收藏……爭議已經成爲當代藝術發展的特

[49] Nicholas de Jongh, 'A hue and cry at the Tate', *Guardian*, Feb. 24, 1976.

質。」[50]顯然泰特畫廊的主事者很能了解當代藝術的爭議特質，而且不畏媒體的批評與外界的壓力，很有擔當，令人敬佩。

卡爾·安德魯的磚頭在1976年2月22日被潑食用色素之後，經過一段時間的清洗與維護，在1977年2月23日左右又重新展出，而且與另外兩件安德魯的雕塑一齊展覽。媒體報導：「兩件被惡名昭彰的泰特畫廊磚頭製造者所創作的奇怪雕塑，將被同時在畫廊展出……發言人說，『我們希望人們會來，在和其他極限藝術一齊展示的環境中參觀』，極限藝術因它簡潔的特性而得名。」[51]其目的在於將泰特畫廊收藏的三件安德魯的作品同時展出，營造一個較適當的環境，讓民眾能一睹作者作品的特色，增進對磚頭的了解。

無獨有偶的磚頭事件之後兩年，即1978年3月15日，卡爾安德魯在白教堂畫廊（Whitechapel Gallery）舉行第一次大型個展，並且對他的作品做了很多解釋。[52]而白教堂畫廊當時的館長尼可拉斯·索羅塔（Nicholas Serota），即1988年之後上任的現任泰特畫廊的館長，他對現代及後現代藝術非常熱愛，並且對當代藝術家的處境十分同情。

遺憾的是兩年前的暴力事件又在白教堂畫廊重演。1978年3月31日，「一件由卡爾·安德魯所做，價值三萬英鎊的木塊雕塑，昨天被一位抗議者破壞。『西洋杉塊』（Cedar Piece）從瑞士一博物館借展，是由好幾層的西洋杉塊所組合而成的雕塑」。[53]此次的破壞者竟然是一位來自利物浦（Liverpool）的藝術科系學生，「魯賓·魯坦，37歲，利物浦人，昨天被指控故意損壞推倒在白教堂畫廊展覽的『西洋杉

[50] Staff Reporter, 'Tate not to change policy on new art', Dec. 10, 1976.

[51] Frazer Guild, 'The Artistic bricks man does it again', *Evening Standard*, Mar. 29, 1976.

[52] Simon Freeman, 'Brick-works sculptor faces the critics again', *Evening Standard*, Mar. 15, 1978.

[53] Anon, 'Sculpture demolished', *Eastern Daily Press*, Mar. 31, 1978.

塊』」。[54]

圖4-6　卡爾安德魯與其被推倒的作品「西洋杉塊」

來源：Marina Vaizey, 'The apotheosis of the common brick', *Sunday Times*, March 10, 1978.

接著，1989年當卡爾．安德魯的兩件磚頭作品所構成部分的極限藝術展在利物浦的泰特畫廊（Tate Gallery Liverpool）展出時，利物浦的居民要求「要職務不要樹木」（jobs not trees）、「要工作不要磚頭」（works not bricks）。[55]就業問題一直是一般民眾所關切的問題，如果連就業都有問題，藝術對他們而言便只是中上階級的奢侈品。由此可知，部分英國人對美國的磚頭藝術品是如何懷恨在心，久久不能忘懷。

1976年磚頭事件之後的20年，即1996年5月5日到6月30日，卡爾．

[54] Anon, 'Bail for sculpture charge student', *Liverpool Daily Post*, Apr. 1, 1978.

[55] Frances Spalding, *The Tate: A History*, (London: Tate Gallery Publishing, 1998), p. 272.

安德魯又回到英國，在牛津現代藝術館舉行個展；泰特畫廊也在5月21日到9月8日展出佛羅立克（Froehlich）典藏的安德魯的作品。安德魯在接受訪問時回憶說：「對我而言，磚頭爭議幾乎可以確定，在我的一生中泰特畫廊不會再買我的作品，但是現在泰特有三件我的重要作品，而華盛頓國家畫廊卻沒半件。」[56]

震盪已久的「磚頭事件」雖然在當時形成很大的風波，但是在廿年後終於以喜劇收場。不過其造成「浪費納稅人的血汗錢」的誤解，仍深深的埋在一般英國民眾的心中，不斷延續到後續的爭議中；如何化解，還需要文化政策工作者的努力。

二、分析與解釋

以下擬依藝術家背景、美學、政治、經濟、道德、媒體與政策等議題，分析解釋如下：

（一）藝術家背景

卡爾．安德魯的極限主義作品不易被人們了解，因此針對他的生活背景進行剖析，有助於我們對其作品的認識。

卡爾．安德魯生於美國麻州（Massachusetts）昆西（Quincy）。他說，「我的祖父是砌磚者，在我的童年時期，我學了很多手藝。磚頭是我們生活的一部分，我們常在幼稚園後面的建築工地玩耍」。[57]

---

[56] Museum of Modern Art, Oxford, *Carl Andre*, Catalogue, 1996,

[57] Donald Walker, 'Arty Crafty', *Daily Mirror*, Feb. 17, 1976.

昆西爲一港口，其碼頭常堆滿了金屬片，準備作爲船的外殼。另外被卡車壓毀的路面，常常鋪著鐵板，讓過往的卡車輾壓，成爲以「金屬片爲藝術品，讓觀衆步行其上」的創作靈感來源。有一次安德魯開畫展，特別邀請他的叔叔來參觀，當他的叔叔興致勃勃來到展覽會場，但放眼望去，畫廊空無一物，便很納悶地問他作品在那裡呢？安德魯很高興地回答：「就在你的腳下。」

卡爾·安德魯的藝術生涯十分坎坷，並不如我們想像的順利。時報新聞（*The Times*）報導：「卡爾·安德魯40歲，祖父是砌磚者，父親是製圖員；1958年在布朗庫西的影響下從事木刻，但是早期的作品並沒有被接受，所以花了四年在賓州的鐵路局當火車的貨車煞車工來養活自己。」[58]這段經歷雖然痛苦，但是卻給他很多創作的靈感。後來他的很多作品都是用廢棄的鐵路枕木堆砌成簡單的造型，「西洋杉塊」（Cedar Piece）就是其中一件用鐵路枕木堆砌而成的重要作品。

對卡爾·安德魯來說，成功來得很晚。他在50年代及60年代早期不只是沒辦法賣出作品，甚至連免費送給別人都沒有人要。「那時期很多的作品都必須銷毀，我發現很多人都無法認眞看待我。」[59]這句話可以從下面這段描述得到證實，「安德魯在1959年一次不成功的展覽之後，一個紐約的經紀人把作品當木材燒掉並且尖酸刻薄地說，我甚至不喜歡這個火。」[60]由此可知，卡爾·安德魯早期創作時所遭遇到的挫折，及人們對他作品的誤解，畢竟民衆沒有辦法接受未經過雕琢的雕塑，也不知道極限主義藝術訴求「造形與色彩的極度簡潔」。

然而，後來事情終於有了轉機：「到了1964 年人們開始對他的作

[58] The Times Diary, *The Times*, Feb. 19, 1976.

[59] Simon Freeman, 'Brick-works sculptor faces the critics again', *Evening Standard*, Mar. 15, 1978.

[60] Frances Gibb, 'Brick-pile "sculpture" in one-man show', *Daily Telegraph*, Mar. 16, 1978.

品產生興趣，所以他離開鐵路局成爲專職的藝術家，1966年所展的八組磚頭雕塑是他在紐約市第二次的個展。他曾在古根漢、加拿大國家畫廊、瑞士等地舉辦回顧展，而且創作也從磚頭轉向其他材質——木頭、金屬片、錫。」[61]

除此之外，他對於雕塑的發展很能夠掌握歷史的脈絡和時代的走向。他說，他用物質作爲空間的切割……物質是他的主題……有一段時間，雕刻家特別喜歡形式（form），在立體主義與結構主義影響下，他們變得更喜歡（抽象的）結構（structure）。他想，他與其他當代藝術家現在已經超越那個範圍，而去思考地方（place）這個語詞。[62]所以傳統的雕塑往垂直方向發展，他則自成一格，往橫的方向去開拓，在世界雕塑史上獨樹一幟。

至於「磚頭」創作的靈感則是來自於一次到新罕布夏州（Newhampshire）的旅遊經驗。因爲寬闊的湖水，放眼望去只有一望無際的平面，看不到任何垂直的景物，他把這種感動轉爲藝術創作的靈感。因此，他將畫廊的地面全部鋪上兩層磚頭，然後挖去不同的1×60、2×30、3×20、4×15、5×12、6×10的長方形，或是純粹用磚頭排成兩層上述不同的長方形造型。「雕刻家創作靈感來自獨木舟的旅遊，雕塑要像水平面一樣的高度……，磚頭應排成兩層以免漂走，於是每層有60塊磚頭。他把它們排成六種可能當中的四種。」[63]

---

[61] The Times Diary, *The Times*, Feb. 19, 1976.

[62] Ibid.

[63] Anon, 'Brick bat', *Evening Standard*, Feb. 16, 1976.

（二）美學

卡爾．安德魯的作品最主要的爭議在於美學的問題，因爲粗俗的磚頭經過藝術家的排列，沒有雕、沒有塑、更沒有畫，就可以成爲高價的藝術品來出售，而且得到世界知名的泰特畫廊收藏。一般來說，問題在於民衆總是用傳統的眼光「技巧、美與寫實」來看待任何藝術品，而這新舊觀念上的差距就會造成誤解。在這個爭議事件中，我們可以從媒體的報導看出，一方面很多無知的民衆、記者、政客，甚至藝術評論家大肆的批評、嘲諷藝術家與泰特畫廊，例如：建築工人湯尼．史密斯說：「如果我花了好幾千元買了像這樣的作品，我會笑我自己是傻瓜。」[64]評論家凱斯．瓦特豪斯也說：「磚頭不是藝術品，磚頭就是磚頭；你可以用它來蓋牆壁，但是你不能把它們堆成兩層，然後稱呼它是藝術。」[65]70歲退休的倫敦建築工人恩斯特．雷斯布理奇先生，看了極限主義的雕塑展覽後說：「我覺得藝術家應該是能創造其他人所不能做的人，而這邊大部分的展品可以被建築工人簡單的排列。」[66]林達．惠勒也批評道：「當我看到一堆磚頭堆在屋外時，我笑了。……的確一堆磚頭可以作爲藝術品來賣是很有趣的事。」[67]兩年後觀察者報（*Observer*）也用英國傳統雕刻家吉爾伯特（A. Gilbert）的作品「勝利」來比較二者的不同，並將此維多利亞的傳統藝術讚美一番，而安德魯的作品則屬於另一個不好的極端。[68]

---

[64] Donald Walker, 'Arty Crafty', *Daily Mirror*, Feb. 17, 1976.

[65] Keith Waterhouse, 'Tate and style', *Daily Mirror*, Feb. 19, 1976.

[66] Anon, 'What the public thinks of the artist who makes up shapes like this', *Daily Mail*, Mar. 18, 1978.

[67] Linda Wheeler, 'Brick-batty', *Reveiue*, Mar. 13, 1976.

[68] William Feaver, 'banquet of boiled eggs', *The Observer*, March 26, 1978.

圖4-7 安德魯的「西洋杉塊」與吉爾伯特的「勝利」

來源：William Feaver, banquet of boiled eggs, *The Observer*, March 26, 1978.

上述的抱怨很明顯可以看出，一般英國民衆對美國極限藝術的風格並不了解，尤其是唾手可得而且粗糙不堪的磚頭，竟然可以搖身一變成爲美術館中的典藏品，令人不解。

極限藝術，包括安德魯的磚頭，1976年2月初在牛津的現代藝術館中展覽。當時並沒有引起什麼爭議，但是參展作品除了磚頭外，還有箱子、水管、白色畫布、鐵板等異於傳統藝術的材料，因此彼得．邁克提爾用很尖酸刻薄的語氣批評：

我們可能不是很了解現代藝術，但是我們很確定知道我們所討厭的是什麼。美國雕塑家卡爾安德魯的磚頭如此親切地賣給泰特畫廊，象徵民眾對於藝術的恐懼。它不只是磚頭，箱子堆在牆上、水管平放在地上、被切了好幾刀的白色畫布，對一般人來說很難不相信這是藝術家、畫廊與批評家之間的大陰謀。[69]

與傳統藝術相較，卡爾·安德魯的極限藝術「磚頭」會引起這樣負面的反應其實是很正常的，粗俗的材料、單調的造型與貧乏的內容，與傳統的精緻雕塑相去甚遠，難怪一般民衆無法了解，平凡的磚頭爲什麼可以是藝術品。

除了負面的評論外，另一方面則是部分的藝術評論家、藝術行政人員、記者及藝術家本身忙著解釋「磚頭藝術」的重要性與其價值，例如：愛德華·路西·史密斯肯定地解釋：「安德魯一方面受布朗庫西影響，一方面受杜象影響。布朗庫西是現代雕塑的純粹主義之父，杜象則是第一個認爲藝術作品可以透過環境的改變而誕生，不必由物質作物理上的改變。」[70]此評論一針見血地道出安德魯創作的歷史淵源。安德魯的雕塑一方面如布朗庫西的雕塑風格，力求造形與色彩的簡潔；另一方面又運用了杜象的既成物觀念（ready made），將物體如磚頭、木塊、金屬板等不經過雕琢，直接加以排列組合地呈現出來。放在工地就是「磚頭」，放在博物館就是「藝術品」。

安德魯說：「我並不把這些東西當玩笑，對我來說，它們是雕塑，而且是最好、最直接的雕塑，在藝術中，我需要的是寧靜與和平。但是當人們停止發問時，藝術又變得單調乏味。」[71]這段話包含了兩個值得玩味的觀念，一方面是他的作品呈現單純的造型，給人一種寧靜的感覺；可是另一方面如果藝術無法激起任何問題或爭議，則藝術界又讓人覺得單調無聊。因此，利用一些爭議來活絡藝術界，才不至於死氣沉

[69] Peter Mclntyre, 'When those bricks were displayed in Oxford', *Oxford Mail*, Mar. 9, 1976.

[70] Edward Lucie-Smith, 'Passion beneath fashion', *Evening Standard*, Mar. 30, 1978.

[71] Donald Walker, 'Arty Crafty', *Daily Mirror*, Feb. 17, 1976.

沉，這是左派藝術家的特色之一。

評論家米謝爾・邁克內則把民眾對安德魯作品的誤解與當年羅斯金對惠斯勒，及布朗庫西的作品受美國海關的誤解相提並論。「當羅斯金（Ruskin）形容惠斯勒（Whistler）的夜景畫爲『一桶油漆潑在觀眾的臉上』或當美國海關認定布朗庫西的抽象青銅作品爲進口的金屬而不是藝術作品，如同他們，波那德・雷文用同樣的眼光看待這些磚頭。」[72]畢竟前衛藝術常常容易引起爭議與誤會，有時候必須經過很長的時間才能被一般民眾了解，除了上述的例子之外，藝術史上不乏類似的例子，例如印象派、野獸派、立體派等等都有相同的遭遇。

對於這次的爭議，泰特畫廊的館長羅門・瑞德解釋說：「仇視突然爆發的原因是此作品是一般的磚頭製成，而不是木頭或石頭。或許我們應該把磚頭噴上黃金。」[73]然而，他對於買磚頭不是錯誤具有絕對的信心。瑞德館長與泰特畫廊的同仁對現代藝術的了解與信心，在整個爭議的過程中扮演著重要的角色；雖然他們是正確的，但是在輿論的交相指責下也承受甚大的壓力，到最後只有靠時間來釐清眞相，證明他們的決定是正確的。

不同的社會，對相同的藝術有不同的解釋，而且社會中存在著多種不同的想法與看法，進而表現在藝術創作上，展現出不同的樣貌。尤其在後現代的社會中，多元文化更是耳熟能詳的口頭禪，如果泰特畫廊像一般民眾一樣，只能接受重視技巧、美與寫實的傳統藝術，難免失之褊狹。1916年達達主義剛開始以反藝術的旗幟出現在瑞士，然而事過境遷，這些反藝術運動後來也被接納爲藝術。

---

[72] Michael McNay, 'Somehow, the very brickiness of the bricks seem to have offended people...', *Guardian*, Feb. 25, 1976.

[73] Michael Davie, 'The real story behind the bricks bust-up', *The Observer*, Feb. 22, 1976.

因此，如何縮小民衆與前衛藝術的認知差距是一個必須解決的大問題，否則爭議與誤會必定不斷產生。「藝術界應該用正面的解釋來看待此突發事件，獨立藝術家與民衆之間的巨大隔閡是民主被強調的結果，我們必須盡可能的弭平。」[74]意即民主化的社會意見多元又紛歧，只是應用客觀的判斷，去消弭彼此觀念之間的差異，以開放的心胸去接納不同表現的藝術品，雖然我們不一定喜歡它們。

面對一連串的爭議與批評，卡爾．安德魯很有自信的說：「今天的批評者大部分都不切題，我不擔心他們如何說，歷史會判定我，它會判定我的作品是不是藝術，唯一的問題是我能否活到判決那日。」[75]他的磚頭、木頭、金屬都在試著證明「藝術不必是複雜技巧」的結果，「我要嘗試是否可以用機器的產品來做藝術創作。……如果有些人想要模仿，用他們自己的磚頭，那只是仿冒。」[76]因此，他作品的重要性在於歷史的創舉，沒有任何藝術家想的到磚頭、木頭、金屬片等日常生活中唾手可得的東西，都可以作爲藝術創作的材料，更妙的是不用經過藝術家的雕琢與刻畫，只要去發現與安排，就可以成爲藝術。但是，當民衆覺得太容易且要去模仿時，那不是藝術而是仿作了。這與美國的抽象表現主義藝術家波洛克所受的批評有異曲同工之妙，因爲他用滴的方式作畫，被一般民衆嘲笑說「我的孩子也會，他只有三歲」。他的創作方式看似簡單，問題是他是第一個發明者，加上別人不敢這樣畫，這才珍貴。

不但如此，卡爾．安德魯在簡單的造型中蘊藏著重要的美學價值，馬丁．瑞克說：「很多人在這個心靈與物質的抽象平衡中發現深

[74] Anon, 'Brickbats', *Arts Review,* May 3, 1976.

[75] Simon Freeman, 'Brick-works sculptor faces the critics again', *Evening Standard*, Mar. 15, 1976.

[76] Ibid.

厚的意義，顯現均衡、比例與純粹的秩序。」[77]因此「對一個人來說，這一堆是在路旁建築工地價值30英鎊的磚頭，對另一個人來說，卻是價值4,000英鎊的藝術傑作。」[78]一方面看作品的時代背景，一方面也看作者的知名度與藝術機構的認定。這是旦托（Danto）的藝術世界（art world）與狄奇（Dickie）機構論美學（institutional theory）對前衛藝術論的解釋，意即只要是人造的，具有美感價值，且經過藝術世界的認定，即可稱爲「藝術品」。

（三）政治

卡爾·安德魯是共產主義的同情者，也是一位政治敏感度甚高的藝術家，他曾不客氣地指責紐約現代美術館（Museum of Modern Art）的政治干預。但是在「磚頭」這件作品中與政治並沒有任何關係，只表現單純的材質、色彩與造型。林達·摩理斯寫道：「馬克斯主義對他來說似乎是社會與經濟條件最正確與聰明的說明，但是他的藝術跟政治一點也沒有關係。……他認爲泰特爭議是文化而不是政治。」[79]

雖然「泰特畫廊的磚頭」只是一件單純的藝術爭議事件，但是因爲媒體廣爲報導，引起一般民衆的關注，甚至是國會議員的干涉。例如「在國會上，工黨的國會議員吉林·羅伯特（Gwilym Robert）提供他廚房的鹽盤給泰特畫廊，然後詢問藝術部長任金斯（Jenkins），納稅人的錢是如何被浪費在藝術上。」[80]除此之外，議員尼可拉斯·溫頭頓

---

[77] Martin Rics, 'Beyond the Bricks' *The Tampa Triune Florida*, Mar. 3, 1976.

[78] Leslie Watkins, 'Brick-a-brac Art', *Daily Mail*, Feb. 17, 1976.

[79] Lynda Morris, 'Andre's aesthetics', *Listener*, Apr.6, 1978.

[80] Donald Walker, 'Arty Crafty', *Daily Mirror*, Feb. 17, 1976, p. 3.

也在國會要求藝術部長任金斯對泰特畫廊未來的採購制定條件，超過100英鎊的必須經過部長的同意。任金斯對這個建議給予簡短一句「不行」，[81]他俐落地回答，反對政治介入藝術的決策且干預藝術採購的自由，這種「臂距原則」是一個很重要的原則，也是英國政治史上的一大優良傳統。

除了國會議員質詢浪費金錢外，政治漫畫家也沒缺席，每日電訊報畫了內閣閣員頭痛地圍繞著磚頭，因爲除了內政、工業、經濟、農業、就業、北愛爾蘭等棘手問題外，又多了一個「磚頭」問題，讓這些閣員傷腦筋！[82]

圖4-8　英國內閣閣員圍繞著磚頭苦思

來源：'More low sculpture for the nation', *Daily Telegraph,* Feb. 18, 1976.

同樣的，當「磚頭」的購置受到嚴厲的批評時，羅門館長回答說：「有些購置是不易令人了解的，康斯塔布爾（Constable）的作品

[81] Anon, 'The Minister and those bricks', *Art and Antiques Weekly*, Mar. 6, 1976.

[82] Anon, 'More low sculpture for the nation', *Daily Telegraph*, Feb. 18, 1976.

也是受到當時的人批評。」[83]當時泰特畫廊正舉行康斯塔布爾兩百週年紀念展，他用英國歷史的典故來駁斥外界的批評。不但如此，反對黨（保守黨）的藝術發言人羅門·聖約翰·斯提巴斯（Roman St. John Stevas）也公開支持泰特畫廊：「我對羅門·瑞德館長非常有信心，我非常樂於信賴他與他的董事會的判斷，當然並不能使每一個人都同意特定的選擇，但是這些年來泰特畫廊對現代藝術的收藏有相當卓越的貢獻。」[84]這是一個相當重要的政治支持，不但對泰特畫廊在嚴厲的政治攻擊中有相當大的鼓舞作用，同時也使他贏得了藝術界的信任，奠定斯提巴斯在藝術界的領導地位。因爲他對藝術的了解與支持，使他不久後成爲1979年保守黨執政之後的第一任藝術部長。只可惜他在1981年刪除預算的抗爭中，因爲處理不當，造成軒然大波，被首相柴契爾夫人逼迫辭職下台。

（四）經濟

經濟問題雖然不與藝術直接相關，尤其是私人的藝術花費如何，無關一般社會大衆。但是，當納稅人的錢浪費在藝術上則會受到人民的關注，特別是在國家整體經濟不景氣、公共支出大幅刪減時，任何有浪費公帑嫌疑的事件，總會成爲媒體的焦點，甚至是公衆指責的對象，卡爾·安德魯的磚頭就是一個很好的例子。詹姆斯·大衛甚至更進一步地誇大其嚴重性，指「倫敦因爲卡爾·安德魯四千英鎊的磚頭而十分生氣，但是更具爭議的事正在地方發生。整個國家納稅人的錢都被花在名

83 Donald Walker, 'Arty Crafty', *Daily Mirror*, Feb. 17, 1976, p3.

84 Reporter, 'Bricks? They're a good buy says the Tate', *Evening News*, Feb. 16, 1976

爲藝術的木頭和電線上。」[85]他不但嚴厲譴責卡爾・安德魯的磚頭，甚至連地方上一些較具爭議的當代藝術展都不放過，例如樹枝、電線、皮帶、毛毯等都提出來檢討，他的結論是「全國各藝術機構都在浪費納稅人的血汗錢」！

另外，民眾也投書到媒體指責「本週財政大臣（Chancellor）即將宣布公共支出的裁減計畫，但是卻有兩個代表性的集體精神病瀰漫整個國家。第一是泰特畫廊把一堆磚頭認爲是藝術品，……可以了解，他們是用納稅人的錢買的……第二是布萊頓議會（Briton Council）決定繼續建造一百三十萬英鎊的游泳池。」[86]此人認爲在公共預算刪減時，任何娛樂性的支出都是一種不應該的浪費，尤其是把粗俗的磚頭當成藝術品，更令人難以接受，直罵泰特畫廊及全英國人都瘋了！

另一封來信也是同樣的責難，只是語氣較爲理性緩和。「它開啓什麼是藝術與什麼不是藝術的爭議，但是在這個時刻，更重要的是當財政大臣最近宣布要削減公共支出，一個國家的典藏機構應該花一筆未公開的錢在這種爭議性的收藏嗎？……多數人的意見是不應該的。」[87]他特別強調在這種財政困難的時刻，花錢在這種爭議性的藝術是不值得與不應該的。甚至連在美國紐約著名的華爾街日報都做同樣的質疑：「我們對於『什麼是藝術？』這個古老的問題並沒有答案，但是我們可以了解爲什麼在通貨膨脹的時期，英國人對於價值問題是如何的敏感。」[88]

在眾多批評的意見當中，最令人感動的是一位年紀老邁的勞工寫信問道：「作爲69歲的勞工與納稅人，我想質疑當同樣的英國產品只有

---

[85] James Davie, ‘The fine art of wasting your cash’, *The Daily Express*, Feb. 21, 1976.

[86] Anon, ‘Time to cry halt to this profligacy’, *Evening News*, Feb. 16, 1976.

[87] Anon, ‘Letter from London’, *The New Yorker*, Mar. 15, 1976.

[88] Anon, ‘Something of value’, *The Wall Street Journal*, Mar. 10, 1976.

廿分之一的價錢時，爲什麼泰特畫廊卻要從美國進口磚頭？」[89]對無知的民衆來說，這是一種合理的懷疑，他們無法區分藝術與其他物品的差別，而當民衆對現代藝術的無知與誤解又得不到適當的解釋，令人感慨。

反過頭來，在整個磚頭爭議的過程中，挺身而出的英國批評家非左派的理查・庫克（Richard Cork）莫屬，他是英國當時最具影響力的前衛藝術捍衛者，對歐美的前衛藝術甚是了解與支持。他說：「1976年由於英國經濟急速惡化，引起一種對任何浪費公共支出的仇視，尤其是當多數人的生活品質遭受威脅時。」[90]這句話可以說切中時弊，但是社會環境的經濟壓力，對藝術文化的發展造成不良的影響，也是無可奈何的事實。

從經濟的層面來說，眞正了解爭議眞相的是佩特・吉爾摩，他在1977年《藝術觀察》（*Arts Review*）雜誌寫道：「泰特畫廊過去幾任的行政者，沒有收購到重要的作品，這一代只好用昂貴的價錢去彌補。眞正需要的是冷靜的分析、無私的模式或內容、不斷地評估在一特定時期，什麼是相關的──即歷史發展軌跡的代表作。」[91]「實際上他們是省我們的錢而不是浪費」，[92]這個評論眞正道出泰特畫廊現行收藏政策的重要性，雖然保守的收藏政策不易引起爭議，但是不僅要花數倍的金錢去買作品，而且常常不易購得，反而採取較冒險的策略，不但可以省下可觀的公帑，還可以較容易收藏到所要的作品。當然，冒險可能會造成誤會或錯誤，卻仍比保守的策略還值得肯定與嘗試。只是失敗的科學

[89] Victor Croxford, 'Dropping a brick', *Croydon Advertiser*, Feb. 27, 1976.

[90] Richard Cork, 'The Message in a brick', *Evening Standard*, Dec. 30, 1976.

[91] Pat Gilmour, 'Trivialisation of art by the press', *Arts Review,* 1977, p. 49.

[92] Michael Shepherd, 'Drop it', *Sunday Telegraph*, Feb. 19, 1976.

實驗，大衆可以接受，並被認爲理所當然。然而失敗的藝術收藏，卻可能引來無情的批評。

（五）道德

泰特畫廊的磚頭與道德層面並沒有直接的衝突，只是因浪費公帑的罪名，招致一些道德上的責難。例如，「我們要質疑這種讓老人們冒著酷寒而死的危險，去買這些無用的東西是否道德，即使它們只是小額的錢。」[93]藝術品，尤其是磚頭，從現實生活層面來說確實是無用的，但是當人們已能滿足基本生理需求之後，精神層面的滿足卻又變得十分重要。但是在經濟不景氣之時，如何兼顧兩者的需求，滿足社會各階層民衆的基本需要，可是智慧的抉擇。因爲我們不能等到社會福利都能照顧到所有國民之後才開始收藏藝術品，但是我們也不能只爲收藏重要的藝術品，而完全不顧人民的死活，其比例如何分配，値得深思。

除了道德上的考量之外，宗教的影響力也不容忽視，尤其是長久以來新教與清教本身對藝術就懷有敵意，其教義主張「清苦節欲」，認爲藝術會使人心腐敗墮落。影響所及，稍有浪費之議，就會引起全民的關切與指責。「英格蘭教會製造一種『藝術等於邪惡』的氣氛。難怪國會會憂慮用錢支持他們認爲邪惡的事。」[94]卡爾．安德魯也談到，「英格蘭—薩克森有一種清教主義，要求藝術是一種資訊而不是一種娛樂。我的藝術不是希望去溝通，而是要增加世界的物質經驗與提供娛樂。」[95]

綜上所述，基本上英國的國教是反對藝術與偶像崇拜的，我們可以

[93] Comment, 'Bricks are for homes!', *Banstead Advertiser,* Feb. 19, 1976

[94] Anthony Hern, 'Art for Tate's sake', *Evening Standard,* Feb. 15, 1977.

[95] Anon, 'Artist's blockbuster'

從英國教堂內空無一物的裝飾，了解其對人生與藝術的看法──藝術被認爲是浪費金錢的奢侈品，應該禁止。反之，義大利的天主教堂則裝飾得富麗堂皇，最有名的藝術家都投入教堂的建築、雕塑、繪畫與工藝的製作。所以，歷來藝術的成就甚高，文化遺產也相當的豐富，令其後代子孫引以爲傲。

（六）媒體

媒體與藝術各有不同的利害關係，而這個個案突顯出媒體與藝術界複雜而微妙的關係。首先，這個事件是被媒體「故意炒作」出來的，因爲報紙總是要找一些吸引讀者的話題，以提高報紙的銷售率，獲取利潤，而荒誕不經與爭議不斷的前衛藝術正好是媒體炒作的最佳題材。每日時報寫道：「泰特磚頭的爭議提供一個新聞是如何被製造出來的陰謀例證，時代週日報把一個磚頭的大照片放在商業新聞的版面，和柯林．辛普森（Colin Simpson）的文章放在一起。」[96]「當他知道時代週日報的經濟新聞正在找尋有趣的事情以提升閱報率時，他想到此事。……第二天磚頭的故事被用來炒作（沒有人提到消息來自時代週日報），這個醜聞於是傳開。」[97]

果然，卡爾．安德魯的磚頭確實是個絕佳的炒作話題，它的爆發力從1976年2月15日開始，一直延續好幾年。在此期間，英國的大小報，甚至美國的媒體也加入戰局，大撈一筆；而實際煽火者根本對藝術一無所知，佩特．吉爾摩說：「他（Simpson）從來就不知道這雕塑實際上值多少錢，他也沒有看過被他嘲弄的作品，他只是簡單開個玩笑，然後

---

[96] The Times Diary, *The Times,* Feb. 19, 1976.

[97] Ibid.

把錢領走。」[98]

更離譜的是這些大小報的記者，從來沒有一個人眞正知道「磚頭」實際値多少錢（因爲泰特畫廊不願洩漏實際的典藏金額，以免遭到藝術家的抗議），因此記者只好自己憑空杜撰「作品的價錢沒有一個記者猜對，但卻如權威式地給予400、500、2,000、3,000、6,000及12,000英鎊不等的數字。」[99]「他們甚至連雕塑家的名字都沒寫對，可憐的卡爾（Carl）被寫成Colin, Carle, Karl和 Col，愛德華．路西．史密斯還好心用尖酸的語調作評論。」[100]由此可見，這些記者們不但藝術的專業知識十分薄弱，而且還以訛傳訛，互相抄襲。

至於受冤者泰特畫廊對於媒體報導的反應又是如何呢？羅門．瑞德說：「我認爲它是一件藝術品，我很高興一件現代藝術品可以在報紙引起這麼大的注意力，我們通常很難受到媒體的注意。」[101]這可以用「因禍得福」來形容泰特畫廊館長的說法，因爲媒體的批評，使安德魯與泰特畫廊變成家喻戶曉的名字，更引起大批群衆的興趣，排隊前往泰特畫廊觀賞安德魯的磚頭，媒體一方面惡意批評，但另一方面卻爲泰特畫廊做了免費的廣告，吸引了大批從來不上博物館的民衆，一睹磚頭的眞面目。

除此之外，媒體之間也因觀念不同，而彼此論戰。例如芝加哥太陽時報就寫道，「倫敦的每日鏡報（*Daily Mirror*），對藝術的了解不是很有名，稱這件磚頭雕塑爲『一堆垃圾』（a load of rubbish）。」[102]

---

[98] Pat Gilmour, 'Trivialisation of art by the press', *Arts Review*, 1977, p. 49.

[99] Ibid.

[100] Ibid.

[101] Reporter, 'Tate Gallery silent on price of artistic pile of bricks', *Daily Telegraph*, Feb. 16, 1976.

[102] Tom Lambert, 'Any way artist stacks them, bricks are bricks to British', *Chicago Sun Times*, Feb. 19, 1976.

而紐約時報也批評倫敦週日時報，報導泰特畫廊亂花人民的納稅錢，藉以隔海支持美國的藝術家安德魯，免受英國媒體的圍剿，並趁機介紹及推銷美國現代藝術，嘲諷英國民眾對前衛藝術的無知。這種情況很類似1913年歐洲的抽象藝術第一次到紐約作大規模的展覽，許多美國人看到杜象的作品「下樓梯的裸女」，嘲笑說作品好像是爆炸的碎木板一樣。然而，1960年代後，美國的現代藝術反攻歐洲的英國，卻也造成同樣尷尬的情形，只是角色互換而已。

（七）政策

磚頭的爭議起源於泰特畫廊收藏政策的改變，理查．摩裴特寫道：「泰特畫廊在它七十九年採購政策史中一直是太少和太慢，如因一個博物館沒有辦法在重要作品產生時購買，它將導致較少的樣本與較高的價錢。」[103]倫敦晚報也寫道：「泰特畫廊一半的工作是建構國家的現代藝術收藏，如果我們採取戰前那種保守的收藏策略，極少藝術品能進入我們的收藏，一直到四五十年之後。」[104]由於戰前保守的收藏策略，雖然不易引起爭議，卻也喪失了很多收藏的機會，不但價錢高而且收藏不易，造成很多無形的損失，亦無法收藏到應該收藏的作品。因此，瑞德館長一改以往保守的策略而採取冒險式的策略，不過如同前衛藝術一樣，爭議也隨之而來。

由此可知，收藏本身就是美術館相當重要的工作之一，其策略如何運用，對整個館有相當大的影響。尤其是當經費有限，又要收藏具有歷史價值且具世界級水準的藝術品時，常常令藝術行政人員傷透腦筋。雪

[103] Richard Morphet, 'Carl Andre's bricks', *The Burlington Magazine*, 1976, No. v118, n884., p. 767.

[104] Reporter, Bricks? They're a good buy says the Tate, *Evening News*, Feb. 16, 1976

上加霜的是當作品的價格瘋狂飆漲，加上各美術館之間的惡性競爭，杯水車薪的典藏預算根本沒有辦法跟得上通貨膨脹的速度，最後只好一方面改變收藏策略，一方面走向商業贊助及募款的道路。

除了收藏策略之外，當磚頭爭議發生時，面對媒體的質疑，尤其是到底花了多少錢收藏「磚頭」，一直成為媒體報導的興趣所在。瑞德館長則回答：「我不能說我們付了多少錢，因為公開金額不是我們的政策。……它已經展示過兩次，但是因為空間極為有限，這種情形要到明年新建築開放後才能改善。」[105]可是畫廊的發言人說：「因為這次的爭議，它從庫房被故意移出來排好。」[106]方便給一般民眾參觀，顯然泰特畫廊對其收藏策略以及安德魯作品的藝術價值很有信心。不但如此，「新聞的剪報被集中在泰特畫廊入口的大廳，填滿整個二平方英呎的公布欄。泰特畫廊說因公眾的注意，很多人都被吸引來觀看磚頭。」[107]如瑞德館長所說，藝術很少受到媒體如此的關注，有些媒體甚至在頭版頭條做大幅的報導，這些消息都被剪下來貼在入口。而且整個事件的剪報也全部被收藏在原始資料中心（Tate Gallery Archive）供後人研究，本研究所用的資料大部分都是從泰特畫廊的原始資料中心所取得。

在爭議期間，很多民眾因為不知道「媒體的譴責」與「畫廊的辯解」之間孰是孰非，因此建議「公眾對於不平常或爭議藝術品的敵視並不重要，但讓民眾在疑問的海洋掙扎，例如藝術家的意圖，甚至他的真誠，是不公平的；有時候一些解釋的字，就可以引導他們發現真正的

[105] Reporter, 'Tate Gallery silent on price of artistic pile of bricks', *Daily Telegraph*, Feb. 16, 1976.

[106] Richard Lay, 'But the Arts Minister is very happy about it all', *Daily Mail,* Feb. 18, 1976.

[107] Michael Davie, 'The real story behind the bricks bust-up', *The Observer*, Feb. 22, 1976.

興趣與價值。」[108]而「泰特畫廊的員工在公務上不被期望表示私人的意見，他們面對此辯論的潛在貢獻經常是沉默（silent）。」[109]由此可見，面對爭議，沉默並不是最好的對策，適度的解釋與辯駁，才可以增進彼此之間的了解。化解爭議，使一般民衆了解事實的眞相，不但可以增進民衆對藝術的了解，也可以成爲泰特畫廊的擁護者，否則媒體誇大不實的報導，只會助長誤會，增加民衆對現代藝術的敵意。

除了泰特畫廊之外，英國的藝術部長在爭議期間也遭受波及，許多國會議員爭相指責與質詢。可是任金斯部長說：「泰特的董事會（trustee）有權花一些錢購買實驗藝術，我不會質疑他們的判斷，我很高興這種情況。」[110]「你可能有興趣知道我對磚頭的看法，我相信我應該表示沒有意見，我是爲了推動藝術的部長（for the arts），而不是決定什麼是藝術的部長（of the art），二者之間的差別很重要。我是爲所有的藝術，我絕對拒絕去設定藝術的範圍。」[111]這些回答明顯的看出英國中央部會首長對於其下屬機構爭議的政策是所謂的「臂距原則」，讓各藝術機構都能獨立的運作，即使遇到爭議也是如此。然而雖然財政大臣單尼斯．希爾雷沒有直接對爭議表示意見，但他說「『我不看磚頭，也不談它們，我要看康斯塔布爾。』……其他150人也做同樣的事，但磚頭仍舊是整晚談話的重點。」[112]這倒是有趣的事。

在整個爭議的過程中，尼可拉斯．索羅塔（Nicholas Serota）當時牛津現代藝術館的館長說：「『我認爲安德魯是一位非常好而且有趣的

---

[108] Nina Hosali, 'Mortar the point', *Guardian*, Mar. 1, 1976.

[109] Pat Gilmour, 'Trivialisation of art by the press', *Arts Review*, 1977, p. 49.

[110] Richard Lay, 'But the Arts Minister is very happy about it all', *Daily Mail*, Feb. 18, 1976.

[111] Anon, *Plays and players*, May 1976.

[112] Richard Lay, 'But the Arts Minister is very happy about it all', *Daily Mail*, Feb. 18, 1976.

藝術家，或許他也是那一代最有靈感的藝術家之一』。……藝術家很難用一件作品來判斷好壞，或許泰特畫廊應該展示其作品一系列的發展，而不是只展示一件作品。」[113]面對這樣的批評與建議，泰特畫廊無奈地回應安德魯的雕塑爭議：「泰特畫廊因爲缺乏空間，無法如所願展示很多的現代藝術，以提供民衆較佳的機會去了解國內與國際現代藝術的發展。」[114]

由上述可知，泰特畫廊限於經費不足，只好採取冒險式的收藏策略，因而惹來磚頭的爭議，之後又因空間不足，無法展示較多的現代藝術品，讓民衆在較佳的環境認識當代藝術，實在有苦難言。在如此困難的環境當中也考驗一個領導者的智慧，堅持自信，解決困難，化解爭議。

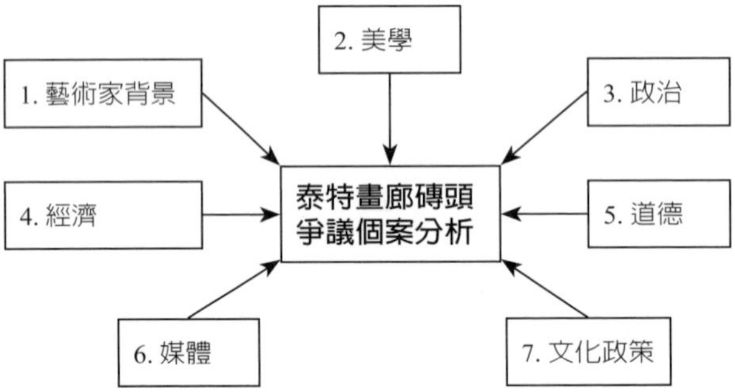

圖4-9　泰特畫廊磚頭爭議個案分析

[113] Peter McIntyre, 'When those bricks were displayed in Oxford', *Oxford Mail*, Mar. 9, 1976.

[114] Anne McHardy, 'The Tate builds on its bricks', *The Guardian,* Dec. 10, 1976.

三、評價與結論

泰特畫廊的磚頭事件至今已廿多年，整個爭議的過程中，我們可以從美學、政治、經濟、道德、媒體與政策等各個角度，看出泰特畫廊在整個事件中所扮演角色的重要性爲何。

首先，從美學的角度來看，泰特畫廊對於當代藝術的認識與自信，在整個批評的過程中屹立不搖，不因媒體的交相指責，動搖其信心與收藏政策。畢竟，現代藝術從印象派之後，逐步從寫實走向抽象之路，不但造形日趨簡單，色彩也從絢爛歸於平淡。到了蒙德里安的新造形主義，更簡化到用正方形與長方形的造形，或是黑、灰、白及三原色。這是工業化社會，人們趨向簡潔的自然反應，繪畫如此，雕塑亦然。古典時期講究技巧、寫實與美的雕塑，不論色彩與造形都漸漸的日趨簡潔，最後到了極限主義而達到形、色單純化的極致。

卡爾·安德魯洞悉世界藝術的這個走向，用極平凡的素材，如磚頭、木材、金屬等從事藝術創作，而且從水平的方向發展。雖然他的作品剛開始不爲人所了解，但是後來卻被泰特畫廊所收藏，可見藝術家需要有創造能力，畫廊也要有慧眼可識英雄，並且用冒險式的策略加以收藏其作品，即使一般民衆不能理解，甚至造成誤會也在所不惜。

從政治的角度來看，泰特畫廊不斷承受來自各方的壓力，如媒體、民意代表、一般民衆等，甚至還有民衆潑食用顏料以示抗議。面對這麼多的政治壓力，泰特畫廊一方面展示「磚頭」讓民衆了解現代藝術品，一方面故意把相關的剪報貼在入口，供民衆觀賞。如此，參觀的人潮反而增加了好幾倍，連星期日的早上都破例開放，以疏解人潮。另外，面對民意代表及各方面的政治壓力，還好藝術部長有「臂距原則」作爲緩衝，並沒有把外界的壓力直接反應到泰特畫廊上。因此，經過這次的風暴，泰特畫廊仍不放棄冒險式的收藏策略，除了節省典藏的成本，還能收藏到具有代表性的當代藝術，以呈現世界藝術的脈動，擠入世界級美術館之林。因此，從這個個案可以清楚了解，政治干擾的隔離才可以使藝術的專業能力眞正發揮出來，進而達到預期的水準。否則屈服於政治的壓力，將扭曲整個美術館的營運策略，造成歷史永遠無法彌補的傷害。

另外，宗教對於藝術的看法，深深進入人們的潛意識，影響人們對於藝術活動的解讀。可惜的是英國的國教屬於清教徒系統，對於藝術一般都採取浪費奢侈的看法，因此只要有一些超乎一般民衆觀念的藝術，如非技巧、抽象、反藝術、荒謬、通俗等都會招致冷嘲熱諷。巧的是安德魯希望突破的是「藝術可以不需要技巧」，而且所用的材料是唾手可得的磚頭、木頭或金屬等，大異於民衆對精緻藝術的認知。

美學的質疑是磚頭事件的起因，但是經濟的衰退才是引爆問題的導火線。如果卡爾．安德魯的磚頭是被私人收藏，絕對不會引發如此嚴重的爭議，了不起被人嘲笑愚蠢而已。但是，被泰特畫廊收藏，加上經濟嚴重的不景氣，問題變得十分複雜。雖然泰特畫廊的收藏決策非常正確，但是仍免不了一連串的謾罵，因爲對大多數人來說，生活就業已成問題，聽到泰特畫廊從美國高價進口磚頭當藝術品收藏，一般民衆的憤怒可想而知。

只是一般民衆無法了解，這樣的收藏與冒險性的策略，不但無形中爲英國創造了很多的財富，省下很多金錢，也鞏固了泰特畫廊在現代藝術界的領導地位。單就磚頭一案來說，「在90年代泰特畫廊可以很驕傲地回顧這個頗具爭議的典藏，現在安德魯的作品在自由市場已達到150,000英鎊，在1972年所付的2,297英鎊的磚頭（Equivalent VIII）被認爲是一項成功的投資。」[115]也就是從經濟層面來說，泰特畫廊1972年所收藏的卡爾安德魯的「磚頭」，到了1990年代已經漲了足足65倍，而且還買不到！

除此之外，英國人也強調藝術的教育意義，如維多利亞時代強調所謂寫實且富有教育意義的繪畫風格，一直深植英國民衆的內心，因此，特別仇視一些荒誕不經，看起來不像藝術的藝術。雖然卡爾・安德魯的磚頭在國外早就被認爲是藝術了，但是抽象的造形，加上粗俗的材質，難免引起英國民衆的反彈，甚至在展覽時故意破壞，以示抗議。因此，面對這種集體的潛意識及部分群衆的激進性格，泰特畫廊等藝術行政者不得不審愼應對，不但泰特畫廊的「磚頭」被潑顏料，白教堂卡爾・安德魯的「西洋杉塊」被推倒，連國家畫廊的委拉斯貴茲的名畫「烏爾比諾的維納斯」也在1914年左右，曾受到激進的女性主義者用鐵器破壞，以抗議男女不平等。

就媒體來說，泰特畫廊遭受英國大小媒體一致的譴責，浪費納稅人民的血汗錢，因此，很多民衆都信以爲眞。剛開始泰特畫廊對這些批評沉默以對，不准行政人員隨便表示意見，後來才利用展覽與公開說明闢謠。只是磚頭實際値多少錢，一直還是一個未知數。另一方面，泰特畫廊卻樂於媒體大幅報導磚頭的爭議，並把剪報貼於入口供民衆觀賞，使泰特畫廊與卡爾・安德魯一夕成名，家喻戶曉，參觀的人潮突然暴增好幾倍。泰特善於利用媒體來造勢，達到推廣當代藝術，藉以拉近民衆與前衛藝術的距離，這是泰特畫廊的重要目標之一。該館歷年主辦的泰納獎也可以看到同樣的手法，即運用藝術的爭議，透過媒體的報導，引起大衆的注意與討論，藉以增進民衆對於新藝術的認識，這是一種很有效

[115] Frances Spalding, *The Tate: A History* (London: Tate Gallery Publishing, 1998), p. 272.

而且免費的社會藝術教育。

不過話說回來，泰特畫廊也不能輕忽媒體負面的殺傷力，因爲不實的報導容易形成民衆的誤解，畢竟媒體的最終興趣與目的是營利，而不是藝術教育的推廣，因此，佩特吉爾摩寫道：「毫無疑問的，1976年在藝術圈子能以『磚頭年』被記得。這個插曲顯示不僅報紙是如何遠離當時代的藝術，而且理論上較嚴謹的報紙也是多麼不負責任的膚淺。」[116]泰特畫廊應善用媒體，適時地闢謠與反駁，把負面的誤解轉變成正面的教育，使爭議變成積極的與正面的結局。

總之，「泰特畫廊的磚頭」從媒體炒作，引發嚴重的爭議，造成民衆的誤解，經過泰特畫廊及藝術批評家很長一段時間的努力，終於使得大部分的英國人漸漸了解，粗俗無用的磚頭也可以成爲高價的美術館收藏品。整個事件雖有部分負面的效應，但是在推動民衆認識前衛藝術的努力，卻有意想不到的收穫，值得文化政策與藝術教育工作人員的參考與學習。

另外，值得一提的是，在磚頭事件三年後，英國學生受卡爾·安德魯的影響，也用磚頭來從事藝術創作，因此，泰特畫廊的磚頭事件一開始雖然招致誤解，但其對英國民衆了解當代藝術的貢獻實在功不可沒。

[116] Pat Gilmour, 'Trivialisation of art by the press', *Arts Review,* 1977, p. 49.

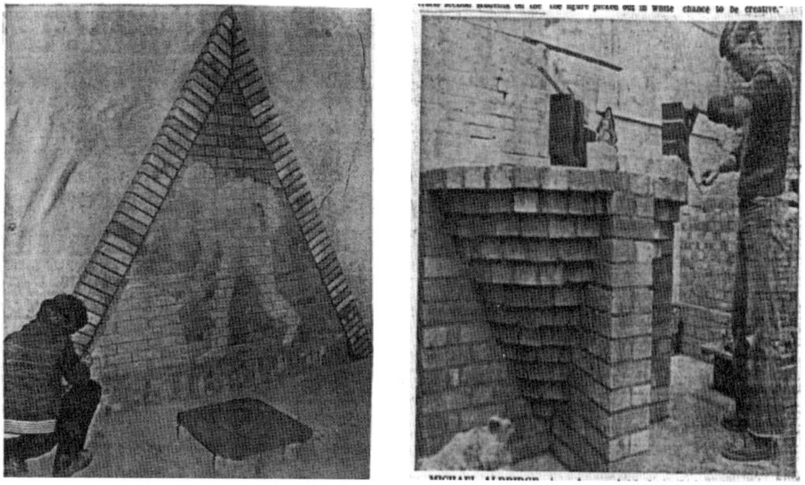

圖4-10 英國學生用磚頭從事藝術創作

資料來源：The art of bricklaying, *Middlesex Chronicle*, Feb. 2, 1979.

第四節　完美時刻爭議個案

1989年美國古典攝影家Robert Mapplethorpe的回顧展「完美時刻」（The Perfect Moment）所引起的藝術爭議與政治風暴，持續了兩三年的時間。一個單純的藝術展覽因為部分展品內容涉及男同性戀與兒童性暴露的議題，引發了極右派保守人士的攻擊，更引爆了左右兩大陣營的對抗，在「言論自由」與「道德責任」議題上攻防，形成美國有史以來最嚴重的藝術爭議，其過程深值得文化政策與藝術等相關學者研究參考，以避免類似問題再度發生。

以下針對本爭議事件的過程進行描述，並依藝術家背景、美學、政治、經濟、道德、政策與媒體等層面分析解釋本事件的關係，最後評價其價值與影響。

一、個案描述

本爭議發生於1989年5月美國的華盛頓特區，也就是美國的首府所在地。由於政治氣息特別濃厚，因此任何活動，即使是藝術展覽，也難免會沾染上敏感的政治氣氛。雖然該回顧展早前已在賓州費城與芝加哥等其他地方展過，不但沒發生任何問題，而且還預定在華盛頓展覽後，到Hartford, Berkeley與Boston展出。只是到了首府華盛頓，卻意外引爆了爭議。

在此事件之前，整個爭議事件的開端是由Andres Serrano的作品《尿撒基督》（*Piss Christ*）等一連串的左傾反傳統的作品揭開序幕。在1987年，非裔藝術家Serrano將耶穌被釘死於十字架的塑膠雕像浸泡在尿液中，拍成巨大照片，並且由NEA補助，在Winston-Salem, North Carolina的東南當代藝術中心（Southeastern Center for Contemporary Art, SECCA）給予視覺藝術獎，頒發每位藝術家15,000美元的獎金，並巡迴三個城市展覽：洛杉磯、匹茲堡與里奇蒙（Richmond）。

圖4-11 Andres Serrano, *Piss Christ*, 1987.

資料來源：Richard Bolton, ed., *Culture Wars* (New York: New Press, 1992)

然而，該作品在洛杉磯、匹茲堡展覽過程中並無爭議，但是1989年初在里奇蒙展覽的一個週六時，無意中被右派的衛道人士——電腦設計師Philip L. Smith發現。他非常生氣的寫了一封信到*The Richmond Times-Dispatch*，而這封信被美國家庭協會的執行長Rev. Donald Wildmon牧師的追隨者看到，立即通知Rev. Donald Wildmon本人。因此，1989年4月5日Rev. Donald Wildmon牧師針對Andres Serrano的作品《尿撒基督》寫了一封措詞嚴厲的公開信，這封信引爆了長達兩年的藝術爭議。內容如下：

親愛的：

我們知道它一定會發生，在最近一個巡迴全國幾個美術館的藝術展覽，展出一件「藝術品」，內容是一張浸泡於尿液的耶穌被釘死於十字架的巨大照片。這一張Andres Serrano的作品叫作《尿撒基督》，因為這件作品十字架是浸泡在尿液當中，當他被問到下一種浸泡的液體可能是什麼時，他回答「精液」。

這種在前十年掌控了電視與電影的反基督教偏見，已經蔓延到美術館了，……「基督的最後誘惑」（The Last Temptation of Christ）把耶穌基督扮成一個苦惱、精神錯亂的罪人，瑪丹娜（Madonna）在她的新片「宛如禱告者」（Like a Prayer）扮演耶穌與牧師發生性關係，現在是一個耶穌被釘死於十字架的聖像被浸泡於尿液，叫作「尿撒基督」。

從小到大，我無法想像今天在我們的國家，看到這樣褻瀆神明的情形發生，或許在基督徒肉體受到折磨之前，我們將得到勇氣，站起來反駁這種偏見。[117]

由於Andres Serrano的作品「尿撒基督」引起極右派團體的強烈反彈，以及眾多國會議員的關注，再加上即將在科克蘭美術館（Corcoran Gallery of Art）舉行Robert Mapplethorpe的攝影回顧展「完美時刻」，部分作品有男同性戀及兒童裸露的鏡頭，展覽地點就在華府，開幕時間6月1日又接近NEA預算在國會重新討論的時候。因此，科克蘭美術館作了一個痛苦的抉擇——取消原訂的Robert Mapplethorpe攝影回顧展。此一舉動，立刻引起華府藝術界以及支持言論自由人士的強烈抗議。

[117] Rev. Donald Wildmon, letter concerning Serrano's Piss Christ, April 5, 1989.

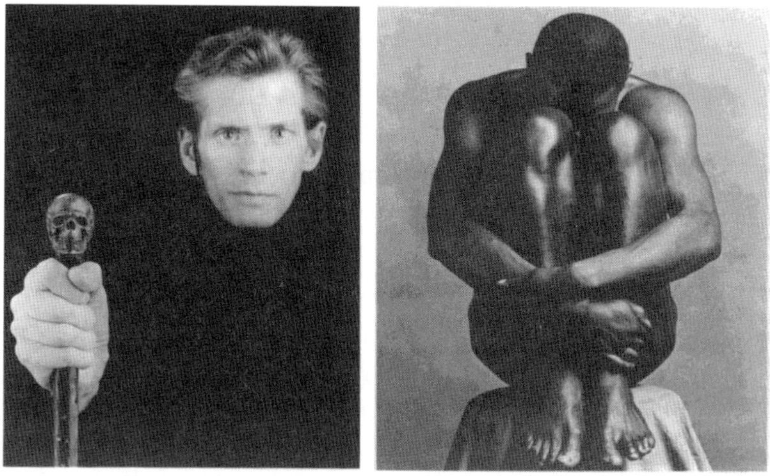

圖4-12 Robert Mapplethorpe, *self-portrait & Ajitto*

資料來源：Richard Bolton, ed., *Culture Wars* (New York: New Press, 1992)

1989年6月18日Joshua P. Smith報導：

上週一科克蘭美術館突然宣布取消了原訂6月1日Robert Mapplethorpe的攝影回顧展「完美時刻」，震驚了社區與藝術界。這個由賓州大學當代藝術中心所策劃的回顧展，內容包括了一些性暴露、同性戀，以及裸體兒童的照片。這個展覽已經在費城與芝加哥展過，並沒有引起騷動，而三月死於愛滋病的Mapplethorpe，被公認為是過去廿年來相當重要的攝影家之一，他的一件作品目前也在國家畫廊（National Gallery of Art）的攝影展「捕捉影像的藝術」中展出。

為什麼科克蘭美術館突然取消展覽原因並不十分清楚，官員們表示擔心他會把美術館捲入補助有色情爭議的美術品爭議中（賓州的當代藝術中心接受了30,000美金的補助辦理此展；科克蘭美術館並沒有接受補助，但是其他計畫則有接受NEA及其他聯邦的錢），而NEA（國家藝術基金會）正受到許多國會議員，如D'Amato和Helms的攻擊。[118]

6月20日保守派陣營的華盛頓時報（*Washington Times*）嘲諷：「上週科克蘭美術館決定取消Mapplethorpe的回顧展，他的審美意象似乎只侷限於陰部的特寫與捕捉曼哈頓酒吧內的男同性戀同伴。」[119]

因爲科克蘭美術館臨時取消Mapplethorpe的回顧展，引起軒然大波，指責聲不絕於耳。「藝術家Lowell Nesnitt甚至更改他的遺囑，取消一佰萬美金給科克蘭的藝術捐款，轉贈Philip Collection。」[120]因此，6月29日科克蘭美術館的前董事長及主席Freeborn G. Jewett, Jr.與 David Lloyd Kreeger二人共同發表聲明：「26日館長及董事會再次開會確認，該館取消Mapplethorpe展覽的決定是審慎與明智的。」文中談到：

科克蘭美術館館長及董事會決定取消Mapplethorpe的攝影展，引起媒體與社區尖銳的反應，有的譴責、有的支持這個決定。因為批評的範圍廣闊，美術館的行政單位與董事會深入的思考處理的方式。我們的結論是：撤展的決定是審慎與明智的。……在一般尊重藝術表現自由的原則下，一個美術館最好不要查禁有爭議性的作品，但是在特殊情形下，爭議性作品的公開展覽可能會因過度激怒、挑撥，而引來負面的教育與審美價值。依館長的意見，並且受到董事會的支持，Mapplethorpe的展覽就是這樣的一個例子。

這個展覽在聯邦政府所在地華盛頓舉行，……大約有106個國會議

[118] Joshua P. Smith, 'Why the Corcoran Made a Big Mistake', *Washington Post,* June 18, 1989

[119] Anon, 'Mapplethorpe Agonistes', *Washington Times*, June 20,1989

[120] Zeigler, Joseph W. *Arts in Crisis: The National Endowment for the Arts versus America.* (Chicago: A Cappella Book, 1994), p. 75.

員聯繫NEA，質問15,000美金補助藝術家的情形，同時36位參議員表示非常憤怒，要求NEA重新改革補助款的審查程序。我們厭惡政府直接或間接的企圖去審查藝術家或美術館的藝術判斷，而且NEA也透過法律禁止補助者干涉藝術展覽的內容……無論如何，國會正在決定到底是否給予相關部門行政上的限制或者刪減預算。……協調這件爭議或界定藝術自由與機構的責任並不是我們的義務，但是在這種特殊的情況下，為我們機構的利益作出最佳的判斷是我們的責任。[121]

由於眾多的國會議員關切這一事件的發展，科克蘭美術館爲了不傷及該館的利益，甚至整個藝術補助系統的存亡，作出取消展覽的抉擇，但是他們沒有料想到藝術界與自由人士對撤展的反應會如此強烈。

7月2日保守派的藝術批評家Hilton Kramer在紐約時報（*New York Times*）質疑「藝術是在法律的行爲標準之上嗎？」他批評：「這件爭議可以用很簡短和很簡單的話來說：是否禮儀和禮貌的公共標準可以作爲政府選擇補助藝術作品或活動的參考？或者任何事情只要掛藝術之名，就可以被允許？科克蘭美術館的決定，因受Mapplethorpe色情圖象特殊品質的提醒，領導階層很合理地懼怕在華盛頓展示這些作品時，美術館自己與所有政府補助藝術的計畫，會受到嚴重的傷害。」[122]

他也舉出Richard Serra的公共藝術作品《Tilted Arc》放在下曼哈頓的聯邦廣場被移除的爭議個案，來解釋民眾對藝術有說「不」的權利。最後，他也警告：「如果我們的政府機構無法區分藝術與生活，一般民眾將有更多的理由關心他們的納稅錢是如何花在藝術之上……如果藝術

[121] Freeborn G. Jewett, Jr. and David Lloyd Kreeger, 'The Corcoran: We Did the Right Thing', *Washington Post,* June 29, 1989.

[122] Hilton Kramer, 'Is Art above the Laws of Decency?', *New York Times*, July 2, 1989.

界不準備去更正惡行，我們的社會少不了會進行強烈的糾正，這個問題是藝術界自找的。」[123]這是藝術一種傳統而保守的看法，認爲藝術應符合道德標準，並且與生活不一樣。

7月9日藝術批評家Grace Glueck在紐約時報評論：「Mapplethorpe的個案可以說是兩個重要問題的戰爭：第一修正案對於言論自由的保障與社區對於色情或猥褻的了解。……藝術家對我們來說是重要的，因爲他們可以表現深藏於我們潛意識的東西，我們不能或不會表現我們自己，而美術館傳統就是這種表現的中立殿堂。」[124]第一修正案的專家Dr. Jacob Neusner律師也說：「政府施壓，導致民衆不能看到藝術展覽，是可悲與受威脅的。」

然而，布朗大學的教授及雷根政府時期的國家藝術基金會顧問Dr. Orr-Cahall則說：「我們正好處在不適當的時間與地點，Mapplethorpe的展覽排在7月1日，剛好是NEA的預算在不同層級國會審議的時候，我們有責任決定這是否爲一個適當的環境，來呈現這個展覽。……我們從未質疑這個展覽的重要性，我們的決定也無關於作品的美學價值。它是時間與地點的問題。」[125]

由以上的評論可以看出，民衆對科克蘭撤展的決定有褒有貶，莫衷一是，有的支持、有的反對，此爲一個難解的問題。其主要的關鍵在於展覽的時間與地點太過敏感，主辦單位怕引發爭議。

在科克蘭美術館決定取消展覽的刺激下，一個同樣是接受聯邦補助的藝術家組織「華盛頓藝術計畫」（Washington Project for the Arts），已著手把Mapplethorpe的展覽安排於7月21日到8月13日之間在華府展

---

[123] Ibid.

[124] Grace Glueck, 'Art on the Firing Line', *New York Times*, July 9,1989.

[125] Ibid.

出。[126]有趣的是，他們不怕國會的制裁，最後也沒有受到國會的制裁。

面對一連串政治打壓藝術的自由，7月16日國家藝術家組織協會（National Association of Artists' Organization）公開發表一篇反對查禁的簡短聲明如下：「我們相信言論自由是藝術家們無法被剝奪的權利，自由的創造藝術是被第一修正案保護的一種言論自由，藝術家必須給予這種自由，免除被查禁的威脅。那些接受公共補助的藝術家應該得到創作的自由，不管是否可能被某些人解釋爲無法接受或令人作嘔。美國民衆有權接近這些創作，美國的稅收也應該支持言論自由的憲法權利。」[127]

7月17日藝術家兼國家藝術基金會的委員Helen Frankenthaler在紐約時報評論：「補助的預算是經政府允許的，但是政府介入藝術發展的方向與標準卻是危險的，也不符民主的程序。一個國家依賴其文化與文化自由，失去自由等於沒有文化。就錢來說，它只是一個小數目，但是它是一個預警的動作，品質控制才是重點：若想提升水準，我們需要更多的文化鑑賞家。」[128]

7月22日藝術批評家兼藝術史家Michael Brenson在紐約時報以專業的文筆評論Mapplethorpe的遺作，7月21日開始在「華盛頓藝術計畫」展覽，他解釋：

Mapplethorpe在接受策展人Janet Kardon的訪談中表示，希望他的作品能夠在所有藝術媒體的環境中被欣賞，而不只是照片。……他發現各

---

[126] Ibid.

[127] National Association of Artists' Organizations （NAAO）, statement regarding censorship, July 16,1989.

[128] Helen Frankenthaler, 'Did We Spawn an Arts Monster?', *New York Times,* July 17,1989.

式的孤獨，刻意模糊作品風格、性別、種族的界線，最成功的是他捕捉住1980年代性別、種族和社會的不安，這是他作品之所以有價值與具威脅性的原因。……Mapplethorpe的美感力量一大部分來自性與死亡的議題。……引起爭議的X、Y、Z檔案則置於展覽的最後，……它們並沒有被放入去年紐約市惠特尼美術館的展覽，它們必須在此呈現。[129]

因為在惠特尼美術館的展覽時，並無包括較爭議的X、Y、Z檔案，而且紐約市本身藝術風氣較為自由開放，所以沒有引起什麼爭議；反倒是華盛頓的展覽，因同時展出這些較具爭議的作品，而引來如此大的風波，實在始料未及。至於展覽X、Y、Z檔案也是藝術家Mapplethorpe生前的遺願，卻也因為這些作品，使科克蘭陷入兩難，甚至引爆爭議。如果當初不展覽X、Y、Z檔案，可能問題就不會如此嚴重，即右派找不到藉口來打壓這些作品的展覽。

因為Mapplethorpe的作品部分有色情爭議，而且主辦單位接受NEA的補助來舉辦巡迴展，因此7月25日極右的美國家庭協會發布一篇言詞慫動的新聞稿，主張市場經濟，讓「市場的成敗」決定藝術的去留，並且裁撤NEA：

我們要求參議院停止所有基金會補助藝術的經費，或者提供其他團體的藝術家同樣的補助款……我們要求其他美國人——沒有接受到補助的藝術家，加入我們。要求政府結束對色情與反基督教的171,000,000美金之補助款。……讓NEA和它們補助的藝術家，與其他社會中的藝術家一樣共同面對市場需求的考驗。……如果作品有優點，它們將在市場

[129] Michael Brenson, 'The Many Roles of Mapplethorpe, Acted Out in Ever-Shifting Images', *New York Times*, July 22, 1989.

取得成功。

藝術家如Serrano和Mapplethorpe仍然自由創作他們的作品，而且不必使用必須與市場競爭的卡車司機、泥水匠、雕刻工和工廠工人的納稅款。

第一修正案是「保障言論自由」而不是「補助言論自由」。美國的納稅人不必再被強迫去支持像Serrano和Mapplethorpe一樣的藝術家。[130]

7月26日參議院進行相當有名的Helms修正案的辯論，極右派參議員Helms提案限制補助藝術品的內容不得涉及色情、貶抑宗教與種族、性別、年齡、國籍等。條文如下：

沒有任何國會授權的補助款可用於「可能鼓勵、散布、製造」：

淫穢（obscene）或猥褻（indecent）的物品，包括但不限於描述性虐待、同性戀、兒童性暴露或個人從事性活動；

物品用來詆毀對象或某一宗教的追隨者或無宗教信仰者；

物品用來詆毀、侮蔑或謾罵一個隸屬於不同種族、信仰、性別、殘障、年齡或國籍的個人、團體或階級的公民。[131]

參議員Helms在右派相當具有政治影響力，修正案一提出便造成藝術界與左派人士的緊張，深怕法案通過後對言論自由造成不良的影響，因此，Helms成爲左派人士攻擊「政治查禁」的對象。

[130] American Family Association, press release on the NEA, July 25, 1989.

[131] Debate in Senate over Helms amendment, including statements by Senators Jesse Helms, Howard Metzenbaum, John Chafee, Dan Coates, Edward Kennedy, Timothy Wirth, James Jeffords, Claiborn Pell, Daniel Patrick Moynihan, John Heinz, and text of Helms amendment, July 26,1989.

在國會辯論Helms修正案的同時，輿論界也在媒體叫陣。8月3日專欄作家George Will在偏左的華盛頓郵報（*Washington Post*）中以「Helms的恫嚇」支持言論自由，強調：「如果藝術沒有改革的力量或目的，它就不能給政府帶來任何的利益，所以，政府必須支持藝術的提倡者，必須鼓勵藝術服務社會……美國有一支持藝術的長遠歷史，因爲藝術透過帶來美感或改善社會的問題，以提升民衆的心靈。」[132]

8月14日英國著名的文化藝術評論家Robert Hughes，也在英國的倫敦時報（*Time*）隔海大肆批評Helms的修正案，他說：

修正案所提議的是文化民主的瘋子傻事，如此每一個人將成為他自己的查禁者。更清楚地說，Helms毫不懷疑地認為NEA必須被懲罰，因為它背離了他認為美國人民道德信仰的中間線。問題是那一條線實際上並不存在。……極端右派的保守人士認為，支持當代藝術並不是政府的事……新文化是選擇性的、不穩定的東西；意義是模糊的、結果也是不確定的。[133]

8月16日專欄作家Robert Samuelson 也批評：「就定義來說，它（藝術）是無法界定的，標準通常是主觀的；在一個民主社會中，『藝術自由』與『公共預算支持藝術的政治責任』永遠是衝突的。」[134]

針對修正案反對者的批評，9月13日衆議員Hon. Dana Rohrabacher生氣地反駁說：「這個問題是贊助而不是審查。在一個赤字支出的時候，在無法提供補助給老人與孕婦的時候，花錢在藝術上是可疑的，

[132] George Will, ‘The Helms Bludgeon’, *Washington Post*, August 3, 1989.

[133] Robert Hughes, ‘A Loony Parody of Cultural Democracy’, *Times*, August 14, 1989.

[134] Robert Samuelson, ‘Highbrow Pork Barrel’, *Washington Post,* August 16, 1989.

花錢在淫穢或褻瀆的藝術上更是令人憤怒。」[135]參議員Helms的修正案剛開始支持的呼聲很大，但是在支持言論自由的國會議員巧妙的處理下，避重就輕地化解危機，並沒有通過修正案。只有折衷在10月23日101次國會會議，通過101-121號法令，除了提供年度預算144,105,000美金給NEA之外，還規定如果直接撥款補助SECCA與賓州大學ICA，NEA必須在30天前提交給國會，說明補助的目的，作爲監督與對此次事件的懲罰。而撥交給NEA的補助款不得運用於「可能鼓勵、散布、製造淫穢，包括但不限於描述性虐待、同性戀、兒童性暴露或個人從事性活動；而從整體來說，就是不重要的文學、藝術、政治或科學的價值者。」[136]這個限制已比Helms的修正案來得寬鬆許多，也是先前1973年Miller vs. California有關「藝術」或「淫穢」判決的結論。

除此之外，國會決議另外成立臨時的超黨派獨立委員會（Independent Commission）來「檢討NEA補助款的決策過程及專門小組的系統；思考公共補助藝術的標準，是否必須不同於私人補助的藝術。」[137]並於一年內提出調查結果，供國會等有關部門參考。

然而，爭議並未因此結束，10月25日基督教廣播網及基督教聯盟的主席Rev. Pat Robertson寫了一封頗具煽動性的公開信，一方面痛批納稅人的血汗錢被用來補助色情的同性戀照片展，一方面趁機招募會員，助長其影響力。雖然Mapplethorpe展覽的作品共有150件，但他只選擇少數幾張最具爭議性的作品，用文字誇大其負面的訊息，以取得無知民衆的同情與支持，如下：

---

[135] Hon. Dana Rohrabacher, statement to the House of Representatives, September 13, 1989.

[136] 101st Congress, Public Law 101-121, October 23, 1989 (excerpt)

[137] Ibid.

內附紅色的信封，包括對色情的同性戀照片敘述，他們都是你們納稅錢所補助的……你們辛苦賺的納稅錢被用來付這些垃圾，而且ACLU和主張自由的華盛頓民主黨員試著告訴我們，我們不能有所動作。然而他們錯了，他們正在打電話給任何人說，攻擊這些垃圾的是查禁，他們躲在言論與表現自由的背後，作為繼續補助這些色情汙物的理由。

但是我不保持沉默，我希望你們也是。我再一次邀請你們加入我們，使我們的聲音可以被聽見。[138]

由上述的信件可知，其內容充滿濃厚的政治色彩，以及左右兩派政治角力的意圖，右派的衛道人士一方面刻意抹黑對方，另一方面趁機招兵買馬，擴大自己的政治勢力。

藝術爭議可說是一波未平一波又起，由於Susan Wyatt所主導，在紐約展覽的「見證：反抗我們的消失」（Witness: Against Our Vanishing）畫冊目錄，包含了一篇愛滋病藝術家David Wojnarowicz嚴厲批評參議員Helms等右派國會議員的文章，爲了不再得罪這些右派參議員，因此，NEA 主席John Frohnmayer在11月3日寫了一封信給Susan Wyatt，敘述有關取消基金會補助「見證：反抗我們的消失 」這個悼念愛滋病死亡者展覽會的補助款，內容如下：

經過我們最近的重新檢討與目前的政治氣氛，我相信用基金會的錢補助展覽或出版這些作品已違反國會設定的精神。

因為最近的批評，基金會遭受國會嚴格的督導，我們必須一起合作，保證補助的計畫不會違反法律的精神與條文。在這個基礎上，我相

[138] Rev. Pat Robertson, *Christian Coalition direct mail*, October 25, 1989.

信基金會的錢不可以用來展覽或出版這些東西，因此，Artists Space必須放棄基金會對這個展覽的補助款。除此之外，請用適當的方式使用以下的聲明——「基金會並沒有補助這個展覽或畫冊」。[139]

然而在12月8日，Susan Wyatt回信給NEA 主席John Frohnmayer，很簡短地寫道：「根據你12月3日的來信，我回信通知你，我們的委員會開會，無異議地支持不放棄補助款。」[140]除此之外，爲了抗議NEA主席Frohnmayer撤回上述NEA的補助款，作曲家Leonard Bernstein拒絕布希總統的國家藝術獎章，引起全國的注意，埋下Frohnmayer後來被迫辭職的導火線。

12月15日衆議員Timothy Healy在衆議院的教育小組委員會發表了一份聲明：

這個辯論愈來愈困難，因為面臨一種權利的矛盾。一方面是藝術家在憲法言論自由保障下的權利，另一方面是國民透過民意代表決定他們的納稅錢如何使用的權利。最好先澄清語意上的困難，這個辯論是關於查禁，任何假裝不是的努力，都是一種誤導。

辯論的過程顯示法律與道德定義的混淆，道德的秩序包括整個人類活動的範圍，公共、私人、內在、外在。法律只能關切外在的活動，特別是社會的或公共的活動；一旦法律與道德混淆，容易導致「任何好的事情都必須立法」的言論，這種假設夠糟糕了。混淆公共的道德與私人的道德，換句話說，混淆法律與道德的領域更是致命的。[141]

---

[139] John Frohnmayer, letter to Susan Wyatt, November 3, 1989.

[140] Susan Wyatt, response to John Frohnmayer, November 8, 1989.

[141] Rev. Timothy Healy, statement to the House Subcommittee on Postsecondary Education, November 15, 1989.

這份聲明很貼切地道出法律與道德之間的區分，違反法律是衆所不容的，但是違反道德仍有討論的空間，不能以違反道德爲名，而妨礙藝術的發展。畢竟道德沒有明確的標準。然而，法律是公衆的生活規範，違反者就必須遭受制裁，雖然現實生活仍有惡法存在。

11月21日華盛頓時報的藝術批評家Eric Gibson報導：

曼哈頓組織的爭議展「見證：反抗我們的消失」已經開幕了。……這個由Nan Goldin策劃的展覽，是呈現愛滋病患所創作關於愛滋病的藝術，由於它的目錄含有攻擊參議員Helms和眾議員Dannemeyer等人的文章，引起了基金會主席的注意。他（John Frohnmayer）認為這個展覽太過於政治化，因此要求退還補助款，但是Wyatt小姐在詢問委員會的意見後拒絕退還NEA的補助款；而Frohnmayer在星期四聽完藝術界每天不斷的譴責後，改變了他的決定。Frohnmayer先生在改變他的決定之前看過了展覽，這個展覽全部都是有關愛滋病的內容。

藝術，尤其是當代藝術，在私人的領域已經變成大的商業，有很多的公司、基金會和個人以各種理由急於支持它們。

Artists Space刊出一系列這樣的支持者，從Morgan Guarantee公司到Andy Warhol基金會，不僅只有一個公司。（有趣的是Robert Mapplethorpe基金會貢獻了展覽的經費）。NEA的10,000美金補助款只占了總經費的三分之一，如果沒有它的支持，Artists Space也是可以從其他地方籌措到錢。[142]

他報導的言外之意是，假設沒有基金會的存在，還是會有人樂意

[142] Eric Gibson, 'Art, Morals, and NEA Taken for Granted', *Washington Times*, November 21, 1989.

捐款，不愁籌不到經費，因此基金會可以裁撤掉。另外，基金會主席Frohnmayer原先因國會的壓力拒絕補助該展覽，後來又因爲輿論的責難與實際看過該展覽後，發現除了哀悼愛滋病者的內容外，並沒有特別爭議之處，而又恢復NEA的補助。這種政策反覆的舉動，對他的行政生涯造成了嚴重的傷害，也惹來一些不必要的批評。

隔天，右派著名的專欄作家與電視評論員，並曾於1991-92年代表共和黨參加美國總統大選的大將Patrick Buchanan在華盛頓時報批評：「上週，作曲家Leonard Bernstein拒絕布希總統的國家藝術獎章，爲什麼他故意心胸狹窄地侮辱總統與第一夫人呢？Lenny爲了抗議NEA取消10,000美金的補助款給頹廢藝術的紐約展，例如垂死的照片、裸體的同性戀等。在藝術與男同性戀團體，以及美國的文化遺產之間，我們必須建立一個分隔的高牆。」[143]Helms參議員是極右派的政治領導人，而專欄作家與電視評論員Patrick Buchanan則是相當有號召力的共和黨批評家，其影響力不可忽視。

另外，在科克蘭美術館撤銷Mapplethorpe回顧展的後半年，12月科克蘭館長Christina Orr-Cahall博士發表一份感性的辭職聲明，解釋爭議過程中的心路歷程與事件的進退兩難，她說：

先前，我向董事會提出辭呈，但未被接受。今天我正式提出辭呈給董事會，從1990年2月1日開始生效，而且辭職已被接受。過去7個月我處在藝術自由與政府責任的全國辯論之間，對我們科克蘭的員工來說，是一個非常艱苦的歲月，因為我們被困在重要性遠超過我們的機構與美國民眾之上的議題。

[143] Patrick Buchanan, 'Where a Wall Is Needed', *Washington Times*, November 22, 1989.

我深信藝術表現的自由，我的專業生涯建立在堅定支持藝術家與當代藝術之上，……我厭惡政治歧視同性戀團體的作為。愛滋病正蹂躪很多人，包括我的朋友和同事；對今日的藝術界來說，這意味著一個大悲劇。作為一個高知名度的公立機構，具有廣大基礎的民眾與兒童的教育計畫，加上國會的氣氛，科克蘭依據委員會的決議，好像成為法律的箭靶與測試的個案般，去建立藝術與色情的法律關係，特別是兒童的色情議題。

我面臨的困難是，我必須屈服於與我自己個人感覺不同的那一端；作為一個行政人員承擔委員會的責任，但環境卻逼迫我去建議董事會考慮取消展覽。這種環境的結合，很不幸地，使與白宮一區之隔的科克蘭成為戰場。[144]

經過了風風雨雨的7個月，除了面對右派國會議員的強烈壓力外，還要面對左派藝術家的強烈指責，取消與不取消展覽都有人批評，二者難以抉擇，而且又不是完全能依自己的意見作決定。此篇辭職感言頗有「人在江湖，身不由己」的感嘆。科克蘭館長Christina Orr-Cahall博士選擇辭職是意料中的事，這個事件也顯示文化行政人員在爭議風暴中的困境，如何處理類似的危機需要智慧與擔當。

爭議經過將近一年的時間，政治鬥爭似乎還沒有停止的跡象，1990年2月5日眾議員Dana Rohrabacher寫了一封言詞聳動的信給其他國會議員，指控NEA補助色情表演，在信的開頭他引述了一句藝術家Annie Sprinkle的話：

[144] Christina Orr-Cahall, 'statement following resignation from the Corcoran', December 1989.

Annie Sprinkle：「後現代色情主義者」與補助款的收款人，在劇場體驗性高潮後說：通常我花了很多錢辦這種事，但是今晚錢是政府補助的！

而且用特別粗黑的字體強調：

國家藝術基金會又重蹈覆轍了！

親愛的同事：

以下的表演對你來說是否適合使用納稅人的錢？

150片XXX級的色情影片的明星，Annie Sprinkle登上舞台，然後——

用不同的「性玩具」手淫，直至達到性高潮；

用橡膠陰莖表演口交，邀請觀眾按摩她的胸部。

總結她的表演，她用婦科的擴張器打開她的陰部，邀請觀眾到舞台來檢視它。

除此之外，Rohrabacher也列出一長串NEA補助的類似爭議個案，最後加上一句狠話：

如果NEA不能堅守它對美國納稅人的責任，那麼我們的責任就是來使他們負責。[145]

不過在2月12日民主黨的眾議員Pat Williams很快地寫了一封反駁2月5日眾議員Dana Rohrabacher的信，內容如下：

---

145 Hon. Dana Rohrabacher, “Dear Colleague” letter, February 5, 1990.

親愛的同事：

最近您收到國會最X級的「親愛的同事」的信，這封信描述一個紐約市的色情表演細節，好像是由納稅人透過國家藝術基金會補助的活動，或許使人覺得有趣，但是，這並不是事實。

事實是這個表演沒有接受國家藝術基金會或紐約市藝術委員會任何一毛錢，基金會特別排除X級色情表演申請補助款。

事實上，納稅人的錢花在Annie Sprinkle的X級滑稽表演是早在出版「親愛的同事」的信之前。……這個事實某些部分被忽略，某些部分被扭曲。

這種「親愛的同事」的信，是用來有計畫攻擊NEA的一部分，他們的目的很明顯：使美國民眾相信基金會故意補助對一般美國民眾產生反彈的作品。國會議員支持基金會，就是支持色情與猥褻行為。[146]

這封信適時地澄清誤會，以免一般民眾受到右派不實信件的誤導，扭曲事實，而使NEA再度受到傷害。右派這種誇大不實的宣傳，著實令人覺得不齒。

然而，2月13日極右的美國家庭協會，在右派的華盛頓時報的募款廣告上又刊登「這是你的納稅錢被花的方式嗎？」

色情明星Annie Sprinkle在政府補助的「藝術」展覽後說：「通常我花了很多錢辦這種事，但是今晚錢是政府補助的！」

NEA是一個聯邦機構提供納稅人的補助款，其中很多是用來支持色情、反基督教的「藝術品」，NEA撥發補助款給藝術界，他們可以

---

[146] Hon. Pat Williams, “Dear Colleague” letter, February 12,1990.

自由的花費稅款，不必對任何人交代這些錢到底是怎麼花的。

不但如此，這個廣告還詳細列出13個NEA補助有色情或同性戀爭議的個案。接著又寫道：

> 去年Helms參議員在參議院提了一個修正案，禁止NEA使用納稅人的錢去支持上述的展覽……眾議員Regula卻提出了一個動議，拒絕讓眾議院表決Rohrabacher的修正案，使得NEA仍繼續接受百萬的稅款，補助這些所謂的「藝術品」。
>
> 下列的名單就是262個國會議員贊成Regula的動議，支持NEA濫用、誤用你的稅款。[147]

這是一種右派政治攻擊的手段之一，一方面誤導民眾NEA都在補助色情展演，另一方面抹黑政敵，把不支持Helms修正案的其他國會議員，都認為是色情或濫用納稅人補助款的支持者，更卑鄙的是故意扭曲事實的眞相，慫恿無知的民眾。

回應美國家庭協會的不實指控，NEA在2月也緊急發布一份聲明，針對上述廣告指控的15個爭議補助個案逐一詳細解釋，根本就不是美國家庭協會所描述的那樣。有些補助並未直接與NEA相關，但是美國家庭協會還是把責任算在NEA的頭上，有所謂欲加之罪何患無詞的感覺。[148]NEA也發覺適時地澄清謠言，有助於釐清事實的眞相。這是非

---

[147] American Family Association, 'Is This How You Want Your Tax Dollars Spent?', fundraising advertisement, *Washington Times*, February 13, 1990.

[148] National Endowment for the Arts, 'Fact Sheet on American Family Association Fundraising Advertisement', February 1990.

常重要的，否則右派顚倒是非，民衆可能無所適從，甚至被政治人物愚弄與利用，錯怪NEA眞的都在浪費納稅人的血汗錢。

3月5日基金會主席Frohnmayer在國會教育委員會報告NEA的成效，他不但說明NEA在吸引民間配合款的成效卓著，而且強調失敗的補助只占全部的一小部分，而且應該容許失敗，不要小題大作，動不動就要用政治來干預或控制基金會：

基金會扮演催化劑的角色：1988年政府給基金會的1.19億美金補助款，產生了超過1.36億美元的私人基金……但是另外一個重點必須澄清。基金會所補助的計畫有些是失敗的，有些個案是觸怒的。就教育來說，為了成功，一個小孩必須允許失敗；就藝術來說，如果要讓創造力能發揮，部分失敗的危險是無法避免的。

當初兩大基金會在立法的時候，有些政治的保守人士關心聯邦控制藝術，……同樣的疑慮，當符合他們的利益時，不但追求聯邦控制，而且還透過國會控制所有的聯邦補助款。

基金會工具性的創立設計競賽，使得年輕的耶魯畢業生Maya Lin贏得越戰紀念碑的設計競賽首獎。

基金會並沒有建立一個學院，沒有設定一個可以接受的美感標準；反而，它！反應我們社會的多元性。[149]

由上述可知，基金會的成效確實値得嘉許，只是部分右派人士一直視其爲眼中釘、肉中刺。

美國「藝術自由」與「政治查禁」的爭議，因媒體的傳播而傳遍全

[149] John Frohnmayer, statement to the House Subcommittee on Postsecondary Education, March 5, 1990.

世界，甚至全美國的藝術界發起大規模的示威遊行，連重要的好萊塢電影明星「超人」Christopher Reeve等五位明星也都參與，一起走上街頭捍衛藝術自由。3月18日，藝術家出身的捷克總理Vaclav Havel特別隔空發表聲明，支持美國藝術界的活動。他說：「全世界即使是有最長言論與表達自由傳統的民主國家，都曾試著去限制藝術家在可接受、傳統與合適的範圍。……但是藝術家必須與已建立的秩序爭論，如果要用社會的鑑賞力來限制其創造精神，就是要否定它的重要性。」[150]

Mapplethorpe回顧展的爭議經過將近一年，不但沒有平息的跡象，戰火反而從首府華盛頓延燒到Ohio州的辛辛那提市（Cincinnati）。辛辛那提市當代藝術中心（Cincinnati Contemporary Arts Center， 簡稱CAC）的館長Dennis Barrie曾在紐約市惠特尼美術館看過Mapplethorpe的作品展，當時深受感動與震撼，因此特別訂下展覽的檔期，準備在辛辛那提市的當代藝術中心展出。雖然Mapplethorpe回顧展在華府引起相當大的爭議，但是他考量該館當時並沒有聯邦、州或地方政府的補助款，所以向董事會報告，並且獲得支持辦理這項展覽。

但是辛辛那提市本身以「反色情的堡壘自詡」，透過社區壓力團體的努力與嚴格的執法，色情的成人書店、X級的戲劇、酒吧的裸體舞蹈、按摩店與雜誌幾乎絕跡。對某些人來說，當代藝術中心決定舉辦Mapplethorpe的作品展並不令人驚訝，因爲他們故意安排「完美時刻」攪亂「大黃蜂窩」。[151]所以，引起軒然大波，而且被叮的滿頭包是意料中之事，十足的左派性格。

[150] Vaclav Havel, statement for Arts Advocacy Day, March 18, 1990.

[151] E. Louis Lankford, 'Artistic Freedom: An Art World Paradox' in Ralph A. Smith and Ronald Berman （ed.）, *Public Policy and the Aesthetic Interest: Critical Essays on Defining Cultural and Educational Relations*,（Urbana: U. of Illinois Press, 1992）, p.239.

面對展覽檔期日益逼近，反對聲浪逐漸高漲，頗有山雨欲來風滿樓的態勢。在1990年3月初，開展前幾個星期，公民團體與檢察官就已經努力去阻止或查禁Mapplethorpe的照片，當代藝術中心的董事會主席，就因爲畫展的反對者施壓給他的老闆，而被迫辭職，成爲爭議的第一個犧牲者。[152]

3月24日John W. Vester、William J. Gerhardt與 Mark Snyder三位醫生針對Mapplethorpe將在辛辛那提市舉行的展覽，提出譴責：「4月辛辛那提市的當代藝術中心計畫展出Mapplethorpe的The Perfect Moment，…… CAC的館長Dennis Barrie去年春天在他於紐約看完展覽後，覺得非常震撼，因而訂下這個展覽。」接著他們批評：「沒有任何東西是高貴的或個人的，反之，我們被邀請去作爲偷窺者，並稱這些作品爲藝術。」[153]

這篇批評已經爲下一階段的衝突埋下了另一個導火線，因爲對於一向民風純樸、反色情的辛辛那提市而言，是否能接受Mapplethorpe的作品，是一項考驗與挑戰。

除了上述的批評之外，Monty Lobb也在3月30日寫道：「辛辛那提爆發了Mapplethorpe攝影展的爭議，該展預定在4到5月於當代藝術中心展出……當代藝術中心不重視公共的責任是令人驚訝的，它10%的營運預算來自我們的稅款，其他的54%來自辛辛那提社區的私人捐贈。」他也批評：「Barrie主張沒有道德或倫理的立足點去減少展覽的照片，他似乎不知道善與惡的差別。」[154]

---

[152] Ibid.

[153] John W. Vester, William J. Gerhardt, and Mark Snyder, 'Mapplethorpe in Cincinnati', *Cincinnati Enquirer*, March 24, 1990.

[154] Monty Lobb, Jr., 'The Side of Virtue and Dignity', *Cincinnati Enquirer*, March 30, 1990.

4月7日開幕當天，Dennis Barrie與他的畫廊被市府當局控告，因展示作品犯了猥褻罪，畫廊與館長即因違反州法令展示小孩子的裸體照片而面臨審判。這個個案是美國有史以來第一次畫廊被指控猥褻罪。[155] 被選的八名審判人員沒有人到過CAC，也很少人聽過Mapplethorpe這個人。這件指控案使得全國的美術館員人人自危，深怕碰觸一些敏感的議題便惹禍上身，甚至引來牢獄之災。

除此之外，由於國會施加壓力給NEA，保證不再補助經費給可能有色情內容的展演活動，所以NEA要求各受款單位或個人填具保證書。因而讓很多受補助的單位或個人有受辱的感覺，造成藝術界的反彈。有些團體或個人甚至就此放棄補助，以示抗議。例如，紐約市莎士比亞嘉年華會的執行人Joseph Papp，在4月9日寫信給NEA主席，拒絕簽訂保證書才得以接受NEA的50,000美金補助款，以維護藝術界的尊嚴。而John Frohnmayer則於14日回覆：「我們把保證書含括在補助款的項目中，是要確認所有的受款人都知道影響1990年度預算的新立法。……我深深地感到抱歉，這種用語會引起如此的關切；我希望您能接受補助款，它是很值得的。」[156]

4月23日John Frohnmayer更親自上右派的電視節目*700 Club*，極力反駁右派對基金會的攻擊與抹黑，他解釋說：「第一，所有的指控沒有一件是我擔任基金會主席時發生的，沒有一件是布希總統上任後發生的事情。第二，過去24年來，基金會大概補助了上百萬的影像，我們爭論的只有大約20多張類似的作品。」[157]他呼籲藝術團體，很多補助案並

[155] Milton C. Cummings, 'Government and the Art: An Overview,' in Stephen Benedict (ed.) *Public Money and the Muse*, (New York: W. W. Norton Company, 1991), p.71.

[156] John Frohnmayer, reply to Joseph Papp, April 13, 1990.

[157] John Frohnmayer, television interview with Rev. Pat Robertson, *The 700 Club*, April 23, 1990.

不是他與布希總統在位時同意的，而且成千上萬的補助案只有很少數是有爭議的，甚至是失敗的，千萬不要以偏概全，抓住這些失敗的個案，窮追猛打。

然而，無獨有偶的，四位同性戀的表演藝術家也就是後來著名的「NEA4」，被John Frohnmayer否決補助款，又掀起另一波的爭議。

5月11日專欄作家Rowland Evans與Robert Novak寫道：「不顧朋友的警訊，NEA這週又要支持許多申請案，可能激發國會嚴重削弱它的獨立性，或者迫使布希在從國會山莊到內地廣泛的文化戰爭中，無法贏得保持中立的位置。……Finley的展覽，其藝術價值被某些人讚賞；但是一旦被其他人譴責，可能就變成另一個1990年Mapplethorpe的個案。」[158]

因「NEA4」的表演內容涉及性的議題，雖然審查小組極力推薦，卻仍被主席所否決。因此，表演藝術家Karen Finley在被NEA拒絕補助之後，寫了一封公開信給媒體，澄清媒體對她的誤解，雖然她的作品常涉及性的議題，但都是爲了爭取女性的權益，而不是右派所指責的性暴露：

我的表演被抽離了它的外在環境，我的形象被不正確與惡意的描述所誤導。我是一個正經的藝術家，到過北美與歐洲表演，從事重要的社會戲劇與藝術創作。但，我是極右派攻擊表現自由的受害者。我認為這次的攻擊是整個透過社會恐怖、偏見與問題，壓迫藝術界潮流的一部分——特別是那些處理困難的社會議題者。

……談到我的作品不道德，很多被激怒的民眾根本沒有看過我的表

---

[158] Rowland Evans and Robert Novak, ‘The NEA’s Suicide Charge’, *Washington Post*, May 11, 1990.

演。Evans和Novak把我描述成「用巧克力弄髒的年輕婦女」，暗示我的作品是色情或性暴露的。實際上，我的作品是要表現反對性暴力、侮蔑女性、亂倫與同性戀恐懼症。

最後，她語重心長地強調：「美國的畫家、作家、劇作家、音樂家、詩人、舞者與電影工作者，因爲我們表現的自由而領導全世界的藝術，如果沒有NEA的幫助，藝術就只是有錢人與有權人的專利。……我希望不同背景的美國民衆都可以繼續擁有免於查禁恐懼的自由。」[159]

5月25日的NEA審查小組也共同發表一份聲明，呼籲支持藝術補助與藝術表現自由的重要性，特別是後現代藝術涉及社會與政治議題，更需要鼓勵與支持，而非只是關心傳統的藝術創作，如下：

新成立的NEA審查小組表示關切，反對主張政府不應提供補助款支持藝術的支持者，以及那些相信補助必須限定在特定的語言要求等等條件者。

藝術界面臨了即將發生的危機。

最近有人主張藝術家的作品應與社會或政治的議題無關，而應專心在創作純藝術，這個觀點顯示對藝術史的無知。……藝術家通常專注在檢驗新的、不可說的、難以解決的社會議題，這些內容中通常是熟悉、挑戰與令人心神不寧的，……在一個民主社會，我們面臨民主法西斯主義的威脅，反抗這種暴政，相互容忍與尊重，不管是對個人或者是多元性來說，支持未受束縛的創造性是必須的保障。

[159] Karen Finley, letter to the editor, *Washington Post*, May 19, 1990.

國家藝術基金會是絕對需要的，它的消失將對美國文化造成深遠的影響，國家藝術基金會使藝術民主化與分權化。[160]

7月4日極左的同性戀表演藝術家，亦被NEA拒絕補助，著名的NEA4之一的Tim Miller發表激進的言論，強調：「我堅信這個不言而喻的眞理：所有的女人與男人都生而平等，他們必須被賦予這些不可剝奪的權利，那就是生命、表現的自由與追求幸福。這種追求並不容易，特別對那些無家可歸者、女同性戀、男同性戀、西班牙裔、女人、非裔美國人等。社會壓榨他們，使他們無法被看見。爲確保這些權益，用挑戰與憤怒的方式，向布希總統講眞話，是藝術家的重要工作。」[161]

表演藝術家Holly Hughes（著名的NEA4之一）與Richard Elovich也在7月28日的紐約時報批評：

John Frohnmayer，NEA主席，採取前所未有的行動否決四個審查小組，以及強烈推薦的表演藝術補助款。這四個補助款被刪的藝術家都從事與性的政治議題有關的創作，其中三位是頗具知名度的男同性戀。

補助款的取消，代表Frohnmayer與布希總統意圖平息Helms及其同夥所在意的同性戀恐懼、厭惡女人等種族主義問題。因為男同性戀藝術家，特別是女同性戀藝術家都長期被忽略，我們的問題也長期被忽視，所以我們需要受到重視，否則爭議將被遺忘。這是第一修正案的議題，影響著所有美國人。

補助款的否決，必須在政府長期漠視AIDS的危機與毫無具體行動

---

[160] Kathleen Sullivan, ‘A Free Society Doesn’t Dictate to Artists’, *New York Times*, May 18, 1990.

[161] Tim Miller, statement, July 4, 1990.

的環境下被了解。……右派的人試著抹黑我們，逼迫我們回到衣櫃內，希望我們窒息安靜地死亡。[162]

他認爲長久以來，藝術的補助系統一直都被所謂的主流——白人、男性、歐洲系統所壟斷，也形成所謂的國家價值，然而這些少數族裔、同性戀、女性等則永遠處於被埋沒的地位，這是非常不公平的。因此，所謂街頭暴動、反社會、次文化等被用來發洩不滿的情緒，時有所聞。而且後現代的重要現象本身就是注重這些弱勢團體的文化與權益，很多美國人，尤其是右派保守人士，到1990年代還不了解這個世界潮流，令人訝異。

面對一連串藝術界及NEA4的批評，7月30日右派的專欄與電視評論家，也是雷根政府的白宮通訊長David Gergen批評：

當國會準備表決NEA的新預算時，藝術界的主要領導人生氣地抗議設定任何補助款的限制，他們聲稱，最近否決的四個補助案，意謂著美國回到查禁的黑暗時代與史達林風格的藝術。

這簡直是胡說八道。……他們在惡意破壞國家的價值，同時希望國家幫忙付款，長大吧朋友們！沒有任何社會願意為他們的死亡付費。[163]

Gergen認爲這些NEA4的藝術家在破壞國家的價值，而且還希望國家幫他們付費。然而，作家Sarah Schulman在8月8日批評：

[162] Holly Hughes and Richard Elovich, 'Homophobia at the N.E.A.', *New York Times,* July 28, 1990.

[163] David Gergen, 'Who Should Pay for Porn?', *U.S. News and World Report*, July 30,1990.

政府又再用同性戀恐懼作為控制社會的工具，就歷史而言，藝術的補助系統一直都保留給中上階級的白人，他們的作品才適合藝術批評家與行政人員的美學品味。……一直到五年前，女同性戀的藝術家幾乎被排除於補助系統之外，結果她們的作品被埋沒，很多女性無法發展她們的藝術天分，但是其他人卻可以，因此，她們的作品就興盛起來。

當我們支持男女同性戀的時候，我們必須拒絕審查的扭曲，系統忽略上千個被排除於補助系統之外的藝術家，因為他們不適合特權階級的標準。事實上，因愛滋病的蔓延產生了一股強烈的反男同性戀的浪潮，包括街頭暴動、移民管制，及繼續忽略愛滋病所帶來的危機。[164]

有關NEA的主席否決NEA4的補助款，有的贊成、有的反對，雙方你來我往，各說各話；但以贊成補助者較符合後現代的社會現象與需求。完美時刻的爭議經過一年的調查，9月11日由國會授權的獨立委員會調查結果終於出爐，其重要的結論如下：

獨立委員會確認表現的自由對藝術是重要的。

淫穢（obscenity）不是保護的言論，所以NEA不能補助淫穢或非法的作品。

淫穢不是第一修正案所保障的言論，國會沒有義務補助淫穢的言論。事實上，淫穢是一種犯罪。淫穢的定義在高等法院1973年的Miller vs. California的個案已有明確的規範，其基本的精神是：

用當代社區的標準，不管任何人都會覺得，整個作品會引起不健康的性趣與好奇心。

[164] Ibid.

作品以觸怒的方式，描畫或描述性行為。

整體來說，作品沒有重要的文學、藝術、政治或科學的價值。

除非一件作品適用上述所定義的每一個條件，在Miller的標準之下都不是淫穢。

NEA現行要求所有補助款的受款人保證遵守禁令，不把任何補助款用在NEA可能認為淫穢的目的……這個要求，部分的法律顧問認為是違憲的。

基於以上的調查結論，獨立委員會建議：

獨立委員會相信，不管是就法定的或犯罪的責任，NEA並不適合作淫穢的法律判定。

NEA應取消，現行要求受款人保證創作的藝術作品不會是淫穢的作法。

建議反對立法，對NEA補助的藝術作品加入特定的內容限制。

最好把所有這些因素作最終的美感判斷，其他的任何附加條件應絕對禁止。

維持一個開放社會的原則，需要所有人能容忍我們不喜歡的，但是這種協調最後的證明是正面的。[165]

[165] The Independent Commission, Recommendations on the Issue of Obscenity and Other Content Restrictions, from a report to Congress on the National Endowment for the Arts, September 11,1990.

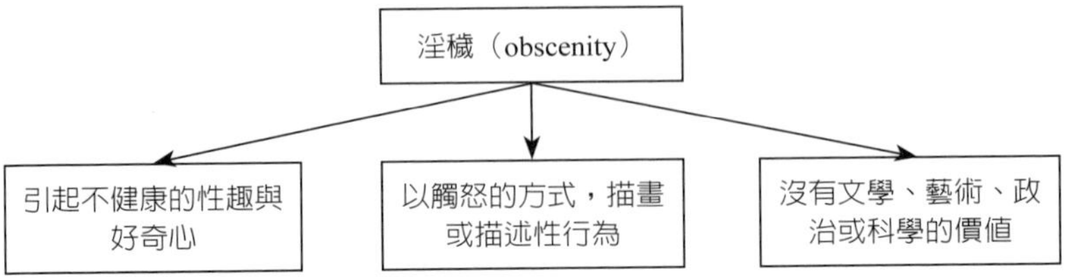

圖4-13　淫穢罪構成的三個要件

針對調查結果，法律專家Stephen Rohde評論：「獨立委員會拒絕國會對內容的限制，直截了當地再確認NEA所授權的工作。特別是支持具有重要的文學、藝術、政治、科學價值的藝術，不管它是否具有明顯的性色彩，都必須被鼓勵。」[166]

在獨立委員會調查報告公布不久，國會在暑期所修正的藝術法案上提報委員會。9月13日參議院的勞工與人力資源小組，以15比1通過支持五年的授權案，而且把「是否淫穢」的問題留給法院裁決。同時，10月4日眾議院教育委員會的委員宣布，他們已經達成兩黨共識，重新授權NEA。最後的法案要求大幅提升NEA州補助款的比例，從1990年的20%增加到1993年的35%，而且要求更廣泛的代表委員，在補助款的推薦小組中，反應多元的藝術與文化觀點，包括一般民眾到各審查小組中。[167]

同時，CAC當代藝術中心的猥褻案，經過長達半年的審查過程，終於在1990年10月5日星期五宣判，Barrie與當代藝術中心被解除所有的指控。在宣判之後，館長Barrie對支持群眾說：「對這個城市來說，這是一個偉大的日子，一個爲藝術與創造力的主要戰爭在這裡開打。要堅

[166] Stephen Rohde, 'Art of the State: Congressional Censorship of the NEA', *COMMENT*, Spring 1990.

[167] Milton C. Cummings, 'Government and the Art: An Overview,' in Stephen Benedict (ed.) *Public Money and the Muse,* (New York: W.W. Norton Company, 1991), pp.745.

定信心，不要讓這種事情再一次發生。」[168]後來被訪問的陪審團人員承認，他們發現這些照片確實是猥褻與令人作嘔的，但最後還是決定「重要的藝術作品不必是美麗的。」[169]即X、Y、Z三個檔案的照片符合「淫穢罪」的前兩個條件，但因Mapplethorpe是重要的攝影家，作品具第三條的「藝術價值」，所以「淫穢罪」並沒有成立。

由國會授權的獨立委員會調查結果出爐，提供相關單位與民衆對藝術與色情爭議的建議，使得喧騰一時的Mapplethorpe爭議暫時得到解決，雖然之後仍有零星的批評或報導。獨立委員會具有相當的公信力，其調查結果能夠讓左右兩派人士接受，長達一年半的爭議終於劃下句點。

二、分析與解釋

本節將依藝術家背景、美學、政治、經濟、道德、文化政策、媒體等項目，詳細分析本爭議的因素及其衝突，俾進一步的了解爭議的原因，作爲改進的參考。

（一）藝術家背景

Andres Serrano 是一個拉丁裔，住在紐約布魯克林區，曾信奉天主教的藝術家。他的尿撒基督有二項涵義：第一是對宗教商業化與虛僞化

[168] E. Louis Lankford, 'Artistic Freedom: An Art World Paradox' in Ralph A. Smith and Ronald Berman (ed.), *Public Policy and the Aesthetic Interest: Critical Essays on Defining Cultural and Educational Relations*, (Urbana: U. of Illinois Press, 1992), p.244.

[169] Ibid.

的批判，第二是以身體的液體與天主教的圖騰來創作，並分享耶穌基督的「身體與血液」。[170]Richard Goldstein說明：「在十五歲時，Serrano被學校退學，到Brooklyn美術館學繪畫。廿一歲時他放棄繪畫，成為吸毒者（junkie）。放蕩七年後又開始攝影的生涯。」[171]

另一位藝術家Mapplethorpe生於1946年的紐約市，1989年死於愛滋病，享年43歲。Richard Cork寫道：「1970年代，在Brooklyn的Pratt Institute畢業之後，開始了畫家與雕塑家的展覽生涯。……他成長於一個中產的天主教家庭，十六歲時就離家到Brooklyn。後來與他的好友兼同伴Sam Wagstaff蒐集老照片。最開始購買的是Baron Wilhelm的男性裸體專輯，這些古典的照片啓發了Mapplethorpe，但是他自己再朝歌頌男性的美往前邁了一大步。」[172]

兩位藝術家與Andy Warhol都有關係，Mapplethorpe曾擔任Warhol的 Interview雜誌攝影師，Goldstein評論：「Serrano並不是繼承於Mapplethorpe，而是繼承於Warhol。他的90年創作主題與soup cans（湯罐頭）是一樣的：性感的肉體、燃燒的光芒；我們這個時代的圖騰。」[173]由此可知，兩位前衛攝影師與Andy Warhol都有相當的淵源。在本次爭議之後，其作品的行情也跟著水漲船高，世界性的展覽接二連三。但是，爭議也跟著散布到世界各地的展覽地點，直到2001年末仍在發燒中。

以兩位藝術家的網路作品來看，Serrano比較具有色情與暴力的特

---

[170] Joseph W. Zeigler, *Arts in Crisis: The National Endowment for the Arts versus America*. (Chicago: A Cappella Book, 1994), p. 69.

[171] Richard Goldstein, 'The taboo artist', *Village Voice,* 03/09/1997. Vol. 42, p. 50.

[172] Richard Cork, 'After Shock', *The Times*, 11/24/2001.

[173] Richard Goldstein, 'The taboo artist', *Village Voice,* 03/09/1997. Vol. 42, p. 50.

質，即使連最近的展覽都引起相當大的風波。以下所選圖片已經過濾掉一些性虐待的畫面，而Mapplethorpe的作品不但藝術性較高，受到藝術界的推崇，而且在1987年去世之前更成立基金會，捐款研究愛滋病的防治與醫療。

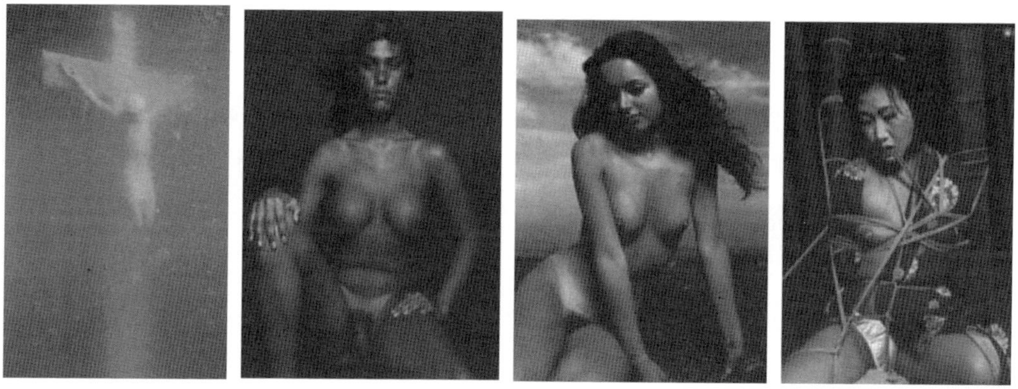

圖4-14　Andres Serrano 的網路作品

資料來源：http://www.photology.com/serrano/

圖4-15　Robert Mapplethorpe的網路作品

資料來源：http://www.mapplethorpe.org/selectedworks.html

（二）美學

由於本爭議，美學有關的內容龐雜，擬再分觀念的差異、爭議的價值、虛無主義、標準的模糊與藝術的社會責任等五個議題，討論如下：

1. 觀念的差異

觀念的差異是爭議的根源之一，本次爭議最主要在於Mapplethorpe的攝影作品到底是「藝術」或者是「淫穢」。一般來說，右派的衛道人士認爲部分的作品有男同性戀的不雅內容，以及小孩的裸露鏡頭，嚴重妨害風化，NEA不應該用納稅人的血汗錢去補助類似的作品；而左派的自由人士則認爲藝術家亦有言論自由，並應受憲法第一修正案的保障，不但可以不被查禁，也應取得公共的補助，進行類似的創作。因爲認知不同，所以爭議期間都是各說各話，尤其是西方的藝術思潮在1970年代之後進入後現代的反傳統時期，很多藝術創作因主張多元化、重視弱勢團體，如少數民族、女性主義、男女同性戀、身心障礙人士等人的權益，這種反西方主流文化，並用藝術作爲攻擊的手段，當然會引起右派保守人士對前衛藝術的反彈。

例如，6月23日曾於1982至1988年擔任NEA委員的保守派音樂評論家Samuel Lipman批評：「上週科克蘭美術館取消Mapplethorpe的展覽，他們是對整個藝術理論展現說『不』的權利。這個理論假設藝術『通常在處理人性最極端……』這種藝術的標準因此變成去激怒、碰觸神經，這種訴求震撼的藝術是值得懷疑的。」[174]Samuel Lipman是很有影響力的右派藝術批評家，但是觀念仍支持傳統藝術，因此對激進的藝術採取排斥的態度。George Will也批評：「如一些藝術家所說的，如果沒有人可界定藝術是什麼，那麼藝術將變成一種無法界定的領域，NEA

[174] Samuel Lipman, 'Say No to Trash', *New York Times*, June 23,1989.

變成了NEE（National Endowment for Everything），它將需要更多的預算。」[175]

另一方面，部分左派人士持不同的看法，例如攝影家兼批評家Allan Sekula批評右派的批評家：

> Kramer 和Lipman在雷根時代開始就限制基金會藝術的補助，……他們希望建立一個傳統偉大藝術平穩、權威的標準，為一些聰明有禮與傳統標準對話的當代藝術家辯解，而這些無禮、具攻擊性、拆穿傳統藝術假面具的藝術家就不被認為是優秀的，他們不喜歡達達派藝術家。
>
> 真正使保守派懼怕的是一個真正受歡迎、開放的同性戀文化，一種可以在社會上培育聯盟與連結不同意見和主流團體的文化。他們懼怕那種出現在1969年之後政治化的男女同性戀文化，而且正在集合力量對抗愛滋病的危機。[176]

除此之外，左派人士也主張「藝術即生活、生活即藝術」；藝術作品與日常生活用品就很難加以區分，所以會造成上述的窘境，也使得文化行政人員倍感困擾，不知如何決定哪些是藝術，哪些不是藝術？哪些應該補助，哪些不應該補助？1917年Duchamp的作品《泉》（*Fountain*）就是很好的例子。該作品雖然在當時被認爲不是藝術品且遭丟棄，但是50年後的觀念藝術及裝置藝術卻深受該作品的影響，也爲傳統藝術開拓出更寬廣的發展空間，使藝術創作更爲自由開放。

因此，筆者強調觀念的差異是民主社會的常態，但是容忍不同的思

---

[175] George Will, 'The Helms Bludgeon', *Washington Post*, August 3,1989.

[176] Allan Sekula, '"Gay-Bashing" as an Art Form', *Los Angeles Times*, October 21, 1989.

想或表現方式是社會進步的動力；否則社會將趨於保守，停滯不前。美國因其社會風氣開放多元，所以能執世界的牛耳，這次爭議即是一相當大的考驗。

2. 爭議的價值

對部分文化行政人員來說，行政的失敗或事情處理不當才會產生爭議，於是便認爲爭議是負面的。然而，後現代時期，部分藝術家確實使用「爭議」作爲提高知名度的手段，因爲平凡的藝術家衆多，要有所突破，必須與衆不同、別出心裁。製造爭議才能受到媒體的注意，而媒體也希望報導一些與衆不同的新聞，提高收視率，以贏得更多的廣告贊助。因此，媒體與前衛藝術家有其共生之關係。

雕塑家Frederick Hart批評：「追求爭議變成當代藝術的一種重要消遣，而且愈大愈好……看看你的周圍，毫無藝術可言的當代社會已經來臨，因爲藝術哲學與爲誰而創作的基礎已經瓦解。錯不在於民衆拒絕去支持藝術，而是在於藝術拒絕去滋養民衆。」[177]攝影批評家Andy Grundberg也批評：「在所謂淫穢、褻瀆神明或觸怒的藝術爭議之後的結果是，藝術家的生涯突然像火箭一樣的向上直衝。……在今日的文化，惡名昭彰通常等同於有名，有名則是通往成功之路。」[178]

綜上所述，對爭議有正面與負面的看法。大部分的人，尤其是文化行政人員畏懼爭議；但是藝術家與媒體工作者卻常是爭議過程中的獲利者，前者因爭議而知名度大增，作品價值也跟著急速上漲，而後者則在爭議過程中大撈一票，所以即使沒有爭議，也要自己製造一個。因此，文化行政人員應了解爭議的性質，善用爭議的正面價值，營造雙贏的局

[177] Frederick Hart, ‘Contemporary Art is Perverted Art’, *Washington Post*, August 22,1989.

[178] Andy Grundberg, ‘Art Under Attack: Who Dares Say That It’s No Good?’, *New York Times*, November 25,1990.

面，如泰特畫廊的磚頭個案就是一個好的例子。本個案二位藝術家的名氣因爭議而聲名大噪，但是NEA就沒有那麼的幸運了，因爲其主席及科克蘭美術館的館長都因本爭議而下台。

3. 虛無主義

左派的「虛無主義」（Nihilism）作風，藝術創作不考慮任何社會責任也是本爭議的批評焦點之一。藝術家兼批評家Don Gray批評藝術界的虛無主義作風：「過去三十多年來，不管任何風格，在藝術界漸漸地意識到狡詐與虛無主義成爲掌控與流行的特質，……所謂『虛無主義』就是相信存在沒有任何目的與意義。」[179]他也舉出Duchamp的作品《L. H. O. O. Q》來批評一番：「達達藝術之一的是1919年Marcel Duchamp在Mona Lisa的複製品上畫上象徵任意破壞的鬍鬚，這與Piss Christ有異曲同工之妙。」接著強調：「我們必須跨越當代的狡詐與虛無主義，創造永恆與生活論題的天才藝術。……因此，NEA強調流行的狡詐與虛無主義，長久以來已經對藝術造成傷害。」[180]

1916年一戰期間興起於瑞士日內瓦的達達主義，是對殘酷戰爭的思考，對工業文明的反省，對社會的失望，對傳統藝術的反抗。第一次世界大戰證明，工業文明雖然帶給人類社會進步的象徵與福祉，但是其對人類的傷害也是史無前例的浩劫。因此，工業文明並不一定可以造福人群，反而會毀滅全人類。「無政府主義」與「虛無主義」則在抗議國家機器對人民的統治與壓迫，有其正面之意義；不過Don Gray卻持負面的看法，認爲虛無主義就是不好的，應創造永恆的天才藝術。

他更提出傳統哲學求眞、求善、求美的遠大目標，作爲藝術家努力

[179] Don Gray, letter to the Senate Subcommittee on Education, April 5, 1990.

[180] Ibid.

的方向，「藝術的自由是幫助藝術家更了解我們，也更陶冶於三個先驗的理想——眞、善、美。……因此，廿世紀的藝術家已經改變藝術的目的，從三個先驗的理想到挑戰與革命。我建議：喚起人類最精緻與高貴的情操去追求眞、求善、求美。」[181]這是一種傳統的美學觀念，但是經過50及60年代的基本人權及反越戰等社會運動後，藝術的目的已不再只是追求眞善美而已，它也可以成爲政治的利器，挑戰社會議題，追求社會公平等等。如此一來，新舊觀念不同，衝突必然產生。站在多元的立場上，虛無主義在凡事講求競爭的資本主義社會，民衆生活在緊張的環境中，仍有其正面的意義，不應全盤地否定其價値。

4. 標準的模糊

由於參議員Helms在參議院提出修正案，擬限制NEA補助的內容不得涉及性、宗教詆譭或種族歧視等議題，引起部分自由派人士的不滿，例如評論家Nicols Fox在*New Art Examiner*批評：「面對國會，公共的藝術補助從來就沒有好日子過，很多國會議員並不具備專業或令人信服的美感判斷力；相反的，他們用道德的判斷來爲政治目的服務。特別是道德方面，確實是群衆的向心力所在。……在一個預算緊縮的時候，藝術是一個好的攻擊目標。……政府的藝術……幾乎很快就被藝術史所遺忘。」[182]他批評政治人物常常以道德或政治的判斷，來取代美學的判斷標準，而順應政府要求的藝術，往往只是平庸之作，並無多大歷史價値。

另外，英國著名的文化藝術評論家Robert Hughes，在英國的倫敦時報（*Time*）大聲的批評Helms的修正案是文化民主的瘋子傻事，他說新

[181] Hon. Henry Hyde, 'The Culture War', *National Review*, April 30, 1990.

[182] Nicols Fox, 'NEA under Siege', *New Art Examiner*, Summer 1989.

文化是選擇性的、不穩定的東西，其意義是模糊的、結果也是不確定的。」[183]藝術文化的界線是很難區分的，Helms的修正案希望限制較具爭議性的藝術表現；然而其標準卻很難確認，如果眞的通過實施，勢必造成藝術界的恐慌，形成自我審查，對文化藝術界的傷害非常大。

由此可知，藝術有其模糊與多元的特質，如欲強加限制，勢必會傷害藝術創作的自由發展。只要在合法的情況下，應鼓勵自由創作，並以開放的心胸接納前衛的創作。

5. 藝術的社會責任

藝術家的「社會責任」部分也是爭議的重點，因爲前述主張虛無主義的藝術家相信，存在沒有任何的意義與目的。因此，對社會也沒有什麼責任與義務，即使接受公共的補助款也是我行我素，不在乎其他社會成員，甚至納稅人的看法。如此一來，當然會引起爭議。例如Frederick Hart就批評：「在古希臘時期，藝術作品的判斷，美感與道德是不分開的……在當代，藝術拒絕道德責任，是最近藝術與民衆對立的根源。國會刪減補助顯現民衆對藝術重要性的懷疑，其導因於只全神關心自己的藝術，已經完全喪失對公共利益與人類福祉的關心。」[184]藝術家放棄社會責任是一種消極的人生態度，但是十八、十九世紀所謂「波希米亞」型的藝術家，如哈爾斯、梵谷，就是典型的例子，他們的生活窮苦潦倒，但是藝術卻是留傳後世的偉大傑作。表面上，他們似乎不負任何社會責任，甚至成爲社會的負擔，但是他們卻爲藝術史留下珍貴的一頁。

另一種情形剛好相反，藝術家積極的投入社會，專門挑戰一些敏

[183] Robert Hughes, 'A Loony Parody of Cultural Democracy', *Times*, August14,1989.

[184] Frederick Hart, 'Contemporary Art is Perverted Art', *Washington Post*, August 22,1989.

感的社會議題，如同性戀、少數民族、弱勢團體的權益等，Serrano的「尿撒基督」與Mapplethorpe的「完美時刻」諸如此類的作品。然而此類作品卻很容易觸怒以歐洲文化、男性、白人、三四十歲的主流文化操控者，如Helms等極右派的人士。Steven Durland就曾大聲的批評這些當權者：「他們不了解很少人喜歡跟他們一樣，相反的，他們需要成爲他們自己的自由，生活在他們自己的宗教、自己的歷史與自己的文化中。這的確對一個把自己想像爲白人、基督徒、異性戀與男性的國家是一個威脅。」[185]因爲懼怕整個思想、文化、價值，甚至利益遭到威脅，於是政治的干預在所難免。尤其以前主張美國是一個大融爐，不同的社會文化價值、宗教語言，都應該被融入這個大融爐內，成爲單一文化。但是，後現代主張多元文化，尊重弱勢團體，保留文化差異。後現代的多元共存，已代替傳統的單一標準。

針對社會責任這個議題，藝術批評家Eleanor Heartney就曾語重心長的警告：「藝術界常常被指責道德上放縱自己與在社會上過於傲慢。……我們藝術界必須爭取社會各界的信任。眞正來說，今天大部分的藝術品，對於由收藏者、畫商、藝術家、策展人、批評者，所構成緊密系統之外的任何人，有何重要性？如果沒有，我們如何繼續要求每一個藝術家有第一修正案的權利，並要求補助？」[186]

如果藝術家對社會一點幫助都沒有，也不負任何社會責任，那麼他們如何要求社會給他們補助，這是一個值得深思的問題。於是，他建議藝術界：「長久以來忽略任何道德與社會的責任，藝術界現在處於一個不利的地位，極右派所挑起的查禁幽靈與極權的議題，眞的是一種

[185] Steven Durland, 'Censorship, Multiculturalism, and Symbols', *High Performance*, Fall 1989.

[186] Eleanor Heartney, 'Social Responsibility and Censorship', *Sculpture*, (January/February 1990).

警訊。但是，如果我們要說服社會大眾『藝術表現的自由眞的非常重要』，那麼首先我們要由自己做起，開始相信它。」[187]

因此，談到藝術的社會責任問題，藝術界應思考其創作的正面與負面的價値，尤其是接受公共的補助時，更是必要。如果一味地要求補助，卻又不善盡其社會責任，有損善良風俗，甚至有違法之虞，當然會引起民衆的反彈。

上述有關美學的爭議，因左右兩派對藝術與淫穢、藝術爭議、藝術家的社會責任與虛無主義之間有相當大的認知差距，才會造成爭議與論戰，如果堅持己見，當然更是爭論不休永無寧日。在多元文化的後現代社會，「多元思考與寬容」是一個很重要的素養，彼此尊重不同的文化才能和平相處，這也是獨立委員會最後的調查結論與期許。

（三）政治

政治力量介入這次爭議是很明顯的事，右派有組織、有計畫的政治力量介入，激化了整個事件。後來，左派回以同樣的手段，使整個事件由單純的藝術爭議，擴大成全國性的政治衝突，其過程值得研究。下文擬依政治的手段、言論自由與政治查禁、與政治的立足點，論述如下：

1. 政治的手段

首先，可以從很多現象看出這次的藝術爭議，是右派的政治人物希望透過爭議事件，來獲取自己的政治利益與個人前途。例如7月25日極右的美國家庭協會發布一篇新聞稿，要求參議院停止所有基金會補助藝術的經費，或者提供其他團體的藝術家同樣的補助款；要求其他美國人

[187] Ibid.

與沒有受到補助的藝術家，加入聯繫他們的參議員；要求政府結束對色情與反基督教的1.71億美金的補助款。接著，10月25日基督教廣播網，以及基督教聯盟的主席Rev. Pat Robertson寫了一封頗具煽動性的公開信，一方面痛批納稅人的血汗錢被用來支助色情的同性戀照片展；另一方面趁機招募會員，助長其影響力。另外，1990年2月5日眾議員Dana Rohrabacher寫了一封言詞聳動的信給其他議員，指控NEA補助Annie Sprinkle的色情表演。過了一週，2月13日極右的美國家庭協會又在右派的華盛頓時報的募款廣告上刊登「這是你納稅錢被花的方式嗎？」這些透過公開信、報紙廣告的舉動，不但政治意味十足，而且不惜運用扭曲、誇大事實的眞相，來慫恿群眾，藉以擴大其政治勢力。

*Art in America*的批評家Carole S. Vance在〈文化戰爭〉（The War on Culture）一文深入的分析極右派的政治手段如下：

藝術界因一連串的事件感到驚訝，……但更新鮮的是當代右派政權的結合。過去十年，保守黨與基本教義派的團體，已經透過社會爭議，熟悉部署基礎群眾的技術和運用群眾運動在社會議題上，通常集中在色情、性別和宗教上。

基本教義派與保守黨的人士，現在引導大量群眾來攻擊「精緻文化」。以前他們的努力都集中在「通俗文化」上——攻擊Tipper Gore所領導的搖滾音樂、抗議The Last Temptation of Christ和在Messe Commission的戰爭中抗議色情。……

以前改變NEA方向的努力多半透過機構和行政的管道：藉由提名較多的保守派人士到政府機關、國家藝術委員會，選擇較保守性格的主席。在某些個案中，推翻專門小組的補助決定……，這次的NEA爭

議，是第一次使用挑起情緒的巨大政治運動。……[188]

以前藝術界總是沉醉於傳統美學「爲藝術而藝術」的美夢中，不管江湖俗事，但是這篇文章卻精闢道出右派保守人士的政治陰謀。以前他們只是透過比較含蓄的作法，安排保守派人士於重要職位來掌控，但這次卻運用大規模的政治運動來攻擊，令左派人士措手不及。

面對右派有組織的政治運動，左派的藝術家及其支持者剛開始一直處於挨打的位置，到後來才團結起來，運用相同的組織策略來號召群衆，展開反擊。例如，7月16日國立藝術家協會公開發表一篇反對查禁的簡短聲明。1990年1月藝術批評家Eleanor Heartney寫道：「經過長時間找尋可以團結的基礎，藝術界在日趨查禁的社會中，正高興於少有的共識，即他們是最後表現自由的堡壘。」[189]剛開始對藝術家或其支持者，只是零星的反駁或反抗極右派的政治壓迫，到了1990年初之後，藝術界才漸漸團結起來。不但如此，在2月5日右派的衆議員Dana Rohrabacher寫了一封不實的公開信之後，2月12日民主黨的衆議員Pat Williams很快地寫了一封信反駁其指控，並揭發其陰謀。針對2月13日極右的美國家庭協會在右派的華盛頓時報所刊登的醜化NEA的不實廣告，NEA也立即在2月反駁，並一一解釋其事實爲何。甚至好萊塢的影星更領導所有言論自由的支持者舉行大遊行，團結左派及藝文支持者的力量，反抗右派對言論自由的打壓。5月10日AIVF更運用右派號召群衆的策略，發表了一封公開信，呼籲藝術界的支持者分別聯絡其區域之國會議員，聲明支持藝術自由的立場，共同反抗右派的攻擊，並且獲得不

188 Carole S. Vance, 'The War on Culture', *Art in America*, September 1989.

189 Eleanor Heartney, 'Social Responsibility and Censorship', *Sculpture*, (January/February 1990).

錯的效果。

Zeigler寫道：「這些組織鼓勵全國民衆寫信到國會，結果在1989年時，大部分的信都是來自宗教的右派；但是到1990年的暑假，情勢卻有了轉變，更多的信是來自於藝術的支持者。」[190]顯見政治運動確實有其實質的效果與影響力，不容藝術界忽視，而以「政治的手段」來對抗「政治的干預」，才是最佳的方法。

2. 言論自由與政治查禁

在爭議的過程中，左派的藝術界支持者不斷的高喊「言論自由」的重要性，並控訴極右派團體的作爲是一種「政治查禁」。例如Joshua P. Smith就批評：「藝術的審查將導致單調無生命的藝術、創造力與人類的精神，如人生一樣需要探索與冒險。……所有這些將導致日趨干涉藝術的政府，透過補助介入去控制展覽，更糟糕的是美術館因爲懼怕爭議而進行自我審查（self-censorship）。」[191]他認爲審查會影響藝術的自由發展，甚至導致藝術界像科克蘭美術館一樣，爲了懼怕國會刪減預算而進行「自我審查」。

Steven Durland也批評這些弱勢團體常常成爲審查的受害者，他說：「到底是誰在從事被查禁的藝術？Mapplethorpe是男同性戀、Serrano 是西班牙裔、Scott Tyler是黑人。……這些查禁的舉動是因種族主義、同性恐懼症或性別偏見而起。」[192]從歷史的角度來看，他們在政治上也常是被壓迫者。在主張多元文化與民主自由的時代，實不宜輕言審查，否則少數族裔易受傷壓迫，日久之後，將成爲社會動亂的

[190] Joseph W. Zeigler, *Arts in Crisis: The National Endowment for the Arts versus America.* (Chicago: A Cappella Book, 1994), p.85.

[191] Joshua P. Smith, ‘Why the Corcoran Made a Big Mistake’, *Washington Post*, June 18, 1989.

[192] Steven Durland, ‘Censorship, Multiculturalism, and Symbols’, *High Performance*, Fall 1989.

來源——911恐怖攻擊的部分原因即在於此。除了譴責這種恐怖行動之外，也應檢討整個社會制度、種族歧視、宗教信仰等是否被公平合理的對待。

除了媒體的辯論之外，國會對此爭議也爭論不休，例如衆議員Hon. Ted Weiss在教育小組的辯論中聲明：「很清楚地，最近限制與有害的反彈，已經開始沮喪或更精確地說，凍結藝術的發展，讓我們注意這個警訊。我們不允許國會扼殺表達的自由，……藝術家是社會的觀察員、批評家與支持者，他們說出別人不敢說的……世界上的其他國家，有可以接受與不能接受的標準，我們稱它爲極權國家。……美國政府必須繼續置於、界定可以接受藝術表現的事務之外。」[193]

但是Hon. Mel Hancock在衆議院則持相反的看法，他說：「對我來說，NEA剛好又是另一個浪費的政府機關，無恥地浪費納稅人的血汗錢……我所得到的結論是，保障納稅人利益的唯一方法就是：完全取消補助，關閉國家藝術基金會。」[194]前後兩者的意見不同，前者強調表現的自由，後者則強調NEA浪費人民納稅的血汗錢，應該關閉。

至於這次爭議對藝術界是否有負面影響，Carole S. Vance分析：「面對性有關的影像，藝術界通常有所謂的『自我審查』，跡象顯示愈來愈多的報導圍繞在，策展人重新用不同的眼光，檢驗他們可能引起民衆憤怒的典藏，更加猶豫地辦理包括非傳統材料的展覽。在這些日子裡，藝術家已經感受到，只有部分風格的影像才可以得到補助的傷害。」[195]

這種政治查禁的陰影對藝術家以及美術館的影響太大了，科克蘭美

---

[193] Hon. Ted Weiss, statement to the House Subcommittee on Postsecondary Education, April 4, 1990.

[194] Ibid.

[195] Carole S. Vance, 'The War on Culture', *Art in America*, September 1989.

術館的撤展就是一個很好的例子，而辛辛那提市的當代藝術中心以及館長更遭到司法起訴，整個藝術界突然蒙上政治恐怖的氣氛，無異於極權國家的獨裁統治一般。這也是爲什麼左派的自由人士極力站出來爭取言論自由的原因，因爲藝術展演如果遭到查禁，其他的生活自由也將難逃一劫。因此，藝術表現的自由是言論自由的前哨站，當其遭到危害時，言論自由就有受傷害的危險，這也是爲何左派人士不惜與右派人士爭論的原因。

3. 政治的立足點

在整個爭議事件中，從極右的保守到極左的激進，可以區分好幾種不同的政治立場，例如參議員Helms與美國家庭協會屬於極右的立場，希望藉群眾運動所形成的政治力量，打擊所謂的敗壞傳統道德與家庭價值的藝術家，甚至從中謀取政治利益。大部分的學者、批評家、專欄作家則屬於中間偏右或中間偏左的立場，例如中間偏右的Hon. Henry Hyde提倡喚起人類最精緻與高貴的情操，去求眞、求善、求美。

中間偏左，如前國會議員John Buchanan批評神職人員的保守態度往往傷害藝術的發展。至於激進極左的藝術家，如Tim Miller發表藝術家對國會宣布獨立，並且說：「用挑戰與憤怒的方式，向布希總統講眞話，是藝術家重要的工作。」激進極左的批評家布魯克林學院的教授兼名詩人Allen Ginsberg痛批Helms，「這些酒類與尼古丁的大亨們，傲慢地任用他們自己爲公共道德的裁判者……這些虛僞的惡棍，已經入侵美術館，並準備擴張到藝術委員會、人文機構、大學，再過不了多久，國會、公立機構與藝術館是否將成爲這些文化黑手黨的人質？」[196]她批評Helms表面上以代表美國家庭倫理道德的倡導者自居，實質上卻是

[196] Allen Ginsberg, letter concerning NEA, August 14, 1989.

菸、酒、武器等人類致命毒品的推銷員。

由於彼此的政治立場不同，對爭議的看法與反應也不一樣，但是政治人物因具豐富的政治資源與動員群眾的手腕，因此選擇以藝術文化作為打壓的目標。Richard Serra在紐約聯邦廣場的雕塑Tilted Arc被移走，就是一個明顯的例子。藝術家們平常只在乎為藝術而藝術，或因理念不同而各自為政。力量分散，更容易成為攻擊的目標。還好，在此次爭議的末期，藝術界終於團結起來，運用政治力量還擊，才保住「補助內容」不受國會限制的創作自由。

（四）經濟

經濟的議題擬分市場經濟、內容的限制與民調的支持，論述如下：

1. 市場經濟

經濟議題雖與此次爭議無直接相關，但是「公共的補助款」是否適合支持有色情爭議的藝術展演活動，成為爭論的焦點。右派人士強調：藝術家們可以用私人的經費作任何創作與展演，但是涉及公共的補助，一定要承擔社會責任。甚至主張藝術贊助是私人的事情，藝術的存在與否應由市場決定，NEA應該廢除。

例如7月25日極右的美國家庭協會發布一篇言詞聳動的新聞稿，主張市場經濟，讓「市場的成敗」決定藝術的去留，並裁撤NEA。11月21日華盛頓時報的藝術批評家Eric Gibson也評論當代藝術本身已是一種商業，而且私人公司、基金會很樂於贊助金錢，NEA的補助款只占三分之一，所以裁撤NEA其實對藝術界並無影響。[197]這種言論常常在反政

[197] Eric Gibson, 'Art, Morals, and NEA Taken for Granted', *Washington Times*, November 21, 1989.

府補助的批評中看到，他們分不清補助（subsidy）與贊助（patronage）的不同，前者給錢，但不要求任何回饋，後者也給錢，但是期盼從中得到更多的回饋。1979年以後的商業藝術贊助，一般來說都屬於後者；而前者由國家無條件支持藝術家，始於英國的藝術委員會。美國設置NEA的原因，最主要也希望由聯邦補助藝術經費，以導正過於市場商業導向的藝術創作，使藝術文化免於庸俗化的危險。

2. 內容的限制

至於公共補助款是否限定內容的議題，哈佛大學法學院的教授Kathleen Sullivan撰文表示：

> 很多人主張設定限制國家補助藝術的內容，但是他們忘了第一修正案。在一個自由的社會，這種內容的限制並沒有立足點。
>
> 限定內容的提倡者通常提出三個理由，但是這三個理由都是錯誤的。……
>
> 重視品質而不是政治的愉悅為必須的標準，除了中立非政黨性的美感要求，聯邦的藝術補助不應該有任何限制。在一個自由的社會，藝術家不應該成為政府的傀儡，而應該依照他們的音樂跳舞；一個自由的社會，藝術不應如宗教或政治般有官方的教條；一個自由的社會，這種教條不可以被權力的獎賞所收買，或被武力所壓迫。[198]

從美國憲法第一修正案的立場來說，其精神與英國的ACGB是一樣的，即國家補助藝術的展演活動。但是不能要求藝術家什麼可做、什麼不可以做，否則與共產極權國家有何不同，只是極右派的人士還是不能

[198] Kathleen Sullivan, 'A Free Society Doesn't Dictate to Artists', *New York Times*, May 18,1990.

接受這種看法；而主張自由市場，讓市場的成敗決定藝術的前途，如此，藝術將與商品一樣，受到市場與經濟的操控。

著名美學家Arthur Danto也提出他的看法：「對每一個納稅人的權益來說，支持藝術的自由是很重要的，即使是一種非常極端的表現；但是，每個人都注重在東西的品味，其實自由才是每一個國民的利益所在……納稅人支持自由的創作與展覽藝術，即使是他們覺得反感的藝術。」[199]他認爲雖然有些作品的表現非常極端，甚至如Serrano 與Mapplethorpe的作品令部分人覺得反感，但是仍應該受到公共的支持。這是必要，但不易被一般人接受，也是爭議的起因。

然而，觀念藝術、裝置藝術之所以能在美國興盛的原因是藝術家因經濟資源充沛，不必考慮現實生活的壓力，所以可以擺脫商業畫廊的操控，藝術創作的空間變得非常的寬闊，不論是廣度、深度或創造性都是別的國家無法相比的。因此，在很多的藝術表現上都可以執世界的牛耳，其原因在此。倘若如右派保守人士主張的取消NEA或設定補助的內容限制，將會束縛藝術發展的空間，甚至造成藝術界爲了爭取補助款，或怕補助款被刪而自我審查。

3. 民調的支持

雖然1989年發生一連串的藝術爭議事件，一般民衆對政府補助藝術的支持度仍然呈現穩定上升的局面。根據美國藝術委員會（American Council for the Arts）1980、1984、1987、1992年的民意調查顯示，一般民衆認爲聯邦政府應補助藝術的支持率分別是50%、55%、59%、60%。[200]調查結果顯示，民衆對政府補助藝術的支持度仍然呈現逐年上

---

[199] Arthur Danto, 'Art and Taxpayers', *The Nation,* August 21/28,1989.

[200] Joseph W. Zeigler, *Arts in Crisis: The National Endowment for the Arts versus America.*(Chicago: A Cappella Book, 1994), p. 121.

升的趨勢，不過1992年的成長幅度趨緩，只上升1%。由此可知，公共經費支持文化藝術的展演，已經普遍獲得美國民眾的支持，其成效也獲得肯定，並沒有受到爭議事件太大的影響。這也是全球性的共同趨勢，即藝術文化的欣賞與普及，已是國民應享的文化權利。透過公共的補助，讓更多的民眾享受藝文資源，而非只是少數人士的特權或奢侈品，這是公共補助系統存在的重要理由之一。

（五）道德

道德的議題擬分藝術vs.道德，與藝術vs.宗教，二者分述如下：

1. 藝術vs.道德

道德的議題在本爭議中扮演著相當重要的角色，Serrano的「尿撒基督」與Mapplethorpe的「完美時刻」就是因為「藝術」與「道德」的爭議而起。右派的衛道人士因看到Serrano的「尿撒基督」很明顯的褻瀆神明，而Mapplethorpe的「完美時刻」當中的XYZ三個檔案又包含一些男同性戀及兒童性暴露的作品，使得極右派的政治人物，有攻擊藝文界及裁撤NEA的藉口。他們運用道德與宗教的訴求，來說服群眾並激起民怨，形成一股銳不可擋的政治力量，基督教廣播網及基督教聯盟的主席Rev. Pat Robertson及參議員Helms就是這樣的人物。

但是布魯克林學院的教授兼名詩人Allen Ginsberg卻痛批Helms這些酒類與尼古丁的大亨們，傲慢地任用他們自己為公共道德的裁判者。同樣的，他也嚴厲批評Helms是從事不法與不道德勾當的偽君子：「如果沒有菸商的贊助以及對殘忍的中美洲右派分子的軍事援助，今天的Helms不知道會在哪裡；以對公共健康的威脅來說，那裡是Robert Mapplethorpe的1970年代，兩個成年男性的危險性行為，不是毫無表情的照片所能相比。」[201]

表面上，這些位高權重的衛道人士，以傳統道德與家庭價值的捍衛者自居，但私底下卻是菸酒與武器的最大銷售員，其對人類的危害程度當然千萬倍大於這些爭議性的作品。

2. 藝術vs.宗教

前國會議員John Buchanan在4月27日批評，神職人員的保守態度往往傷害藝術的發展，他說：

> 我們人類是上帝唯一賜給創造力的生物——只有我們可以畫畫、作交響樂曲、寫詩或設計教堂……但是好幾世紀以來，思想偏差的神職人員卻覺得上帝賜給我們的福分是邪惡的，例如，早期有一位教宗希望把米開朗基羅在西斯汀教堂所畫的最後審判拿掉，因為畫中人物是裸體的。聖母被畫上短上衣，因為她正在給小基督餵奶。……有一個教宗命令把裸體的雕像丟入台伯河，因為他們的美會誤導宗教信仰。這種宗教狂熱延續了好幾個世紀，在好幾百年後的今天已經不適當了。……
>
> 藝術是告訴我們真相、描述事實或震撼、感動我們去思考它。成堆的書解釋文學、音樂、視覺藝術作品的意義，就像圖書館中很多書解釋聖經一樣。那些要限制我們用一個簡單的解釋或完全用他們的解釋，限制我們去思考藝術作品的能力，對藝術表現的豐富性是不公平的，而且危害了我們的自由。[202]

這篇從歷史典故反駁右派以宗教的教義打壓藝術的評論，十分具有

[201] Allan Sekula, '"Gay-Bashing" as an Art Form', *Los Angeles Times,* October 21, 1989.

[202] John Buchanan, statement to the Senate Subcommittee on Education, April 27, 1990.

說服力，而且也很少見。因爲從整個藝術史的發展來看，宗教與道德對藝術一直扮演著複雜的角色，有時候是控制，有時候又是支持。

Harry Hillman Chartrand更從美國的歷史發展，探討英國文化反藝術的根源。他寫道：「對英國的新教徒，特別是清教徒，藝術並不是不必要的裝飾而已，它是一種邪惡的靈魂，去引誘罪人，遠離神的重要工作。因此，英國的國教徒與羅馬天主教徒是最顯而易見的罪人。就某種層面來說，1620年五月花號的清教徒逃離英國，是逃避藝術、英國的國教徒與羅馬天主教，因爲他們謨拜聖像。因此，美國的歷史一開始就是反藝術。」[203]

由上述可知，美國人的大部分祖先是從英國逃難至美國，因此，反藝術與偶像崇拜的清教信仰，仍深植美國人心。反浪費、反色情與反偶像等歷史習性仍未根除，便會有類似的爭議產生。

宗教信仰的差異與藝術成就也是息息相關，例如以信仰天主教的義大利，其宗教藝術的成就相當高，因天主教允許偶像崇拜，所以幾乎每一個教堂都被裝飾的美輪美奐、富麗堂皇，尤其是羅馬梵蒂岡的聖彼得大教堂更是宗教藝術的殿堂，不論是教堂的建築、雕刻、繪畫與工藝堪稱世界一流。反觀，崇尙苦行的英國清教徒系統，就沒有此輝煌殿堂，也不主張宗教藝術的成就。一進教堂，除了十字架等簡單的設施外，並沒有什麼裝飾，空白的牆壁更令人覺得貧乏，毫無藝術氣息可言。而美國也大部分承襲英國的清教徒傳統，不主張宗教藝術，而且認爲藝術是一種奢侈與浪費。於是在整個爭議過程中，「浪費納稅人民血汗錢」的指責，不絕於耳。

---

[203] Harry Hillman Chartrand, 'Christianity, Copyright, and Censorship in English-Speaking Culture', Andrew Buchwalter (ed.), *Culture and Democracy: Social and Ethical Issues in Public Support for the Arts and Humanities.* (Boulder: Westview Press, 1992).

（六）媒體

媒體的部分，擬分媒體的政治立場、美國會議，以及媒體是惡棍，論述如下：

1. 媒體的政治立場

在本次爭議中媒體也扮演相當重要的角色，首先是華盛頓時報（*Washington Times*）與保守的右派人物的密切合作。整個事件報導與專欄的評論幾乎都偏右，甚至還協助右派宗教人士刊登不實廣告，煽動群眾，成爲打擊左派藝術家的重要工具之一，其政治力量不可忽視。其他如紐約時報、華盛頓郵報等則較無預設政治立場，報導與評論褒貶都有，不至於一面倒。

在整個爭議事件中，最值得一提的是相關的報導，數量多且水準甚高。從一般記者所寫的報導、專欄評論家寫的批評、美術專業刊物所寫的藝術批評、學術單位，如哈佛、哥倫比亞大學的論文、到國會的辯論性報告等，不但範圍廣泛，而且內容非常深入，包括藝術、政治、憲法、道德、性、種族、宗教等各種議題，使本來模糊的報導與指控，經過激烈的討論，變得較爲明確。然而，美中不足的是偏激的言論，甚至將歪曲事實的報導與煽動群眾的廣告夾雜其中。尤其是右派的政治立場特別明顯，已經把媒體有計畫的作爲政治鬥爭的工具，形成左右派利用媒體進行大論戰。分別爭取群眾的支持，加入戰局，結果是左派先輸後贏，保住了藝術表現的自由。

2. 美國會議

在整個爭議事件中，值得一提的是由1950年愛森豪（Dwight D. Eisenhower）在哥倫比亞大學創立的美國議會（American Assembly），1990年的會議議題，即是以這次的爭議作爲研討會的主題。廣邀美國各方重量級的學者共同討論，並發表論文供參考與批評。即把一個全國矚目的爭議事件，用學術的方式，加以嚴肅討論，並將討論的結果出版供各界參考，相當難得。其會議的結論，比較支持藝術界所謂言論自由的立場，反對政治對於表現內容的限制。[204]

3. 媒體是惡棍

與前述個案一樣，媒體在此次爭議過程中，同樣扮演所謂「惡棍」（villain）的角色，經由混亂的爭論中趁機謀利，並大撈一筆。Zeigler寫道：「幾乎每天都有一大段有關爭議的文章在報紙上，新聞媒體似乎都被Mapplethorpe與Serrano的震撼價值觀、Helms的固執、Donald Wildman的偏見，以及John Frohnmayer的迷惑所擺布。他們很少努力去了解或傳播議題的複雜性，反而一直專注於用聳人聽聞的手法來處理這些議題。」[205]意即五花八門膚淺的新聞報導很多，但是，眞正努力去探求並了解眞相則少之又少，顯現媒體惟恐天下不亂，不求甚解的本質。

在爭議的過程中，一般民衆極欲了解事件的發展與事實的眞相，媒體則把握這個千載難逢的機會，一方面滿足觀衆的需求，另一方面也謀取豐厚的稿費，一舉數得。

（七）政策

政策的部分擬以科克蘭美術館、NEA的決策與CAC館長三個議

---

[204] 參考Milton C. Cummings, 'Government and the Arts: An Overview', in Stephen Bebedict (ed.) *Public Money and the Muse*, (New York: W.W. Norton Company, 1991).

[205] Joseph W. Zeigler, *Arts in Crisis: The National Endowment for the Arts versus America*. (Chicago: A Cappella Book, 1994), p.118.

題，論述如下：

1. 科克蘭美術館

以文化政策的角度來說，科克蘭美術館在爭議初期所做的撤展決定，是一個慘痛的教訓，也付出相當大的代價。不但喪失作爲當代藝術領導者的地位，也失去一些重要藝術家的展覽與相關的捐款來源，不過卻躲過國會對其年度預算制裁的危機。因此，在面臨國會強大的政治壓力、預算被刪的危險，與面對藝術界的強烈指責，二者之間，科克蘭美術館的相關人員選擇不冒犯國會。

針對撤展的爭議，部分相關專業人士的反應如下：

惠特尼美術館（Whitney Museum of American Art）館長Tom Armstrong說：「當一個美術館因為外在的壓力，推翻其專業的判斷，對美術館的健全有極大的傷害。」

國家畫廊（National Gallery of Art）的館長J. Carter Brown說：「這件事與一個重要的原則有關，這個東西是我們之所以成為美國人的中心所在，那就是自由。我們移民到這裡，一大半的原因是在其他系統否定它。」

那些被部分人視為淫穢的東西，並不是所有的人都認為如此；納稅人包括藝術專業人員、還很多其他的人，支持文化的表現自由，他們允許Mapplethorpe的展覽。……Mapplethorpe與Serrano的爭議所引發的主要問題是，補助的方式是否能持續，以及25年來一直保持不受政治影響的基金會，是否能繼續存在。[206]

---

[206] Grace Glueck, 'Art on the Firing Line', *New York Times*, July 9, 1989.

其實Mapplethorpe的展覽早在紐約惠特尼美術館（未展敏感的XYZ檔案）、費城與芝加哥展過，只是在華盛頓的展期、地點、政治氣氛不適宜；而撤展的決定，意謂著「藝術的自由屈服於政治的壓力」。這個決定對相當重視言論自由的美國人來說，是一個相當大的震撼，因此才會爆發爭議。如果科克蘭不撤銷展覽，而把較具爭議的XYZ檔案的作品隔離或甚至不展，只呈現較不具爭議的部分，或許可以避開此次的爭議風暴。雖然Mapplethorpe生前特別聲明XYZ檔案的作品要同時展出，但很遺憾的，爭議的結果是Christina Orr-Cahall黯然下台以示負責，雖然她表示撤展的決策事與願違，但科克蘭的聲望已大受影響。

2. NEA的決策

除科克蘭美術館館長之外，另一個爭議的焦點是NEA主席Frohnmayer的決策過程反覆，例如他寫信給Susan Wyatt取消基金會補助「見證：反抗我們的消失」。在信中Frohnmayer要求Susan Wyatt特別註明「基金會並沒有補助這個展覽或畫冊」，因爲此事件，作曲家Leonard Bernstein拒絕布希總統的國家藝術獎章以示抗議。之後，他親自參觀了該展覽，確定沒有爭議性的內容後，又恢復補助，此舉馬上引來右派人士攻擊其政策反覆無常。更糟的是他個人否決審查小組的決議，取消NEA4的表演藝術補助案，引來這些藝術家與審查小組的責難，甚至NEA4還控告NEA。到最後希布總統也因競選的壓力，只好要求Frohnmayer辭職下台。

根據Zeigler的分析：「John Frohnmayer來自美國西部，缺乏權力的基礎與關係，……比無知更要命的是，Frohnmayer缺乏華盛頓地區的政治經驗與關聯，所有前四任主席都是政治手腕的精通者。」[207]雖然他

[207] Zeigler, Joseph W. *Arts in Crisis: The National Endowment for the Arts versus America*. (Chicago: A Cappella Book, 1994), p. 68.

先前在美國西部當律師，並且協助布希競選有功，但是缺乏政治的敏銳度、華府的人脈與藝術的素養，加上政策的反覆無常，不但得罪國會議員，也得罪藝術界，甚至基金會的上下成員，最後處境孤獨，種下離職的前因。因此，「政治的敏感度」是從事文化行政的重要條件之一。

3. CAC館長

Cincinnati當代藝術中心的館長Dennis Barrie也是另一個有趣但值得學習的例子。Dennis Barrie在紐約惠特尼美術館看過Mapplethorpe的展覽之後，隨即積極安排至該館展出——雖然Cincinnati市以反色情聞名。展覽之前，右派人士即透過管道施壓，該館的董事會主席因而被迫離職，但Barrie仍不爲所動。直到展覽當天，他與該中心被當局控告淫穢，創下美國有史以來第一次被告的館長與美術館，造成全美博物館界的緊張。但是，經過半年的審判，雖然Mapplethorpe回顧展觸犯「用當代社區的標準，不管任何人都會覺得，整個作品會引起不健康的性趣與好奇心。」與「作品以觸怒的方式，描畫或描述性行爲。」兩項罪名，但因Mapplethorpe的作品確具「藝術價値」，因此Barrie最後無罪獲釋，其勇氣與毅力對抗極右勢力，值得文化行政界學習。因爲甘冒違法的風險，堅持藝術表現自由的理念，其勇氣與成就比科克蘭館更爲卓越。

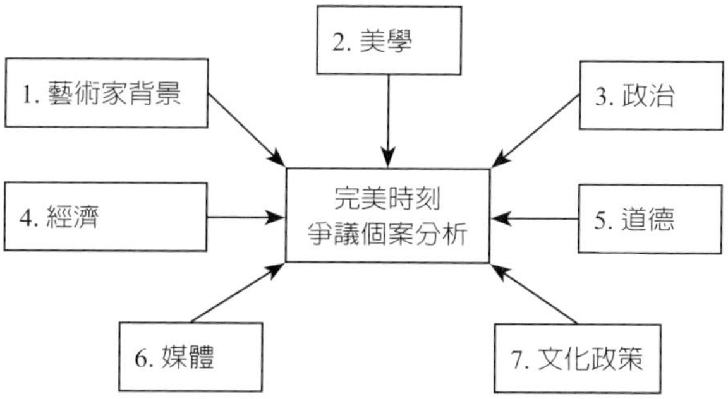

圖4-16 完美時刻爭議個案分析

三、評價

從1989年5月引爆的Mapplethorpe回顧展爭議，經過左右派將近一年半的衝突，在跨黨派的「獨立調查小組」的報告出爐後，終於塵埃落定。在整個爭議的過程中，美國民衆到底有何收穫？而此事件到底又有何價值呢？

從美學的觀點來說，美國的社會對藝術文化的了解，存在著相當大的認知差距。右派的保守人士仍然抱持著傳統的看法，即人生的目的在於求眞、求善、求美，藝術與道德、社會責任不可分離。部分人士甚至延續英國的清教徒傳統，認爲藝術文化是一種奢侈浪費，應由市場來決定其去留。然而，左派人士則認爲，藝術的表現是一種言論自由，也是一種公共的利益。他們延續50、60年代基本人權運動、反越戰運動的立場，注重多元文化與弱勢團體的權益，對藝術的定義與標準採取比較寬容的態度。

由於左右派彼此認知的差距，因此當較激進的左派藝術家進行一些前衛的展演時，觀念的衝突就隨之而生。右派的人士認爲前衛藝術家們在詆譭傳統的文化價值，尤其當他們發現藝術家們用納稅人民的錢，進行反宗教、反傳統庭家價值的創作時，他們更不能忍受。但是前衛藝術家，尤其是來自弱勢團體的藝術家，故意挑戰傳統——由男性、白人以及歐洲傳統所掌控的藝術文化價值，甚至補助經費的壟斷者。這是一種傳統與反傳統的文化戰爭（cultural wars），而且主戰場就在美術館、國會與NEA開打。右派的保守人士透過政治的手段，試圖壓制這種表現；左派自由人士則批評他們是政治查禁，要求藝術表現的自由，甚至用公共補助的藝術，進行反社會的創作。

如果爭議未發生，外界很難想像美國兩黨與左右派之間的認知差距。經過一年半的衝突，反而提供一個機會，溝通彼此之間的誤會，縮短傳統美學與後現代美學之間的觀念差異。最後相互容忍不同的看法，這也是多元文化、民主文化的眞諦，容許各種不同的文化，同時並存於一個社會當中。

就政治的層面來說，文化議題引發左右兩派嚴重的政治衝突，是前所未見的。尤其是右派的衛道人士有組織的運用媒體來鼓動群衆，並以藝術家們浪費納稅人的血汗錢與破壞傳統的道德價值爲訴求，攻擊左派的藝術家，以達到其政治的目的，提升個人的聲望與形象。左派的藝術家剛開始一直處於挨打的狀況，雖有零星的評論聲援，但是仍無法抵擋右派有組織性的攻擊。一直到1990年初，左派團體才團結起來，運用與右派相同的手法，動員支持的群衆與右派相互較勁，維護言論自由，使美國崇尚自由的開國精神得以不受傷害。

這一教訓也說明，藝術家對政治力量認識的重要性。藝術家因受傳統「爲藝術而藝術」的觀念影響，對政治漠不關心，現代主義的藝術家也是如此。但是後現代主義的藝術家則會運用藝術創作，作爲政治的工具，去探討一些敏感的社會議題。例如，Serrano的「尿撒基督」就是對於宗教商業化不滿的一種挑戰，其政治立場是很明顯的。然而，在受到右派的攻擊時，惟有運用政治的力量才能與政治的壓迫相對抗，否則藝術界將成爲右派人士眼中理想的攻擊目標，以取得其政治的利益。

就經濟層面來說，雖然美國經濟富裕，但是「浪費納稅人的血汗錢」還是一個可以作爲煽動群衆的訴求。從整個爭議的過程來看，極右派的人士認爲藝術文化是私人的娛樂，應由市場經濟來決定，而NEA理當廢除，因爲用公共的支出補助藝術家從事創作是不必要的。尤其是NEA補助一些具淫穢爭議、敗壞傳統道德價值的展演時，更讓他們無法接受。然而，左派人士認爲公共補助藝術文化是應該的，因爲它是一種公共利益，可以普及藝術文化的欣賞。不但如此，即使有一些具爭議性的展演，國家也應該補助，因爲那是人民表現自由重要的一環。

二者對於藝術補助的認知差距甚大，而其爭執的根源在於對藝術認知的差異。即左派藝術家所創作的藝術不被極右人士所認同。因此，當NEA補助這些前衛藝術家，如Mapplethorpe 與Serrano時，極右人士認爲NEA是在浪費納稅人民的血汗錢，甚至用納稅人的血汗錢敗壞西方的文化價值，要NEA及藝術家們負起社會責任。然而藝術家及NEA認爲他們的創作在於挑戰傳統觀念，引發社會議題，注重弱勢團體長久以來被忽視的權益，這是非常有意義的，而且應受到公共補助。

經過了一年半的爭議之後，其結論是：藝術是應受公共補助的，但是色情、淫穢的藝術不但不可以補助，而且淫穢是違法，要接受法律審判的。如經法院裁定有罪，還要退還所有補助款，只是判定藝術或淫穢不是NEA的責任，而是法院。

就道德層面來說，極右派的宗教人士謹守傳統的道德觀念與家庭價值，因此Mapplethorpe 與Serrano等反傳統倫理道德與宗教的作品無法令他們接受，甚至會觸怒他們。不但如此，NEA等藝術機構還表彰及補助他們，更令他們感到氣憤。站在衛道人士的立場，這些藝術家確實是離經叛道、褻瀆神明；但是對於這些長久以來受到忽視與壓迫的弱勢團體來說，後現代的反傳統浪潮給他們挑戰權威與傳統的勇氣，以爭取弱勢團體的生存權與平等權。

在一個多元化的民主社會，道德觀念應容許不同價值觀同時並存於一個社會中，而不應以單一的傳統道德標準，要求所有的民衆遵循。即一個社會必須容許不同的思想觀念與意見，才得以構成一個眞正的民主社會，這也是左派人士極力主張的言論自由之眞諦。然而，法律又與道德不同，道德可以言人人殊，但是法律則要求法律之前人人平等，不分種族、階級、貧富、性別的不同而有所差異。因此，這次爭議基本上是屬於道德觀念的不同，而不是違反法律的問題。因爲Mapplethorpe與

Serrano的作品雖然有色情、褻瀆神明的問題，但因爲具有藝術價值，所以不構成「淫穢」的違法問題。從道德與法律層面來說，還是在可接受的範圍，雖然他們的部分作品已屬於邊緣性（cutting-edge art）的藝術。

就政策層面來說，本爭議有很多可以學習之處，即決策之時應從美學、政治、經濟、道德、媒體等多方面，考慮社會各界的反應。因爲文化藝術是一個標準模糊、易生爭議的領域，加上後現代的反傳統觀念，藝術家的作品常令一般民衆感到「震撼」（shock）與質疑。甚至有些藝術家故意製造爭議來提高其知名度，如Serrano、NEA4、Richard Serra等。但是，在爭議的過程中，補助系統，如NEA可能受到嚴重的傷害，甚至許多文化行政人員，如科克蘭的館長、CAC的董事會主席與NEA主席因而被迫離職。因此在爭議期間，如何化解各方歧見，甚至妥善運用爭議，營造其正面的意義，需要文化行政人員的智慧與努力。

就媒體層面來說，美國的社會一向自由開放，所以爭議期間相關的報導很多，部分媒體的政治立場也很清楚。從一般的事件報導到專業的藝術評論，從報社記者、法院法官、博物館長、藝術家、專欄作家到大學教授等，從各種角度探討爭議所引發的問題。雖然衝突非常激烈，甚至將枱面上與枱面下的各種政治手段都使出來。然而透過媒體的報導，爭議的癥結愈來愈清楚，因此媒體除了煽風點火與營利之外，也發揮了傳播知識、溝通情感、化解誤會、釐清事實等正面的功能。如何善用媒體，而不爲其所誤導，是一重要的工作。

總之，爭議總有其正面與負面的價値。沒有這次的爭議，我們不得而知美國民衆與兩黨之間，對藝術的看法有如此大的差距，也沒有機會思考藝術與社會責任等問題，更沒有辦法了解藝術文化是在一個非常複雜的社會情境當中，無法自外於政治、經濟、道德、媒體、宗教等因素的影響。

雖然極右派的人士一心想廢除NEA，但是最後還是有驚無險，畢竟其對美國的藝術文化的確有相當實質的貢獻。作家Garrison Keillor讚揚NEA的成效說：「四十年前如果一個美國人要追求藝術的生涯，你就必須到紐約去接受訓練，然而今天你可以在北卡羅納州成爲一個小提琴家，在愛德華州成爲作家，猶他州成爲畫家，這是因爲NEA協助達成的小巧而可愛的革命，……NEA孕育出成千上萬的藝術作品，但更重要的是，NEA改變了我們思考藝術的方式。」[208]

由此可知，NEA在普及藝術與文化上確實有相當大的貢獻，享受文化藝術是當代民衆生活的基本權益，即前述的「文化公民權」。如果沒有政府的補助與藝術家的努力，它們仍然只是少數菁英分子的奢侈品，這不是一個民主、自由與平等的社會所樂見的。除了普及藝術之外，NEA的貢獻更在於把新藝術帶入美國社會，雖然剛開始很多人，尤其是右派保守人士無法接受，但是經過時間的考驗，漸漸的被一般民衆所容忍，這是一種成功的社會藝術教育，也是美國之所以執世界藝術文化牛耳的根基所在。

總之，本爭議最主要的原因在於，美國的文化政策制度同意政治介入藝文的補助，關心人民的納稅錢是如何花在藝術文化上。不像英國與加拿大運用臂距原則，尊重藝文補助的自主性與獨立性。

[208] Garrison Keillor, statement to the Senate Subcommittee on Education, March 29, 1990.

第五章　結論與建議

第一節　結論

綜上所述，本文擬針對筆者對本研究的歸納整理與心得，提出結論與建議如下：

一、藝術、美學與文化定義的模糊性

從前文可知，文化、美與藝術都具有模糊性的特質。文化可以是生活方式的總稱，也可以是精神活動，也可以指藝術。藝術可以是自然的模仿、思想情感的表現、抽象形式的構成，也可以是思想觀念的傳達等。美可以指視覺上或聽覺上覺得愉快，也可以指秀美、崇高、悲壯、幽默、滑稽、怪誕等廣義的美。

因爲其意義的模糊性與開放性的特質，只要文化政策的相關人員立足點不同、觀念不一，爭議或衝突便常常發生。如果沒有「臂距原則」的排除，政治力量就會時常介入，引發不同黨派的衝突，使得問題更加複雜，美國Robert Mapplethorpe的回顧展就是如此。

文化政策的爭議沒有對錯，更沒有標準答案，只有觀念的不同。然而，也因爲文化、美與藝術具有模糊性與開放性的特質，所以藝術文化的創作與創新性才有可能發生，文化的多樣性才有可能存在，世界才顯現多元且美好。因此，文化、美與藝術模糊性的特質，並非完全是負面的與有害的。文化政策相關人員應該認識文化、美與藝術的特殊性與價值，作爲推動藝術文化展演活動的基礎認識。

二、世界思潮的影響

後現代主義、新公共管理、新自由主義、全球化、數位化等國際潮流，深深地影響世界的各個層面，從政治、經濟、教育、文化、歷史、哲學等，無一不受影響。掌握時代的潮流與脈動，分析其形成的因素，並了解其對公共政策與文化政策的影響，至爲重要。

文化政策相關人員面對世界潮流，如何快速因應，擬定對策，推動、管制或保護國內的文化藝術產業。例如後現代主義主張的多元性、去中心化；新公共管理主張向企業學習；新自由主義強調法規鬆綁、私有化、自由化；全球化強調自由貿易、勞力分工；數位化與科技化影響藝術文化的創作、展演、行銷與消費等各個層面。面對日新月異的世界與社會，掌握世界的潮流與脈動，是文化政策施政成功的重要因素之一。

三、從精緻藝術、社區藝術到文創產業

從文化政策的發展歷史來看，早期注重精緻藝術水準的提升，進而重視藝術欣賞的普及，接著重視社區藝術的推廣，到後來更朝向文化創意產業等經濟與社會面向的發展，逐漸遠離藝術與文化提升精神生活品質的初期目標，這是全球的趨勢與走向。

例如英國新工黨政權在新自由主義的影響之下，文化政策的三個趨向：商業贊助與刪減公共補助、以私人機構的方式進行公共文化機構的

營運、遠離文化的正當理由，朝向經濟與社會的目的。[1]美國的發展方向也差不多，其未來的藝術政策很有可能加強文化商業化，縮編藝術組織，並減少補助少數族裔。推動包括慈善事業、企業樂捐、或是文化與經濟的聯姻等方式。[2]K. Mulcahy也寫道未來的文化政策趨向：因政府近幾年的補助經費逐漸減少，因此尋求文化活動其他彈性的經費來源，以及非營利機構的財源更重要於國家文教基金會。理想的文化政策在於推動社區的永續性，同時繼續支持美感的論述與藝術的創作。[3]

總之，減少對精緻藝術的經費補助，鼓勵私人慈善捐贈與企業贊助，強調企業管理與文化創意產業在經濟面向的重要性，利用文化藝術促進國家認同與社會和諧，似乎是全世界文化政策的共同走向。

四、他國經驗作爲借鏡

先進國家如英國與美國在發展政治與經濟之後，爲了提升藝術與文化水準，而建立良好的文化政策制度與措施，例如藝術委員會、臂距原則、數位文化媒體運動部、藝術贊助、民間捐贈、創意產業、閒置空間再利用、都市再生、公共藝術設置、文化政策研究與出版等等，很多都可以作爲我國學習的榜樣。

英國與美國在政治上雖有兩大黨的對立與衝突，但只是保守與自由的爭論，而台灣卻有嚴重的「統一」或「獨立」的「國家認同」問題。

[1] 摘自於D. O'Brien & K. Oakley, *Cultural Policy VIII*, London: Routledge, 2017, p27.

[2] 摘自於T. Miller & G. Yudice, *Cultural policy*, 蔣淑貞、馮建三譯， 台北：巨流，2006，頁107。

[3] D. O'Brien & K. Oakley, *Cultural Policy I*, London: Routledge, 2017, p312-3.

在民主自由的國家，意識形態與觀念的多元爲常態。然而，英國以「臂距原則」隔絕政治對於藝術文化的干預；美國則在文化的爭議與對立的狀態之下，委託公正無私的「獨立調查委員會」，平息藝術文化的衝突。

台灣則在歷史課綱，甚至在大學校長的遴聘，出現互不相讓、無法解決的僵局，不尊重「臂距原則」，也沒有公正無私的「獨立調查委員會」，導致政府、立法機構、大學、文化機構等單位空轉，國家向下沉淪。英國的臂距原則與美國的獨立調查委員會制度可作爲我國重要的參考，意即政黨會輪替，政治人物應有開闊的心胸，讓教育、藝術與文化有獨立發展的空間，保持臂距原則，政治不應過度干預。如遇爭議無法解決，則應讓中立的第三方獨立調查委員會，尋求公平合理的解決之道，以免錯誤不當的政策，遺害子孫。

五、科技創新爲文化發展關鍵

科技發展與政治民主對於文化的演進（evolution）扮演著重要的角色，全世界政治民主已趨於成熟，但是科技的創新卻日新月異，不斷地往前邁進。資訊通信科技（ICTs）的革命從電腦化、數位化、網際網路的發達、手機的大量使用、社群媒體（FB、Google、YouTube、Line）的普遍使用等。AI技術日新月異，正史無前例地快速改變世界人類的日常生活，人們一方面成爲消費者，另一方面同時也成爲生產者，也就是新名詞所謂的Prosumer。

文化政策如何善用科技創新，且又能不被科技創新所淘汰？另一方面又要如何保存傳統文化資產，鼓勵精緻藝術與文化的創作，甚至兼顧藝術水準的提升與欣賞的普及？數位創新科技可以成爲事半功倍的強力工具。

六、創意產業扮演經濟重要角色

美國在二次大戰之後，電影電視工業與流行音樂席捲全球。英國在1997年提出創意產業，之後全世界，尤其是開發中國家，無不重視文化創意產業對於振興經濟的重要性，特別是旅遊業不需大量的成本投資，即可創造就業機會與提升經濟產值，並賺取大量外匯，其龐大產值估計占全球GDP10%。

英國除了1997年提出創意產業計畫，後續一連串的創意經濟計畫，從創意產業轉移焦點到更策略性的觀點，思考政府、學校、學院、訓練機構，以及其他公立單位，如何協助提供大量技術性勞工的方法，透過政府公立私立單位與其他服務提供者的夥伴關係，尋求整合研究、發展與企業的商業支持。[4]意即從大學的人才培育、產學合作計畫、人才媒合等多項措施，提供創意產業界源源不絕的人力資源，同時也爲大學畢業生解決畢業即失業的困境。

台灣許多大學的作法，很多與上述英國的作法相近；但面對國內教育部的各項產學合作要求，卻知其然，不知其所以然。

[4] D. O'Brien & K. Oakley, *Cultural Policy VII*, London: Routledge, 2017, p. 107.

七、創造經濟富裕與政治自由的藝文成長環境

在一個民主自由的環境，不只是藝文創作的面相多元，各種不同的藝術風格同時存在，連整個藝文補助系統也趨向多元化。意即國際、中央與地方的公共補助系統、私人贊助、租稅減免、自由市場同時共存。藝術家與藝文團體依其不同的需求，尋求不同的補助、贊助或自籌經費。公共補助系統的重點在於瀕危的傳統藝術與新興的實驗藝術，其他大部分的藝術展演多透過文化創意產業，結合藝術與商業，尋求市場消費者的支持。

充足的經費來源是藝文成長的重要條件，但是也必須有自由的創作環境加以配合，減少不必要的政治干預，不管是在公共經費的分配方面或藝術創作的自由都應該如此。

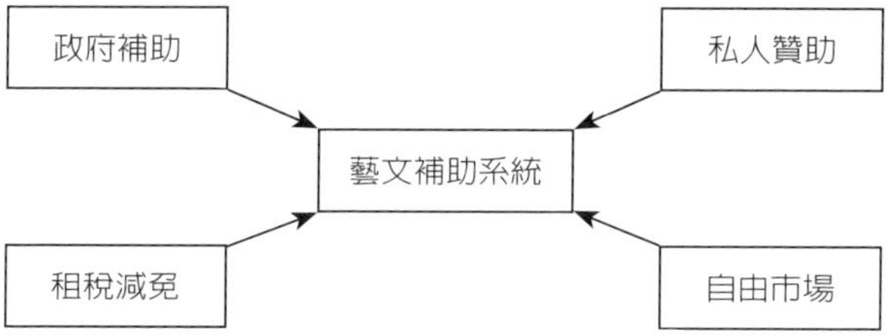

圖5-1　多元藝文補助系統圖

八、文化政策研究水準急需提升

從前文可以得知，文化政策研究在國外已有很長的歷史，很多機構同時積極地在進行，加上聯合國教科文組織的協助與推動，對全球的文化政策造成相當大的影響。例如英國格拉斯哥大學成立文化政策研究中

心、加拿大召開國際性的文化政策學術研討會。學術界從文化研究進一步進行文化政策研究、國際文化政策研究期刊、藝術管理、法律與社會期刊的發行……等等。

反觀國內，在1990年代一陣設置文化藝術行政與管理研究所的熱潮之後，唯一設立博士班的國立台灣藝術大學藝術政策與管理研究所，並沒有扮演好領導者的角色，未出版文化政策研究專業期刊，甚爲可惜。

文化政策的國內研究學者有限，可以學習國外出版學術研討會論文集，或者由多位學者共同出版專書，以彌補人力、財力與資源不足的問題，有助文化政策研究水準的提升。

九、世界多元與和平爲最高理想

世界上同時存在著許多不同的政治思想、族群、文化、語言、宗教的民族與國家，後現代的文化政策強調多元、包容與尊重，透過配額限制、文化例外、保護與促進文化多樣性會議等措施，學習「生物多樣性」的保育經驗，提倡「文化多樣性」。希望透過文化外交與文化交流，增進全世界不同族群、文化、語言、宗教的民族，以及國家的認識與了解，弭平不同種族、宗教、語言等彼此之間的差異與仇恨，互相包容與尊重，以建立一個和平穩定的世界。

推動文化政策與交流，有如體育運動與交流一樣，可以增進世界的和平與穩定，化解種族之間的歧見與歧視，使世界人類和平相處，這是文化政策的最高目標。然而，當前的國際局勢又回到1950年代中、美、蘇經濟與軍事對抗的冷戰老路，而且衝突區域又在南海與台海附近，是否會擦槍走火，不免令人擔憂。

十、人類永續發展爲最終目標

永續發展是人類存在世界的最終目的，因爲我們只有一個地球。然而，全世界正面臨地球暖化、極端氣候、垃圾汙染、貿易戰爭、恐怖攻擊、核武戰爭等重重危機。例如地球的溫度不斷上升、暴風雨與森林大火的頻率不斷增加、海洋與空氣的汙染日趨嚴重，這些危機已嚴重影響世界人類的安全與生存，因此，有識之士提出地球永續發展的呼籲，而文化政策也被認爲在地球永續發展中扮演著重要的角色。

學者認爲永續發展（sustainable development）只有在文化多樣性、社會平等、環境責任及經濟生存力的和諧與結盟才能達成。[5]而提升文化認同、文化多元主義與文化產業、文化地理學是永續發展第四根柱子的關鍵要素，[6]意即「文化多樣性」在世界的永續經營裡頭，扮演著與「社會平等」、「環境責任」及「經濟生存力」三者同樣重要的角色。文化多樣性爲當前文化政策的推動重點，因此文化政策對於地球永續經營亦同樣扮演著相當重要的角色。

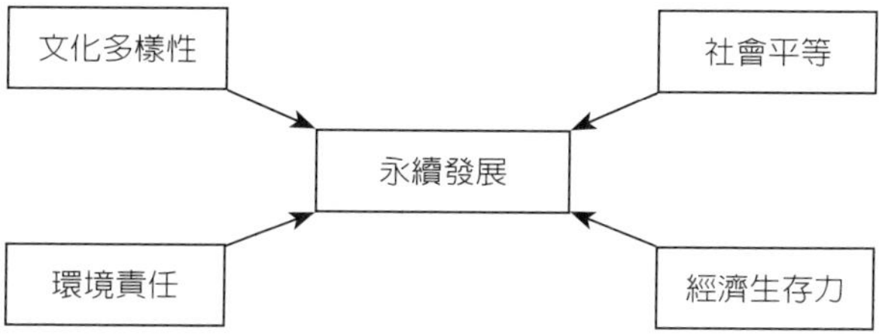

圖5-2　人類永續發展的四個要件

[5] 摘自於D. O'Brien & K. Oakley, *Cultural Policy IV*, London: Routledge, 2017, p. 54.

[6] 摘自於D. O'Brien & K. Oakley, *Cultural Policy IV*, London: Routledge, 2017, p. 58.

第二節　建議

根據上述的研究結論，筆者提出建議如下：

一、認清藝術、美學與文化定義的模糊性特質

藝術、美學、文化定義的模糊性與開放性，爲藝術和文化創造性的源頭，也是感性的藝術和文化異於理性的理工與科技的重要特色，更成爲當前創意與創新科技的思想起源。文化政策工作者對於藝術、美學與文化的特質應有相當清楚的認識，以作爲藝術文化施政的基礎。尤其是藝術文化並不易有明確的標準與量化的數據可作爲參考，文化政策的規劃、執行與評估該如何拿捏實在值得深入研究。

二、鼓勵與容忍多元化的當代社會

後現代主義之後，藝術與文化創作的多元性，從媒材、形式到內容，可謂五花八門。整個世界與社會受到後現代的思潮影響，在種族、語言、宗教、思想上呈現多元並存的局面。藝術與文化的多樣性有如生態的多樣性一樣受到鼓勵與保護；然而，當前的世界到現在還存在著因爲種族、語言、宗教、文化的不同，引發戰爭與種族屠殺，造成世界的動盪不安。文化政策工作者應透過文化政策，鼓勵與尊重文化的多樣性，透過文化外交與國際文化交流，促進世界的和平。

三、提倡與堅持臂距原則

如前文所述，臂距原則是西方的民主憲政體制，行政、立法、司法分權與制衡的重要原則，也是英國大學預算撥款委員會、英國廣播公司、英國藝術委員會運作的重要依據，不受國家政黨輪替的影響，避免政治人物與政府的直接干預。從1919年運用至今將近100年的歷史，成效優異，廣受英語系國家甚至全世界國家的學習與效法。

反觀國內在政治上的運作，由於統獨之間激烈的爭論，不但影響到國家未來的發展與定位，還波及到教育與文化的中立性。從中等學校的歷史課綱到大學校長的遴聘，都充滿強烈的政治意識型態。只要政黨一輪替，便無所不用其極地修改前朝的規定與內容，導致無辜的學生與一般民眾成爲政治角力之下的犧牲品。

因此，爲了將來教育與文化可長可久之計，「臂距原則」的提倡與堅持，成爲國內當前的要務，否則國內的政治將永無寧日，國家與人民將共同沉淪。

四、鼓勵文化政策的研究統計與出版

文化政策的研究涉及藝術、美學、文化研究、公共政策、歷史、政治、經濟等多個不同的學術領域，跨領域的人才養成不易。文化統計涉及量的研究，在強調以證據爲依據的文化政策決策顯得格外重要。先進國家不管在文化政策的制度、研究、統計與出版都有相當出色的成績，國內應急起直追，迎頭趕上。

五、推動世界和平與永續發展

藝術文化的溝通與交流可以增進世界不同族群的認識與了解，化解不必要的紛爭與誤會，避免種族屠殺與戰爭的發生。透過國際性文化組織的交流與合作，共同促進世界的和平發展。另外，面對世界共同的危機，例如地球暖化、極端氣候、環境汙染、核武危機等等，文化政策的推動在世界的永續發展扮演與「社會平等」、「環境責任」及「經濟生存力」三者同樣重要的角色，使全世界的後代子孫可以在地球上永續發展與生存。

另外，前述W. Kim與R. Mauborgne所提倡的「南海策略」，跳脫傳統以競爭爲主軸的企業經營，進入一個無人競爭的新市場，獲利無窮的藍色海洋，可爲全球化惡性競爭的年代開拓世界和平的康莊大道。

參考文獻

一、專書

Bauman, Zygmunt. *Postmodern Ethics*, Oxford: Blackwell, 1993.

Baumol, W. &W. Bowen, *Performing Arts-The Economic Dilemma: A Study of Problems Common to Theater, Opera, Music and Dance*. London: MIT Press, 1968.

Bell, D. & K. Oakley, *Cultural policy*, London: Routledge, 2015.

Bennet, Oliver ed., *Cultural Policy and Management in the United Kingdom*, Warwick: Warwick University, 1995.

Bolton, Richard. *Culture Wars: Documents from the Recent Controversies in the Arts*, New York: New Press, 1992.

Bourdieu, Pierre. *Distinction: A Social Critique of the Judgement of Taste*, London: Routledge, 1994.

Buchwalter, Andrew (ed.), *Culture and Democracy: Social and Ethical Issues in Public Support for the Arts and Humanities*. Boulder: Westview Press, 1992.

Chien, Jui-jung, 'Aesthetics, Cultural Policies and the Arts Council of Great Britain', Leeds University, Doctoral Dissertation, 1997.

Cummings, M. and J. Schuster (eds), *Who's to Pay for the Arts?* The International Search for Models of Support, American Council for the Arts, N.Y.C. 1989.

Cummings, Milton C. 'Government and the Arts: An Overview', in Stephen Bebedict (ed.) *Public Money and the Muse*, New York: W.W. Norton Company, 1991.

Cummings, Milton C. and Richard S. Katz, eds., *The Patron States*, Oxford: Oxford University Press, 1987.

Fernie, Eric. *Art History and its Method*, London: Phaidon, 1995.

Hanfling, Oswald. *Philosophical Aesthetics: An Introduction*, Milton Keynes: Open University Press, 1994.

Hauser, Arnold. *The Social History of Art Volume I*, London: Routledge, 1989.

Hesmondhalgh, David, *The Cultural Industries*, London: Sage Publication, 2002.

Lankford, E. Louis 'Artistic Freedom: An Art World Paradox' in Ralph A. Smith and Ronald Berman (ed.), *Public Policy and the Aesthetic Interest: Critical Essays on Defining Cultural and*

Minor, Vernon Hyde. *Art History's History*.New York: Abrams, 1994.

O'Brien, D. & K. Oakley, *Cultural Policy I*, London: Routledge, 2017.

O'Brien, D. & K. Oakley, *Cultural Policy IV*, London: Routledge, 2017.

O'Brien, D. & K. Oakley, *Cultural Policy VII*, London: Routledge, 2017.

O'Brien, D. & K. Oakley, *Cultural Policy VIII*, London: Routledge, 2017.

Park, Sung-Bong. *An Aesthetics of the Popular Arts: An Approach to the Popular Arts from the Aesthetic Point of View*, Stockholm: Uppsala, 1993.

Parsons, Michael. and H. Gene Blocker, *Aesthetics and Education*, Urbana: Univ. of Illinois Press, 1993.

Robison, Olin (eds.), *The Arts in the World Economy*, Hanover: Univ. Press of New England, 1994.

Sawers, David. *Should the Taxpayer Support the Arts?*, London: The Institute of Economic Affairs, 1993.

Sheppard, Anne. *Aesthetics: An Introduction to the Philosophy of Arts*, Oxford: Oxford Univ. Press, 1987.

Sim, Stuart. 'Marxism and Aesthetics,' in *Philosophical Aesthetics: An Introduction*, ed. Oswald Hanfling, Milton Keynes: Open University Press, 1994.

Spalding, Frances. *The Tate: A History*, London: Tate Gallery Publishing, 1998.

The Arts Council of Great Britain, *A Creative Future*, London: HMSO, 1993.

Throsby, David. *The Economics of Cultural Policy*, Cambridge: Cambridge University Press, 2011.

Venturi, Lionello. *History of Art Criticism* .New York: E. P. Dutton & CO., INC., 1964.

Williams, R., *Keywords, A Vocabulary of Culture and Society*, New York: Oxford University Press, 1976.

Wolff, Janet. *Aesthetics and the Sociology of Art*, London: William Clowes Ltd., 1983.

Zeigler, Joseph W. *Arts in Crisis: The National Endowment for the Arts versus America*.Chicago: A Cappella Book, 1994.

Bilton, T. *Introductory Sociology*，張宏輝等譯，台北：學富，2008。

Hugh, H. & L. Ireland，《博物館行政》，台北：五觀出版社，2007。

Miller, T. & G. Yudice, *Cultural policy*，蔣淑貞、馮建三譯，台北：巨流，2006。

Pick, John著，江靜玲編譯，《藝術與公共政策》，台北：桂冠，1995。

文建會，《文化白皮書》，台北市：文建會，1998。

吳逸驊，《社會學》，台北：易博士，2011。

李醒塵，《西方美學史教程》，台北：淑馨，2000。

孟濤，《電影美學百年回眸》，台北：揚智，2002。

夏學理等，《藝術管理》，台北：五南出版社，2002。

夏學理等，《文化行政》，台北：空中大學，2001。

徐育珠，《經濟學》，台北：東華書局，1988。

張庭，《社會學》，台北：志光，2007。

梁賢文，《英國文化政策與行政作爲我國學習對象之研究》，台北：淡江大學碩士論文，2001。

莊英章等，《文化人類學(上)》，台北：空中大學，1991。

郭爲藩，《全球視野的文化政策》，台北：心理出版社，2014。

陳其南，《地方文化創意產業的發展邏輯》；經濟部，《2004年台灣文化創意產業發展年報》，台北：經濟部工業局，2005。

陳瓊花，《藝術概論》，台北：三民書局，2014。

楊國賜，《高等教育的藍海策略》，台北：師大書苑，2018。

劉大和，《回歸人文價值的產業》，財團法人國家文化藝術基金會，《文化創意產業實務全書》，台北：財團法人國家文化藝術基金會，2004。

劉俊裕，《再東方化：文化政策與文化治理的東亞取徑》，台北：巨流，2018。

蔡東源，《文化行政與文化政策》，屏東：達趣文創，2012。

蕭瓊瑞，《台灣美術史綱》，台北市：藝術家，2009。

簡瑞榮，《藝術爭議探析及其對文化行政與藝術教育的啓示》，嘉義：得裕印刷公司，2002。

二、期刊

Ahearne, Jeremy. Cultural policy in the Old Europe: France and Germany, *International Journal of Cultural Policy*, 2003, V. 9(2), pp.127-131.

Danto, Arthur C. 'From Aesthetics to Art Criticism and Back,' *The Journal of Aesthetics and Art Criticism*, 54, No.2 (Spring 1996): p. 108.

Danto, Arthur. 'Art and Taxpayers', *The Nation,* August 21/28,1989.

Durland, Steven. 'Censorship, Multiculturalism, and Symbols', *High Performance*, Fall 1989.

Dziemidok, Bohdan. 'Controversy about the Aesthetic Nature of Art', *British Journal of Aesthetics*, 28, No. 1, Winter 1988, p. 13.

Editorial, T1534. Untilled. 1966, *The Burlington Magazine*, 877, April, 1976.

Fox, Nicols. 'NEA under Siege', *New Art Examiner*, Summer 1989.

Gilmour, Pat. 'Trivialisation of art by the press', *Arts Review,* 1977, p. 49.

Gray, Clive. Commodification and Instrumentality in Cultural Policy, *International Journal of Cultural Policy*, Vol. 13, N0. 2, 2007, p206.

Greenberg, Clement. 'Interview Conducted by Lily Leino', in Modernism with a Vengeance, 1957-1969, p. 308. Quoted in Arthur C. Danto, 'From Aesthetics to Art Criticism and Back' in *The Journal of Aesthetics and Art Criticism*, 54, No. 2 (Spring 1996): p. 110.

Heartney, Eleanor. 'Social Responsibility and Censorship', *Sculpture*, (January/February 1990).

Vance, Carole S. 'The War on Culture', *Art in America*, September 1989.

Yudice, George. Cultural Diversity and Cultural Rights, *Hispanic Issues on Line* 5, 2009, p.110-137.

于國華，〈文化、創意、產業：十年來台灣文化政策中的產業發展〉，《今藝術》，2005年5月。

莊振輝，〈海峽兩岸及英澳日韓韓文化預算之比較—論我國改進之道〉，虎尾科技大學學報，28卷，四期， 98年，12，頁59-76.

三、報紙

101st Congress, Public Law 101-121, October 23, 1989(excerpt)

American Family Association, 'Is This How You Want Your Tax Dollars Spent?', fundraising advertisement, *Washington Times*, February 13, 1990.

American Family Association, press release on the NEA, July 25, 1989.

Andy Grundberg, 'Art Under Attack: Who Dares Say That It's No Good?', *New York Times*, November 25,1990.

Anon, 'Artist's blockbuster'

Anon, 'Bail for sculpture charge student', *Liverpool Daily Post*, Apr. 1, 1978.

Anon, 'Brick bat', *Evening Standard*, Feb. 16, 1976.

Anon, 'Brickbats', *Arts Review,* May 3, 1976.

Anon, 'Letter from London', *The New Yorker*, Mar. 15, 1976.

Anon, 'Mapplethorpe Agonistes', *Washington Times*, June 20,1989

Anon, 'More low sculpture for the nation', *Daily Telegraph*, Feb. 18,1976.

Anon, 'Plays and players', May 1976.

Anon, 'Sculpture demolished', *Eastern Daily Press*, Mar. 31, 1978.

Anon, 'Something of value', *The Wall Street Journal*, Mar. 10, 1976.

Anon, 'The Minister and those bricks', *Art and Antiques Weekly*, Mar. 6, 1976.

Anon, 'Time to cry halt to this profligacy', *Evening News*, Feb. 16, 1976.

Anon, 'What the public thinks of the artist who makes up shapes like this', *Daily Mail*, Mar. 18, 1978.

Anon. '6000 Brick pile starts art row', *The Sun*, Feb. 16, 1976.

Arts reporter, 'Tate Gallery defends purchase of bricks', *The Times*, Feb. 17, 1976.

Beardsley, Monroe. 'Reasons in Aesthetic Judgments' in *Introductory Reading in Aesthetics* ed. John Hospers, New York: Free Press, 1969, p. 250.

Brenson, Michael. 'The Many Roles of Mapplethorpe, Acted Out in Ever-Shifting Images', *New York Times*, July 22, 1989.

Buchanan, John. statement to the Senate Subcommittee on Education, April 27, 1990.

Buchanan, Patrick. 'Where a Wall Is Needed', *Washington Times*, November 22, 1989.

Cahall, Christina Orr- 'statement following resignation from the Corcoran', December 1989.

Chartrand, Harry Hillman. 'Christianity, Copyright, and Censorship in English-Speaking Culture'

Comment, 'Bricks are for homes!', *Banstead Advertiser,* Feb. 19, 1976.

Cork, Richard. 'After Shock', *The Times*, 11/24/2001.

Cork, Richard. 'The Message in a brick', *Evening Standard*, Dec. 30, 1976.

Croxford, Victor. 'Dropping a brick', *Croydon Advertiser*, Feb. 27, 1976.

Davie, James. 'The fine art of wasting your cash', *The Daily Express*, Feb. 21,1976.

Davie, Michael. 'The real story behind the bricks bust-up', *The Observer*, Feb. 22, 1976.

de Jongh, Nicholas. 'A hue and cry at the Tate', *Guardian*, Feb. 24, 1976.

Debate in Senate over Helms amendment, including statements by Senators Jesse Helms, Howard Metzenbaum, John Chafee, Dan Coates, Edward Kennedy, Timothy Wirth, James Jeffords, Claiborn Pell, Daniel Patrick Moynihan, John Heinz, and text of Helms amendment, July 26,1989.

Educational Relations, (Urbana: U. of Illinois Press, 1992).

Edward Lucie-Smith, 'Passi Don beneath fashion', *Evening Standard*, Mar. 30, 1978.

Feaver, William. 'banquet of boiled eggs', *The Observer*, March 26, 1978.

Finley, Karen. letter to the editor, *Washington Post*, May 19, 1990.

Frankenthaler, Helen. 'Did We Spawn an Arts Monster?', *New York Times*, July 17,1989.

Freeman, Simon. 'Brick-works sculptor faces the critics again', *Evening Standard*, Mar. 15, 1978.

Frohnmayer, John. letter to Susan Wyatt, November 3, 1989.

Frohnmayer, John. reply to Joseph Papp, April 13, 1990.

Frohnmayer, John. statement to the House Subcommittee on Postsecondary Education, March 5, 1990.

Gergen, David 'Who Should Pay for Porn?', *U.S. News and World Report*, July 30,1990.

Gibb, Frances. 'Brick-pile "sculpture" in one-man show', *Daily Telegraph*, Mar. 16, 1978.

Gibson, Eric. 'Art, Morals, and NEA Taken for Granted', *Washington Times*, November 21, 1989.

Ginsberg, Allen. letter concerning NEA, August 14, 1989.

Goldstein, Richard. 'The taboo artist', *Village Voice*, 03/09/1997. Vol. 42, p. 50.

Grace Glueck, 'Art on the Firing Line', *New York Times*, July 9,1989.

Gray, Don. letter to the Senate Subcommittee on Education, April 5, 1990.

Guild, Frazer. 'The Artistic bricks man does it again', *Evening Standard*, Mar. 29, 1976.

Hart, 'Frederick. Contemporary Art is Perverted Art', *Washington Post*, August 22,1989.

Havel, Vaclav.statement for Arts Advocacy Day, March 18, 1990.

Healy, Rev. Timothy. statement to the House Subcommittee on Postsecondary Education, November 15,

1989.

Hern, Anthony. 'Art for Tate's sake', *Evening Standard,* Feb. 15, 1977.

Hosali, Nina. 'Mortar the point', *Guardian*, Mar. 1, 1976.

Hughes Holly. and Richard Elovich, 'Homophobia at the N.E.A.', *New York Times,* July 28, 1990.

Hughes, Robert. 'A Loony Parody of Cultural Democracy', *Times*, August 14, 1989.

Hyde, Hon. Henry. 'The Culture War', *National Review*, April 30, 1990.

Jewett, Jr. Freeborn G. and David Lloyd Kreeger, 'The Corcoran: We Did the Right Thing', *Washington Post*, June 29, 1989.

John Frohnmayer, television interview with Rev. Pat Robertson, *The 700 Club*, April 23, 1990.

John W. Vester, William J. Gerhardt, and Mark Snyder, 'Mapplethorpe in Cincinnati', *Cincinnati Enquirer*, March 24, 1990.

Keillor, Garrison. statement to the Senate Subcommittee on Education, March 29, 1990.

Kramer, Hilton. 'Is Art above the Laws of Decency?', *New York Times*, July 2, 1989.

Lambert, Tom. 'Any way artist stacks them, bricks are bricks to British', *Chicago Sun Times*, Feb. 19,1976.

Lay, Richard. 'But the Arts Minister is very happy about it all', *Daily Mail,* Feb. 18, 1976.

Lipman, Samuel. 'Say No to Trash', *New York Times*, June 23,1989.

Load of bricks, *Evening Post*, Leeds, Feb. 17, 1976.

Lobb, Jr., Monty. 'The Side of Virtue and Dignity', *Cincinnati Enquirer*, March 30, 1990.

McHardy, Anne. 'The Tate builds on its bricks', *The Guardian,* Dec. 10, 1976.

Mclntyre, Peter. 'When those bricks were displayed in Oxford', *Oxford Mail*, Mar. 9, 1976.

McNay, Michael. 'Somehow, the very brickiness of the bricks seem to have offended people...', *Guardian*, Feb. 25, 1976.

Miller, Tim. statement, July 4, 1990.

Morphet, Richard. 'Carl Andre's bricks', *The Burlington Magazine*, 1976, No. v118, n884., p. 767.

Morris, Lynda. 'Andre's aesthetics', *Listener*, Apr.6, 1978.

Morrow, Ann. 'Artistic hopeful inundate Tate with brick-a-brac', *Daily Telegraph*, Feb. 23, 1976.

Morrow, Ann. 'Irreverent art crowd go to see "Bricks"', *Daily Telegraph*, Feb. 17, 1976.

Museum of Modern Art, Oxford, *Carl Andre*, Catalogue, 1996,

National Association of Artists' Organizations (NAAO), statement regarding censorship, July 16,1989.

National Endowment for the Arts, 'Fact Sheet on American Family Association Fundraising Advertisement', February 1990.

Reporter, 'Bricks? They're a good buy says the Tate', *Evening News*, Feb. 16, 1976

Reporter, 'Tate Gallery silent on price of artistic pile of bricks', *Daily Telegraph*, Feb. 16, 1976.

Reporter, Bricks? They're a good buy says the Tate, *Evening News*, Feb. 16, 1976.

Richardson, David. 'Tate brushes off vacuum cleaner artist', *Daily Express*, Feb. 23, 1976.

Rics, Martin. 'Beyond the Bricks' *The Tampa Triune Florida*, Mar. 3, 1976.

Robertson, Rev. Pat *Christian Coalition direct mail*, October 25, 1989.

Rohde, Stephen. 'Art of the State: Congressional Censorship of the NEA', *COMMENT*, Spring 1990.

Rohrabacher, Hon. Dana. "Dear Colleague" letter, February 5, 1990.

Rohrabacher, Hon. Dana. statement to the House of Representatives, September 13, 1989.

Rowland Evans and Robert Novak, 'The NEA's Suicide Charge', *Washington Post*, May 11, 1990.

Samuelson, Robert. 'Highbrow Pork Barrel', *Washington Post*, August 16, 1989.

Sekula, Allan. '"Gay-Bashing" as an Art Form', *Los Angeles Times*, October 21, 1989.

Semple Jr., Robert B. *New York Times*, Feb. 18,1976.

Shaw, Roy. interview by author, 1 July 1996.

Shepherd, Michael. 'Drop it', *Sunday Telegraph*, Feb. 19, 1976.

Smith, Edward Lucie. 'How the Tate dropped a load of bricks', *Evening Standard*, Feb. 18,1976.

Smith, Joshua P. 'Why the Corcoran Made a Big Mistake', *Washington Post*, June 18, 1989

Staff Reporter, 'Tate not to change policy on new art', Dec. 10, 1976.

Steel, Brain. 'What is it, star of the show,' *Daily Express*, Feb. 18, 1976.

Sullivan, Kathleen. 'A Free Society Doesn't Dictate to Artists', *New York Times*, May 18, 1990.

The Independent Commission, Recommendations on the Issue of Obscenity and Other Content Restrictions, from a report to Congress on the National Endowment for the Arts, September 11,1990.

The Times Diary, *The Times*, Feb. 19, 1976.

Walker, Donald. 'Arty Crafty', *Daily Mirror*, Feb. 17, 1976, p. 3.

Waterhouse, Keith. 'Tate and style', *Daily Mirror*, Feb. 19, 1976.

Watkins, Leslie. 'Brick-a-brac Art', *Daily Mail*, Feb. 17, 1976.

Weiss, Hon. Ted statement to the House Subcommittee on Postsecondary Education, April 4, 1990.

Wheeler, Linda. 'Brick-batty', *Reveiue*, Mar. 13, 1976.

Wildmon, Rev. Donald. letter concerning Serrano's Piss Christ, April 5, 1989

Will, George. 'The Helms Bludgeon', *Washington Post*, August 3, 1989.

Williams, Hon. Pat."Dear Colleague" letter, February 12,1990.

Wyatt, Susan. response to John Frohnmayer, November 8, 1989.

四、網路資源

http://mail.tut.edu.tw/~t00051/new_page_182.htm , 2018/08/07.

http://wiki.mbalib.com/zh-tw/%E6%96%B0%E5%85%AC%E5%85%B1%E7%AE%A1%E7%90%86, 2018/08/17.

http://wiki.mbalib.com/zh-tw/%E7%BB%8F%E6%B5%8E%E5%AD%A6, 2018/08/07.

http://www.ncafroc.org.tw/about1.aspx, 2018/ 08/ 22.

http://www.ncafroc.org.tw/about1.aspx, 2018/08/22.

http://www2.tku.edu.tw/~tkjour/paper/55th/55th-11.fulltext.pdf, 2018/08/07.

https://en.wikipedia.org/wiki/Administration, 2018/08/08.

https://en.wikipedia.org/wiki/Arts_administration, 2018/08/08.

https://en.wikipedia.org/wiki/Arts_festival, 2018/08/30.

https://en.wikipedia.org/wiki/Cultural_industry, 2018/08/17.

https://en.wikipedia.org/wiki/Cultural_policy

https://www.google.com.tw/search?q=%E5%A4%9A%E5%85%83%E6%96%87%E5%8C%96&oq=%E5%A4%9A%E5%85%83%E6%96%87%E5%8C%96&aqs=chrome..69i57j0l5.6621j0j8&sourceid=chrome&ie=UTF-8, 2018/08/07.

https://www.google.com.tw/search?q=%E6%96%87%E5%8C%96%E8%AA%8D%E5%90%8C&oq=%E6%96%87%E5%8C%96%E8%AA%8D%E5%90%8C&aqs=chrome..69i57j0l5.5568j0j8&sourceid=chrome&ie=UTF-8, 2018/08/07.

https://www.moc.gov.tw/content_246.html, 2018/08/22.

https://zh.wikipedia.org/wiki/%E4%B8%96%E7%95%8C%E8%B4%B8%E6%98%93%E7%%

BB%84%E7%BB%87, 2018/08/30.

https://zh.wikipedia.org/wiki/%E5%85%AC%E5%85%B1%E6%94%BF%E7%AD%96, 2018/08/07.

https://zh.wikipedia.org/wiki/%E5%90%8E%E7%8E%B0%E4%BB%A3%E4%B8%BB%E4%B9%89, 2018/08/17.

https://zh.wikipedia.org/wiki/%E6%95%B8%E5%AD%97%E5%8C%96%E9%9D%A9%E5%91%BD, 2018/08/17.

https://zh.wikipedia.org/wiki/%E6%96%87%E5%8C%96%E4%BA%BA%E7%B1%BB%E5%AD%A6, 2018/08/17.

https://zh.wikipedia.org/wiki/%E6%96%87%E5%8C%96%E7%A0%94%E7%A9%B6, 2018/08/17.

https://zh.wikipedia.org/wiki/%E7%A4%BE%E4%BC%9A%E5%AD%A6 , 2018/08/08.

https://zh.wikipedia.org/wiki/%E7%BE%8E%E5%AD%A6, 2018/08/17.

https://zh.wikipedia.org/wiki/%E8%81%94%E5%90%88%E5%9B%BD%E6%95%99%E8%82%B2%E3%80%81%E7%A7%91%E5%AD%A6%E5%8F%8A%E6%96%87%E5%8C%96%E7%BB%84%E7%BB%87, 2018/08/30.

附錄一　文化行政高普考與地方文化行政特考答題高分策略

一、站在評分委員的立場思考問題，了解命題者喜歡的答題方向。

二、答題文字一定要清晰美觀，千萬不要隨便潦草，讓評分委員認爲有不認眞作答的感覺。尤其是考卷的數量繁多，筆跡不清、書寫潦草、龍飛鳳舞，分數必定不高。

三、簡單的開場白之後直接回答問題，不要繞圈圈，沒有寫到重點。

四、依據邏輯秩序回答每一個問題，一大題當中可能有數個小題要分別回答，千萬不要漏掉。

五、依據題號順序答題，不要跳來跳去，以免閱卷委員分數登錯題號。

六、題目不一定有標準答案，可依據題意組織自己所學回答問題，仍會有分數。

七、題目如果很多，回答問題應該充分、正確而且快速，這是未來工作能力考驗的一部分。

八、每道題目盡可能地回答，寫好寫滿，切合題意，才容易拿到高分。

九、每個科目儘量答好，每個科目的每一題也儘量答好，這樣錄取機率就會很大。如果考壞了一科，或考壞了一題，基本上都會嚴重影響最後成績或錄取與否。

十、命題爲了具有鑑別度，題目通常會有容易、稍容易、稍難以及困難四個等級。命題範圍會依據命題重點大致分爲文化政策歷史與影響因素、文化政策思潮與議題、文化政策法規與制度、文化政策規劃與實務等不同面向平均分配。

十一、每一考科至少讀六本以上的專書，儘量廣泛的閱讀，尤其是外文資料，答題時也可把專有名詞的引文寫上，強調專業外文的能力，一定有加分作用。

國家圖書館出版品預行編目資料

文化政策／謝易宏等作. -- 初版. -- 臺北市：五南, 2019.06
面； 公分
ISBN 978-957-763-445-0（平裝）

1.文化政策

541.29 108007927

1Y68

文化政策

作　　者— 簡瑞榮
發 行 人— 楊榮川
總 經 理— 楊士清
主　　編— 陳姿穎
責任編輯— 沈郁馨
封面設計— 姚孝慈
出 版 者— 五南圖書出版股份有限公司
地　　址：106台北市大安區和平東路二段339號4樓
電　　話：(02)2705-5066　　傳　　真：(02)2706-6100
網　　址：http://www.wunan.com.tw
電子郵件：wunan@wunan.com.tw
劃撥帳號：01068953
戶　　名：五南圖書出版股份有限公司

法律顧問　林勝安律師事務所　林勝安律師

出版日期　2019年6月初版一刷
定　　價　新臺幣380元